VALOR
6,00

DIÁRIA
SEMANAL
QUINZENAL
MENSAL

ALUGA-SE
VAGAS
DE GARAGEM

ALUGA-SE
VAGAS P/ RAPAZES

Fígado............ .00
Calabresa......... .00
Frango ao molho
Filé de frango..... .00

GUSTAVO PIQUEIRA

edições sesc

PIRÂMIDE DE PIQUES

SÃO PAULO
NARRADA
PELO LARGO
DA MEMÓRIA

**SERVIÇO SOCIAL DO COMÉRCIO**
Administração Regional no Estado de São Paulo

**Presidente do Conselho Regional**
Abram Szajman

**Diretor Regional**
Danilo Santos de Miranda

**Conselho Editorial**
Ivan Giannini
Joel Naimayer Padula
Luiz Deoclécio Massaro Galina
Sérgio José Battistelli

**Edições Sesc São Paulo**
*Gerente* Iã Paulo Ribeiro
*Gerente adjunta* Isabel M. M. Alexandre
*Coordenação editorial* Francis Manzoni, Clívia Ramiro, Cristianne Lameirinha
*Produção editorial* Thiago Lins
*Coordenação gráfica* Katia Verissimo
*Produção gráfica* Fabio Pinotti
*Coordenação de comunicação* Bruna Zarnoviec Daniel

GUSTAVO PIQUEIRA

edições sesc

A PIRÂMIDE DE PIQUES

SÃO PAULO NARRADA PELO LARGO DA MEMÓRIA

© Gustavo Piqueira
© Edições Sesc São Paulo, 2020
Todos os direitos reservados

*Texto e imagens* Gustavo Piqueira
*Capa e Projeto gráfico* Gustavo Piqueira e Samia Jacintho/Casa Rex
*Diagramação* Gustavo Piqueira e Carol Vapsys/Casa Rex
*Revisão* Trisco Comunicação, Ísis De Vitta

Dados Internacionais de Catalogação na Publicação (CIP)

P666    Piqueira, Gustavo
          A pirâmide do Piques: São Paulo narrada pelo Largo da Memória / Texto e imagens de Gustavo Piqueira. – São Paulo: Edições Sesc São Paulo, 2020. – 256 p. il.

          ISBN 978-65-86111-03-3

          1. São Paulo. 2. Memória. 3. Largo do Piques. 4. Largo da Memória. I. Título.

                                               CDD 980.81

**Edições Sesc São Paulo**
Rua Serra da Bocaina, 570 - 11º andar
03174-000 - São Paulo SP Brasil
Tel. 55 11 2607-9400
edicoes@edicoes.sescsp.org.br
sescsp.org.br/edicoes
/edicoessescsp

ENCRUZILHADA DE TEMPOS

> Os lugares de memória
> são, antes de tudo, restos.
>
> *Pierre Nora*

Uma cidade é trama de presenças heterogêneas: pessoas, lugares, edificações, modos de viver, formas de expressão, circuitos de bens variados, entre tantas outras. Além da diversidade que as caracteriza, tais presenças são percebidas com maior ou menor vigor a depender do contexto, do ponto de vista e dos interesses em jogo.

Para tentar abarcar essa complexidade, foram mobilizadas áreas do conhecimento também diversas, da geografia ao urbanismo, da história à antropologia, dos estudos culturais às artes. Nas últimas décadas, tem merecido especial atenção um olhar direcionado às camadas de tempo que configuram as cidades, subvertendo agendas orientadas exclusivamente para o futuro – a memória urbana está em pauta.

Isso coincide com a crise da própria ideia de cidade. Crescimento desmedido, desigualdade galopante, exaustão dos modelos socioeconômicos vigentes, desconexão com aspectos naturais – enumerar os sintomas parece menos árduo do que fabular soluções.

Num quadro como esse, investigar os passados é um exercício que se articula com dois vetores: a convicção de que o enfrentamento dos dilemas atuais passa por uma compreensão de seus antecedentes; e certa descrença em relação às agendas de futuro. Assim, a relevância adquirida pelo campo da memória é algo esperado.

Não se trata, entretanto, da adesão a uma leitura oficial ou unívoca do passado, mas da constatação de que o já-vivido constitui um mosaico em permanente revisão, um tabuleiro em que diversos sujeitos clamam pela visibilidade de suas narrativas. Em *A Pirâmide do Piques — São Paulo narrada pelo Largo da Memória*, Gustavo Piqueira convida os leitores a incursões por esse território de disputas.

Para tanto, o autor joga luz sobre um elemento da paisagem paulistana pleno de ambivalências. De marco emblemático da acanhada cidade do século XIX, o lugar em questão – seja obelisco ou pirâmide, chamado de Largo do Piques ou da Memória – foi sendo aos poucos escanteado pelo ritmo vertiginoso da metrópole. Nesse processo reside uma perversa ironia: se, num primeiro momento, foi o trânsito de mulas que ajudou a dar significância àquela porção de terra nas encostas do ribeirão Anhangabaú, mais tarde, outras formas de mobilidade – a ferrovia, o carro, o metrô – estiveram ligadas às aceleradas transformações urbanas que retiraram do Piques a centralidade simbólica e funcional.

Ao esmiuçar as dinâmicas do tempo tendo como ensejo um local da história paulistana tão emblemático quanto pouco conhecido, o autor mobiliza aspectos centrais do debate contemporâneo sobre memória: os critérios de valorização e desvalorização patrimonial vigentes em cada contexto; a dificuldade dos órgãos de proteção em face à sanha especulativa; a pluralidade de vozes a ser mobilizada para investigar determinado objeto histórico; o jogo entre as funções de monumento e documento que um bem cultural assume etc.

A publicação de obras que aproximem as questões urbanas da problemática do patrimônio cultural está ligada à democratização da memória social. Envolver os cidadãos em tais debates significa, além de acolher as demandas de grupos já organizados, sensibilizar mais pessoas para o assunto. Afinal, as cidades de amanhã serão mais inclusivas à medida que mais gente participar das histórias que sobre elas se contam.

Danilo Santos de Miranda – Diretor do Sesc São Paulo

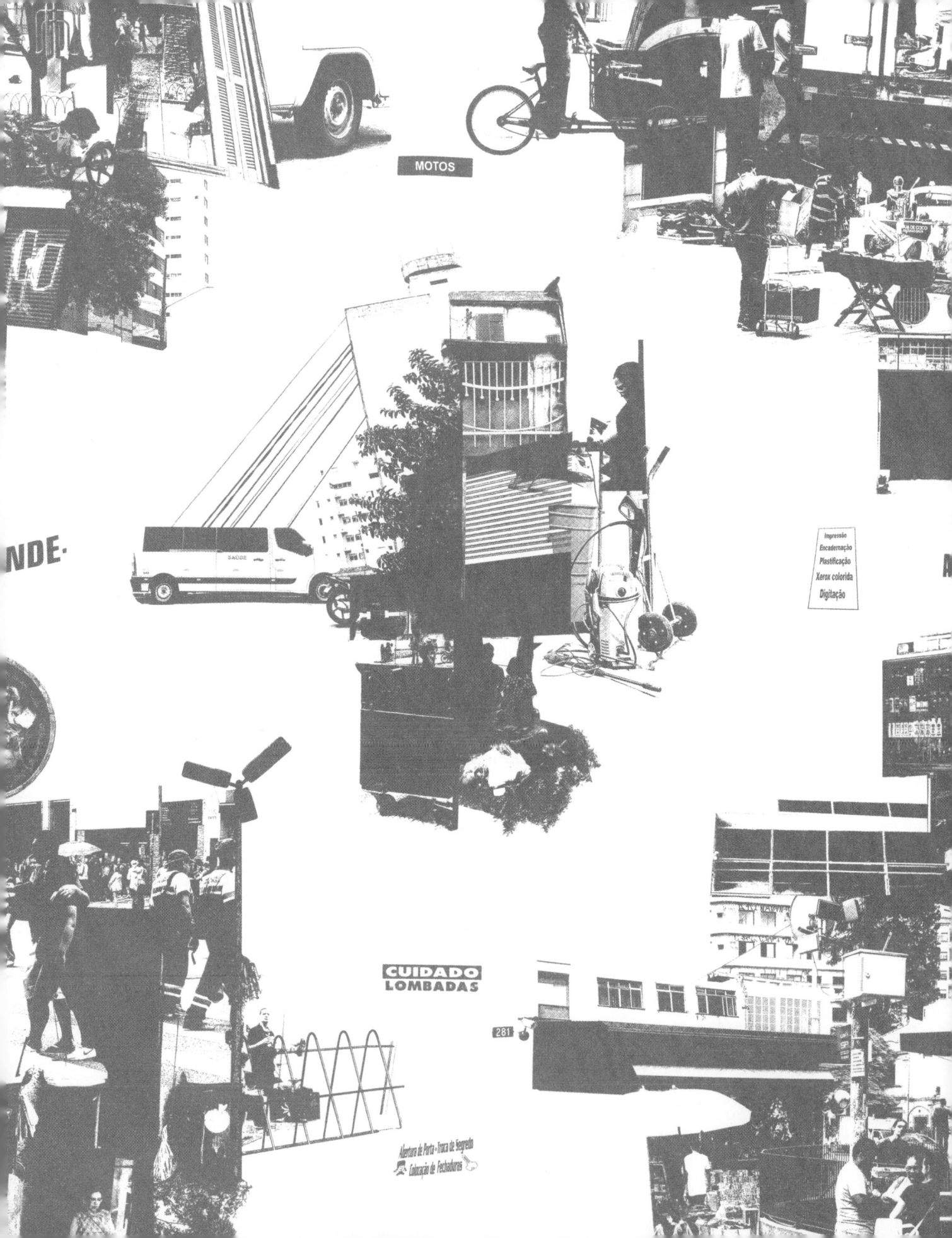

São Paulo vista do Viaduto do Chá, 2019.

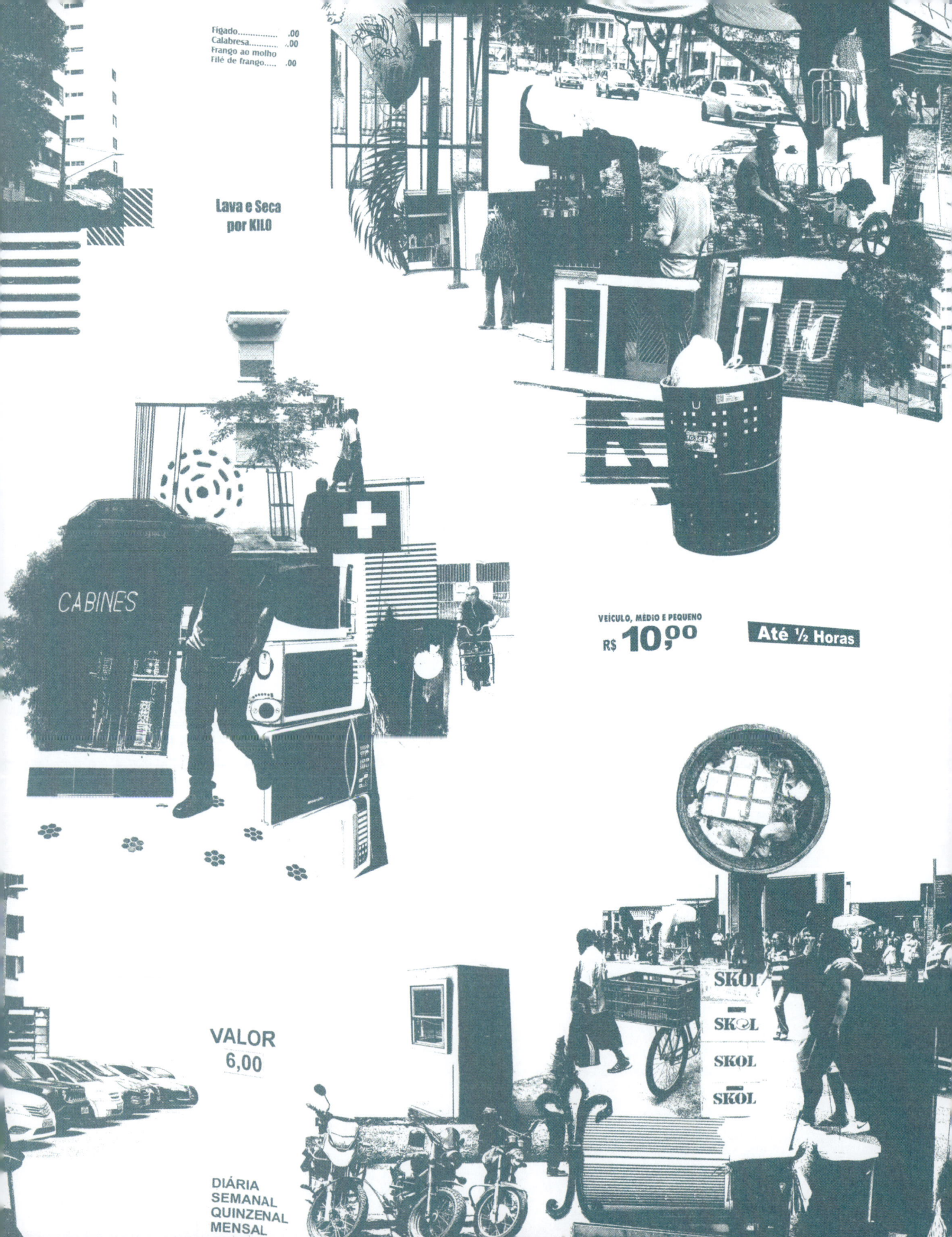

O verão se assinala tanto pelas moscas e mosquitos como pelas rosas e noites estreladas.

Marcel Proust, *Jean Santeuil*.

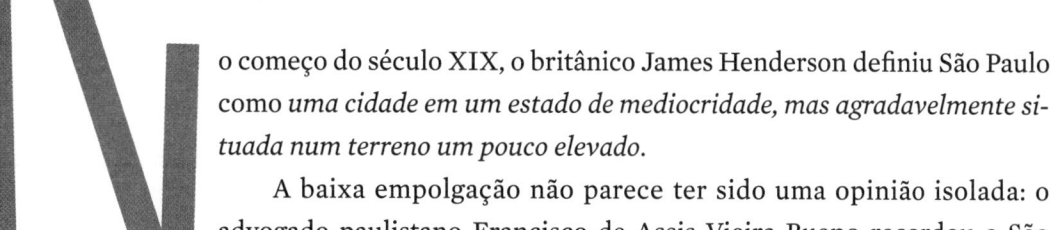

No começo do século XIX, o britânico James Henderson definiu São Paulo como *uma cidade em um estado de mediocridade, mas agradavelmente situada num terreno um pouco elevado.*

A baixa empolgação não parece ter sido uma opinião isolada: o advogado paulistano Francisco de Assis Vieira Bueno recordou a São Paulo de sua infância, nos anos 1830, como uma cidade *circundada de campos estéreis, inçados de saúvas, apenas matizados pelos capões e restingas; a lavoura circunvizinha, limitada à cultura de mandioca e de poucos cereais, não lhe oferecia elementos de riqueza.* E sapos. Muitos sapos que *povoam o Anhangabaú e do outro lado o Tamanduateí, e os charcos de suas várzeas, e quem nas noites de calor estacionasse nas pontes do Lorena, Acu e do Carmo, ouvia sua tristonha e variegada orquestra, não sem encantos para quem é propenso à melancolia.*

Na cidade, *não havia hospedarias, porque os viajantes vindos do interior eram poucos, em razão de as viagens a cavalo, por maus caminhos, serem difíceis, e por serem ainda mais poucos os que vinham do exterior, pela mesma razão, e pela falta de motivo que os atraísse.*

Os visitantes que se animassem a vir, apesar da "falta de motivo", encontravam-se quase restritos às opções listadas por Vieira Bueno para alcançar a colina demarcada pelos vales de dois rios à qual se restringia a acanhada cidade desde sua fundação, em 1554. *Existem em São Paulo três pontes principais, duas sobre o Anhangabaú e a terceira sobre o Tamanduateí.* Esta última era a Ponte do Carmo. Já para vencer o Vale do Anhangabaú, que apesar do minúsculo ribeirão impunha uma considerável barreira natural com suas encostas de até vinte metros de altura, cruzavam-se as pontes do Acu ou do Lorena.

Todas as três desapareceram. A Ponte do Carmo deu lugar a viadutos que interligam os dois lados da Avenida Rangel Pestana. Em 1865, a Ponte do Acu passou a se chamar São João Batista. De ponte, virou rua; de rua, avenida. Hoje, sem o Batista no nome, é um dos símbolos de São Paulo. Já a Ponte do Lorena nunca deu origem a esquinas que mexeriam com o coração de Caetano Veloso, e a identificação de seus traços pelo tecido urbano — tarefa simples tanto para a Ponte do Acu quanto para a do Carmo — é missão quase arqueológica.

Ponte do Carmo
Ponte do Acu
Ponte do Lorena

O futuro prometia mais. Era pela Ponte do Lorena que entravam na cidade alguns dos mais importantes propulsores da então incipiente economia local: os tropeiros que chegavam pelo final do Caminho de Sorocaba, hoje Rua da Consolação. Seu nome deve-se a Bernardo José Maria de Lorena, governador que assumiu a capitania em 1788 com ímpetos modernizantes e mandou construir a pequena ponte de pedra *quase plana, com parapeitos sem ornamentos*, para unir o núcleo urbano à outra encosta do vale. Ele também foi responsável pela primeira via pavimentada a cruzar a Serra do Mar, igualmente batizada em homenagem a seu criador: a Calçada do Lorena.

A trilha do então chamado Caminho de Sorocaba existia antes mesmo da chegada dos europeus e, nos primórdios da São Paulo de Piratininga, ligava o local da fundação do vilarejo à aldeia indígena de Pinheiros, que era *o pouso certo para quem estivesse a caminho do sertão, onde se buscavam índios por escravizar, mormente nas raias do Paraguai*. O trecho inicial do percurso a partir do colégio jesuíta tornaria-se uma das mais conhecidas vias da cidade, a Rua Direita. De lá, bastava seguir *descendo a encosta da elevação para o lado do Piques e subindo depois o campo e as matas em direção à aldeia de Pinheiros*.

Em princípios do século XVIII, o ouro descoberto nas Minas Gerais causou uma série de transformações no território. A mais profunda delas a gradual transferência do núcleo da Colônia de seu centro original, o Nordeste, rumo ao Centro-Sul, processo que culminou na troca de Salvador pelo Rio de Janeiro como capital do Brasil em 1763 e, quase cinquenta anos depois, na instalação da corte portuguesa na cidade. O impacto das mudanças reverberou em São Paulo, impulsionando a vocação da vila como entreposto da crescente atividade comercial na região, sobretudo por causa de sua localização geográfica privilegiada com relação ao porto de Santos.

As mercadorias circulavam em animais de carga conduzidos por tropeiros que cruzavam do Rio Grande do Sul a Minas Gerais com suas comitivas. Descer e subir a Serra do Mar, contudo, não era missão das mais fáceis. Pelo contrário: mesmo após a abertura da Calçada do Lorena, a travessia continuava extremamente penosa e o transporte de gêneros impossível de ser realizado por cavalos. Quem se apresentava como o animal mais talhado para a tarefa eram as mulas, e logo *foram surgindo feiras de muares caracterizadas por uma grande animação. A mais conhecida era a de Sorocaba*.

Logo, é possível considerar que as duas obras de Lorena, a ponte na chegada do Caminho de Sorocaba e o calçamento da descida até Santos, faziam parte de um único sistema que visava incrementar o fluxo de entrada e saída dos principais agentes econômicos do período.

Mesmo movimentado (para os padrões paulistanos da época), o lugar no qual se situava a Ponte do Lorena carecia de qualquer atrativo: não passava de uma área rodeada por barrancos e ladeiras.

O Piques.

Não se sabe a origem exata do nome Piques, cujo primeiro registro data de 1727. Hipóteses, das razoáveis às disparatadas, não faltam. Entre elas, a de que Piques se referia ao sobrenome da família que habitara a região por décadas; ou à brincadeira infantil homônima, que fazia alusão à topografia íngreme que precisava ser descida "a pique", que servia como sinônimo de "rixa", pois era lá onde os tropeiros resolviam suas querelas; ou, ainda, que designava o local *onde se reuniam lavadeiras piqueiras.*

Desenho do britânico William John Burchell, de 1827, uma das primeiras representações gráficas de São Paulo.

Igreja e convento de São Francisco

Ao final da ladeira, a Ponte do Lorena, de fácil identificação na imagem.

Toda essa região da metade inferior da imagem era conhecida como Piques.

Em 1808, levantou-se um muro de arrimo para conter o barranco que antecedia a ponte, o primeiro "Paredão do Piques", feito de taipa. Mas foi em 1814, quando o engenheiro militar Daniel Pedro Müller recebeu o encargo de construir a Estrada do Piques pelo Caminho de Sorocaba, que o local ganhou uma feição urbana definida. A obra envolveu a edificação de um segundo paredão, mais resistente, que resultou na abertura de uma rua sobre ele, a Rua do Paredão. Ela nascia de uma bifurcação do trecho final da estrada que desembocava na Ponte do Lorena e se estendia até a entrada da chácara do barão de Itapetininga, fazendo esquina com a Rua da Palha. Müller, então, ampliou a Rua da Palha para que ela também cruzasse com o fim do Caminho de Sorocaba. Assim, interligadas, as três ruas passaram a delimitar um pequeno largo triangular. Nele, foi erguido um obelisco. O primeiro monumento da cidade de São Paulo.

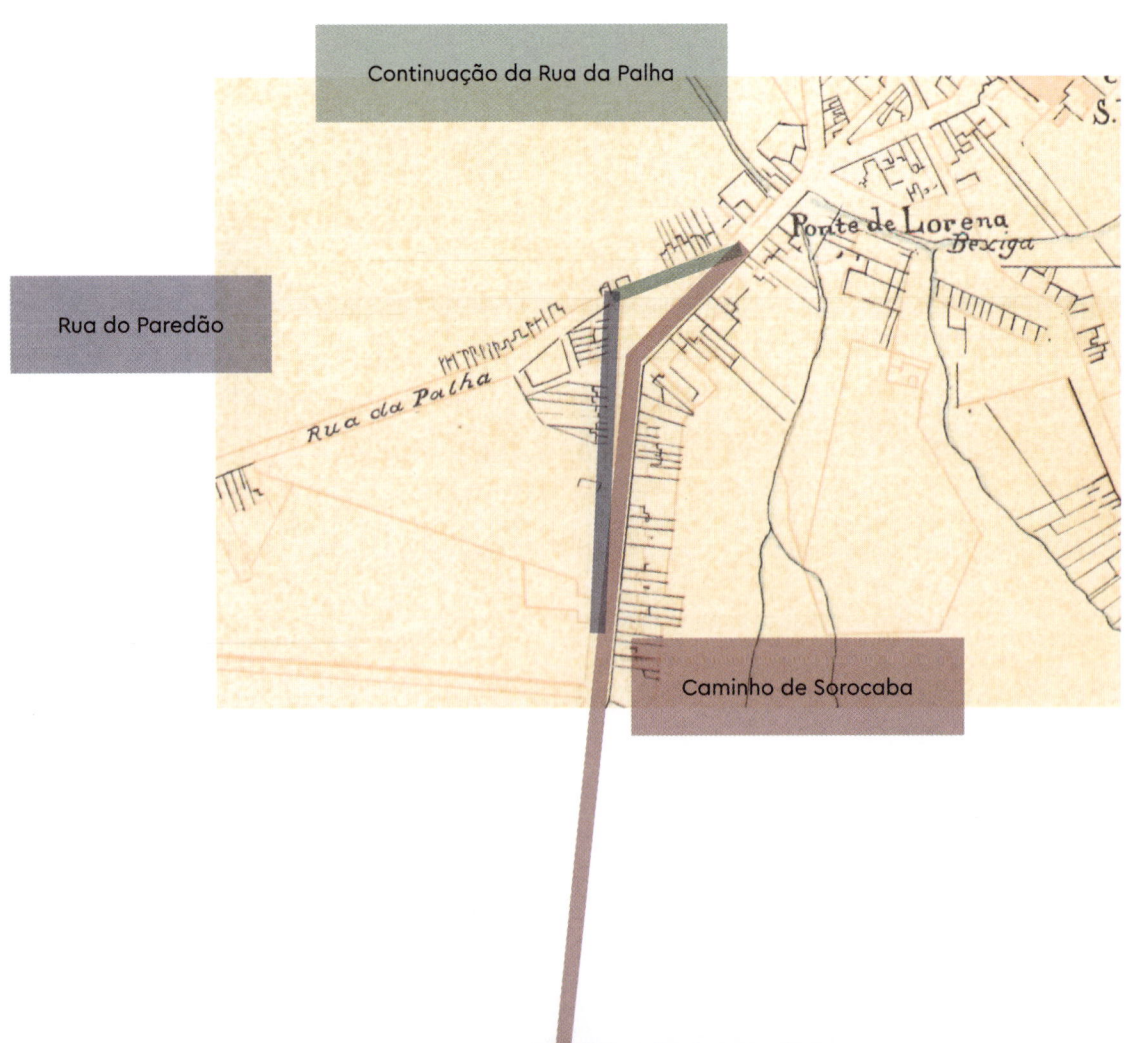

Construída de pedra de cantaria pelo mestre Vicente Gomes Pereira, a coluna pontiaguda de pouco mais de oito metros de altura recebeu o nome oficial de Obelisco da Memória. Na voz das ruas, porém, não foi nem Obelisco, nem da Memória: virou a Pirâmide do Piques. Müller afirmou, em ofício de 12 de outubro de 1814, que o obelisco fora erguido em memória — daí seu nome — ao triunvirato que governava a cidade. Outras teorias, porém, sugerem diferentes motivos para sua construção. Sejam quais forem os personagens ou efemérides de fato homenageados, é provável que a Pirâmide do Piques tenha sido feita para desempenhar o duplo papel com frequência destinado aos obeliscos e tanto funcionar como um marco de orientação urbana quanto constituir-se numa peça simbólica, um monumento público para enobrecer a cidade que, timidamente, começava a crescer.

Aproveitando-se de sobras de outras construções, o engenheiro também edificou, no vértice inferior do largo, um chafariz para matar a sede das tropas recém-chegadas a São Paulo. Seu abastecimento provinha do canal que ligava o Tanque Reúno — *formado por nascentes e águas do riacho Saracura, afluente do Anhangabaú* — à Luz. O muro de represamento do tanque *situava-se, aproximadamente, no local onde hoje está o Viaduto Martinho Prado* e, até fins do século XIX, a água corria em canal a céu aberto. Se levarmos em conta que, no período, lavavam-se no manancial *indistintamente cavalos, moleques e imundícies de toda espécie, a menor das quais é a roupa suja*, e que *o matadouro de São Paulo ainda ficava situado no bairro do Bixiga, perto da rua Santo Amaro* e *seus detritos seguiam pelo ribeirão do Saracura e depois pelo Anhangabaú, atravessando a cidade*, é de supor que a água do chafariz do Piques não brotasse das mais límpidas.

Ponte do Lorena

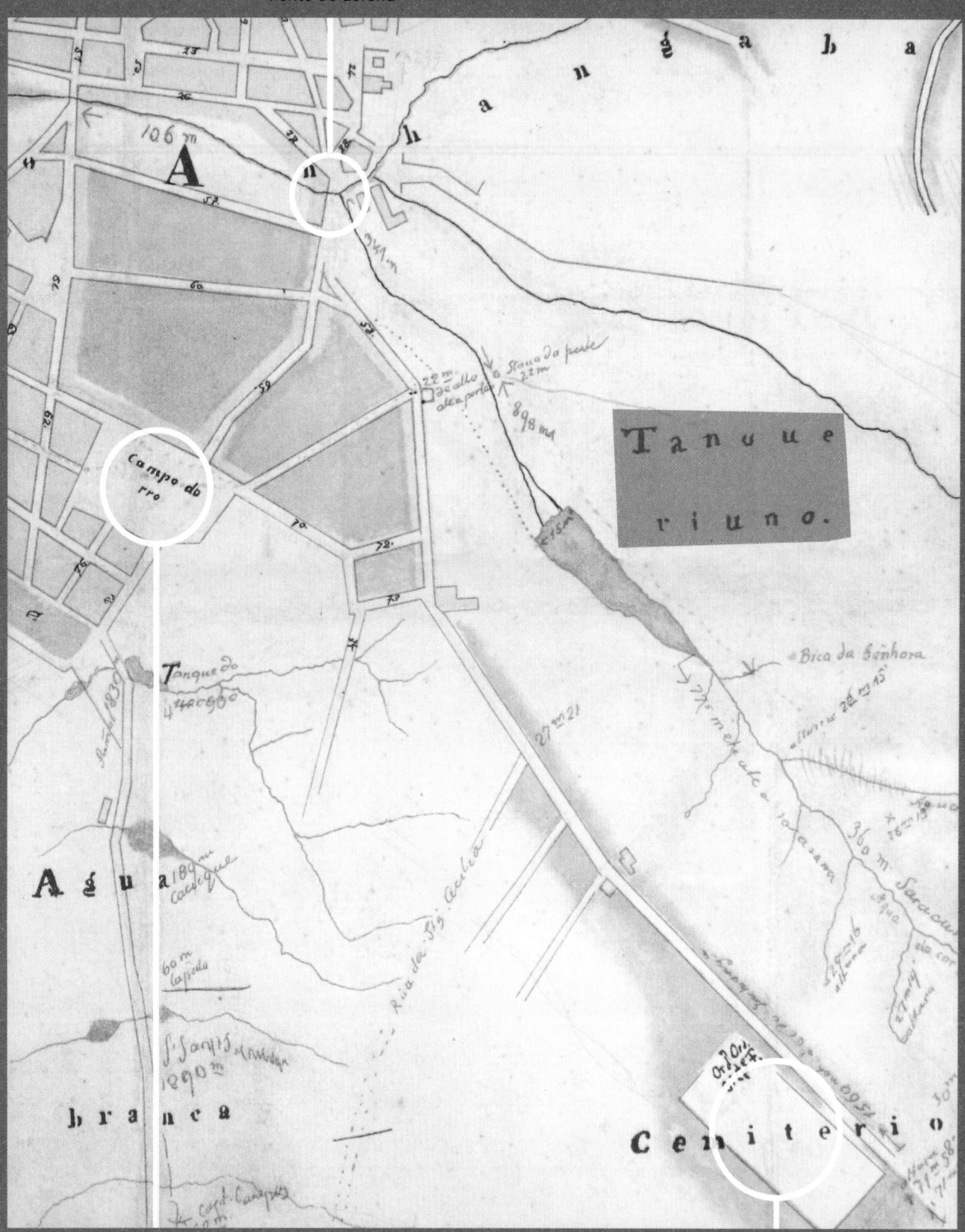

Tanque
riuno.

O "Campo dos Curros" corresponde
à atual Praça da República.

Cemitério da Consolação, inaugurado em 1858.

*Pirâmide do Piques*

O nome de batismo do obelisco foi estendido tanto para a continuação da Rua da Palha aberta por Müller quanto para o próprio largo. Ambos perduram até hoje: Ladeira da Memória e Largo da Memória.

De passagem por São Paulo em fins da década de 1850, o suíço J. J. Tschudi não se animou muito. *Numa das encostas íngremes de um morro, há um pequeno parque público, pouco frequentado, onde está um obelisco de tijolo (Pirâmide (!) do Piques).* Outros registros, porém, revelam que o local ganhara relevância e também um certo charme: três décadas antes, Saint-Hilaire relata ter entrado na cidade *por uma rua larga, cheia de pequenas casas bem conservadas e, depois de ter passado diante de um lindo chafariz e ter em seguida atravessado a ponte do Lorena, construída de pedras, ponte sobre o ribeirão Anhangabaú, cheguei à hospedaria do Bexiga.*

Já Antonio Egydio Martins conta, em seu livro de 1911, que a Pirâmide do Piques *na noite de 06 de setembro de 1857 foi iluminada, assim como o paredão e todas as casas do lugar, para festejar o aniversário da Independência do Brasil, tocando ali a banda de música do Corpo de Permanentes e um grupo de estudantes, acompanhado de muitas pessoas de todas as classes sociais, deu entusiásticos vivas análogos ao grandioso fato que naquele dia era comemorado.*

Até mesmo na única documentação visual mais extensa da São Paulo antes do café, a primeira série de fotos tiradas por Militão Augusto de Azevedo, em 1862, os retratos do Piques despontam no grupo de maior destaque e figuram, ainda hoje, entre os mais reproduzidos.

Não sem motivo: na foto em que Militão posiciona sua câmera na altura do obelisco, por exemplo, é possível ver como o local se constituía num excelente mirante para se admirar a cidade, *cujos recursos são ainda limitados pela indústria pouco vultosa*, defeito compensado pela *notável beleza de sua situação, e de seu horizonte visual.* Se Balzac tivesse decidido ambientar *O Pai Goriot* em São Paulo e não em Paris, a Pirâmide do Piques seria aposta certa para servir como locação para o célebre desafio lançado por Rastignac à cidade: — *Agora é entre nós dois!*

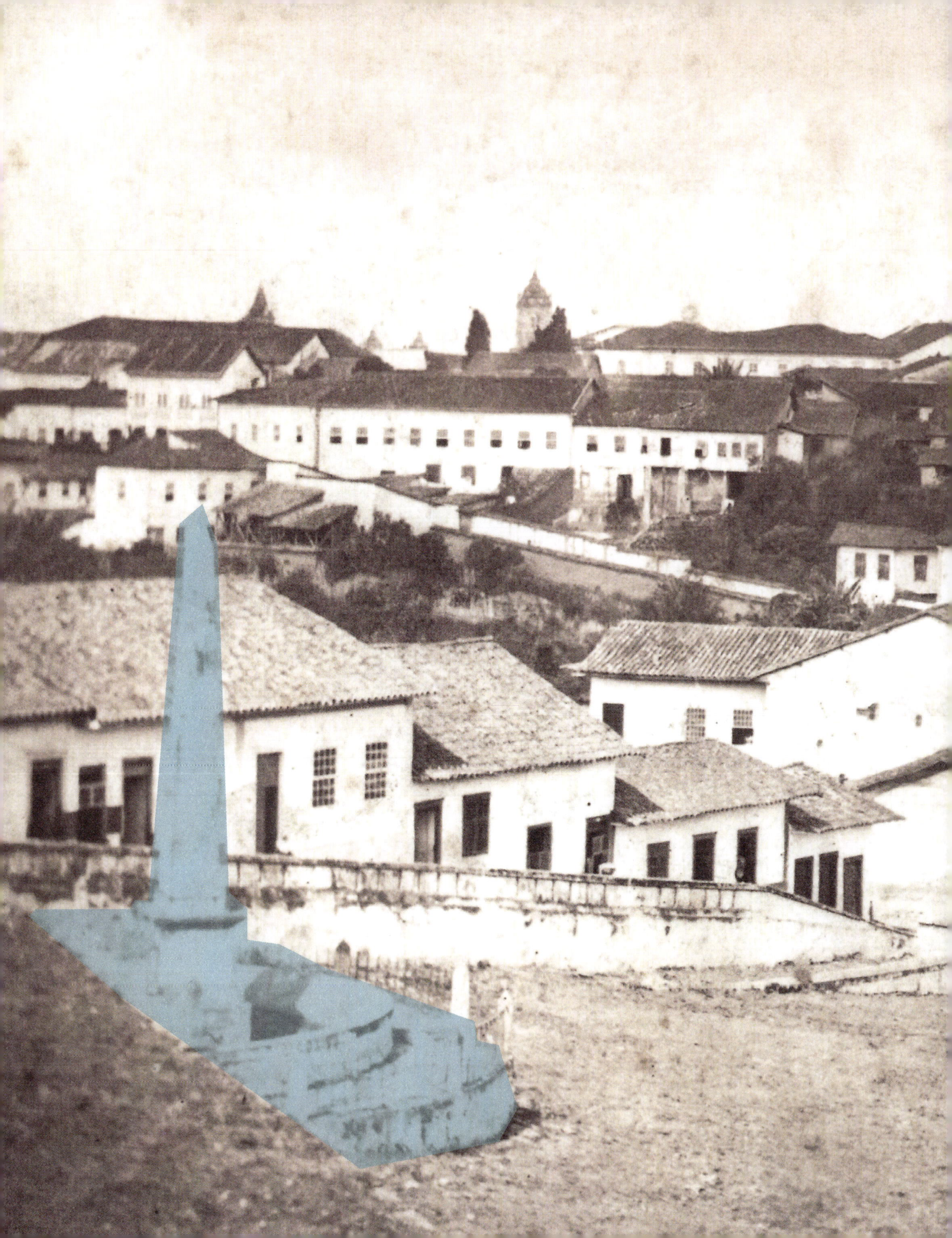

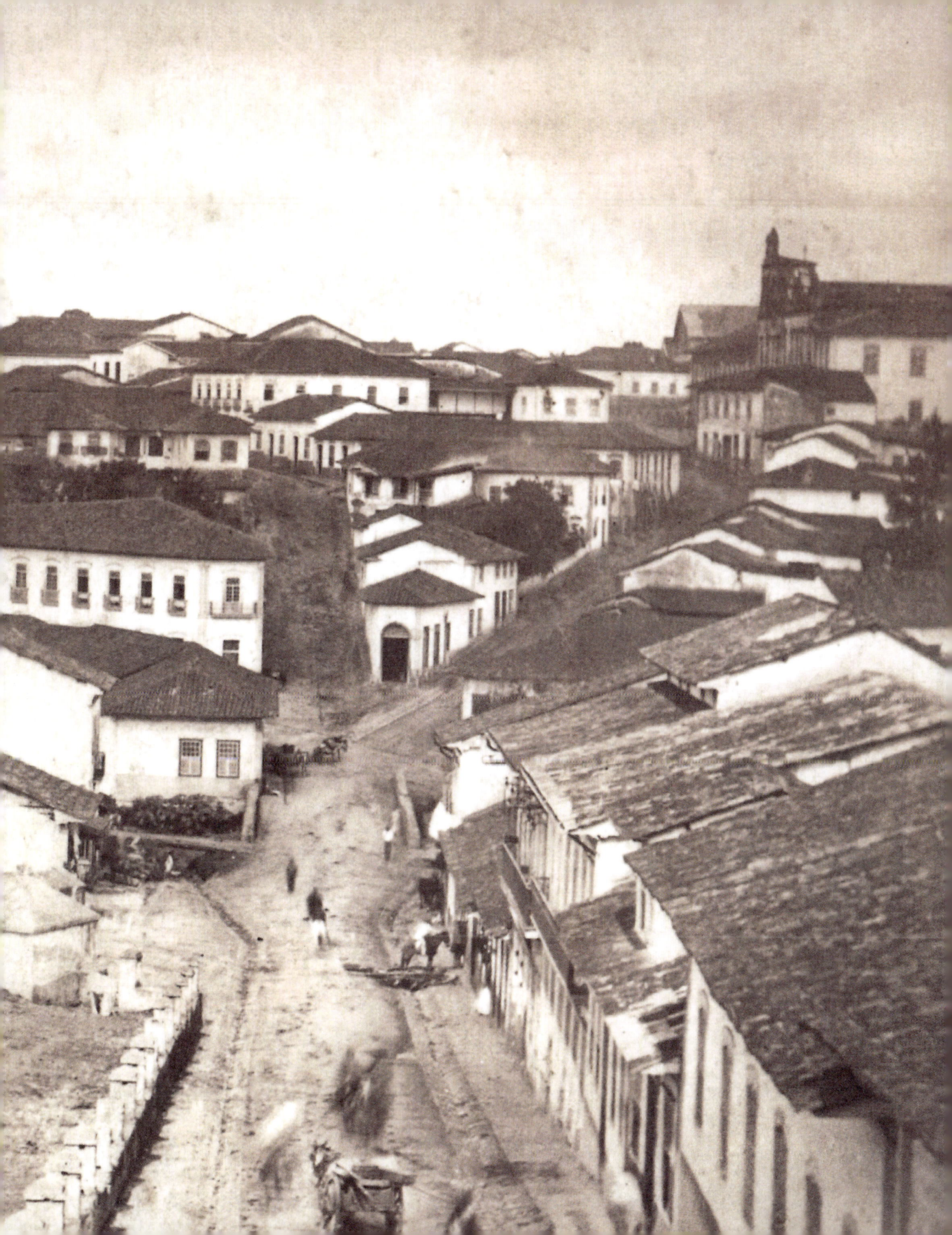

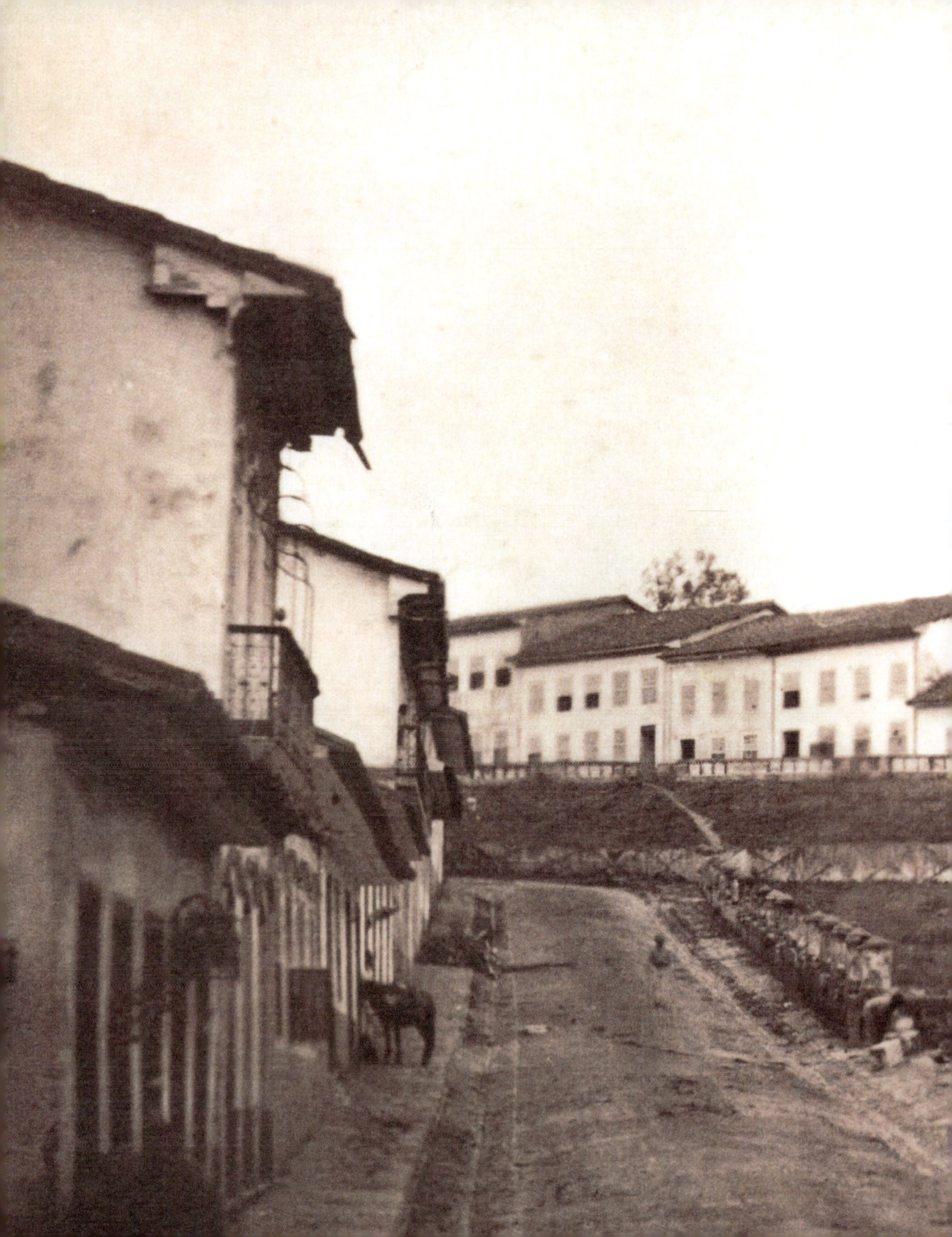

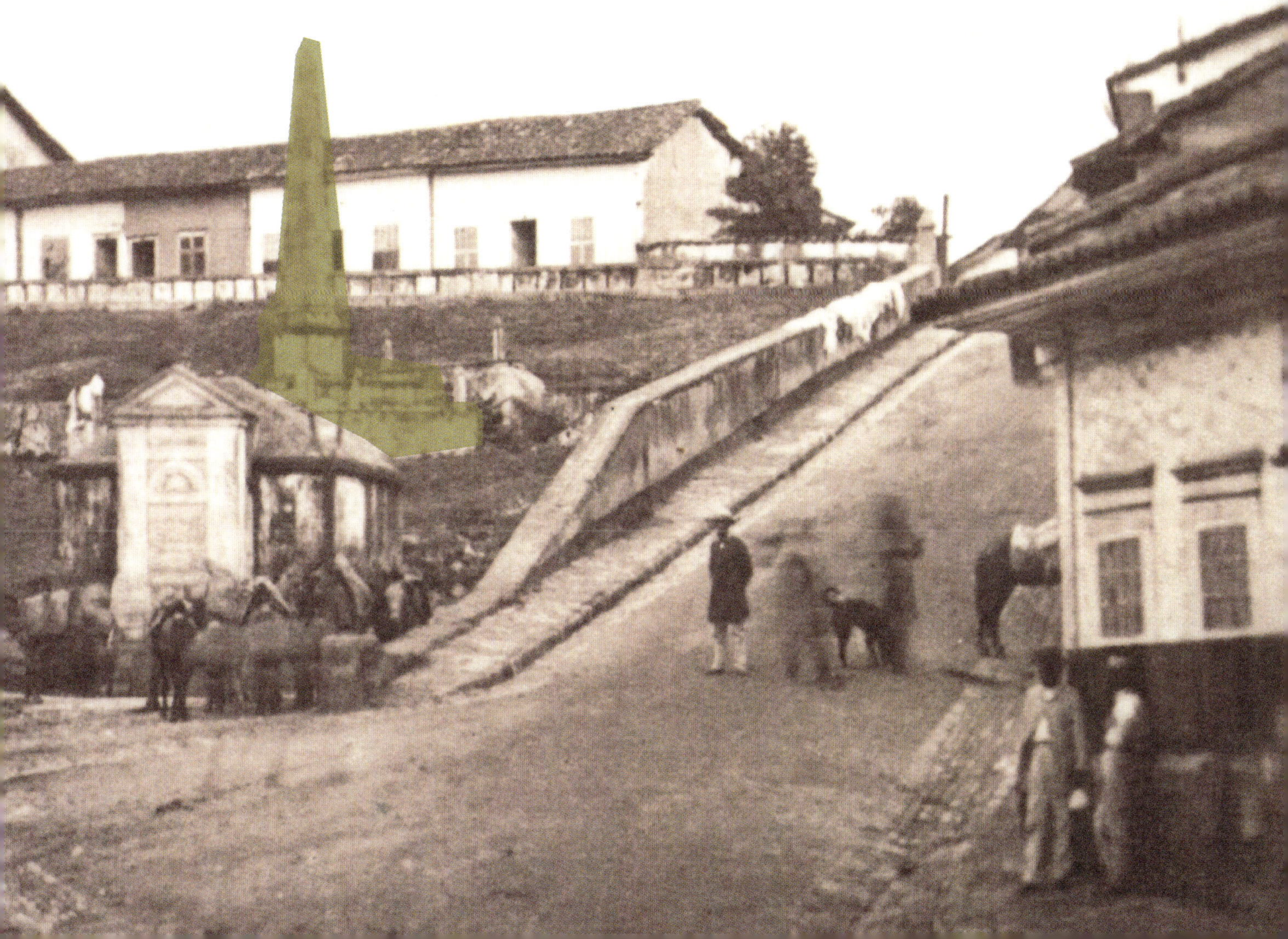

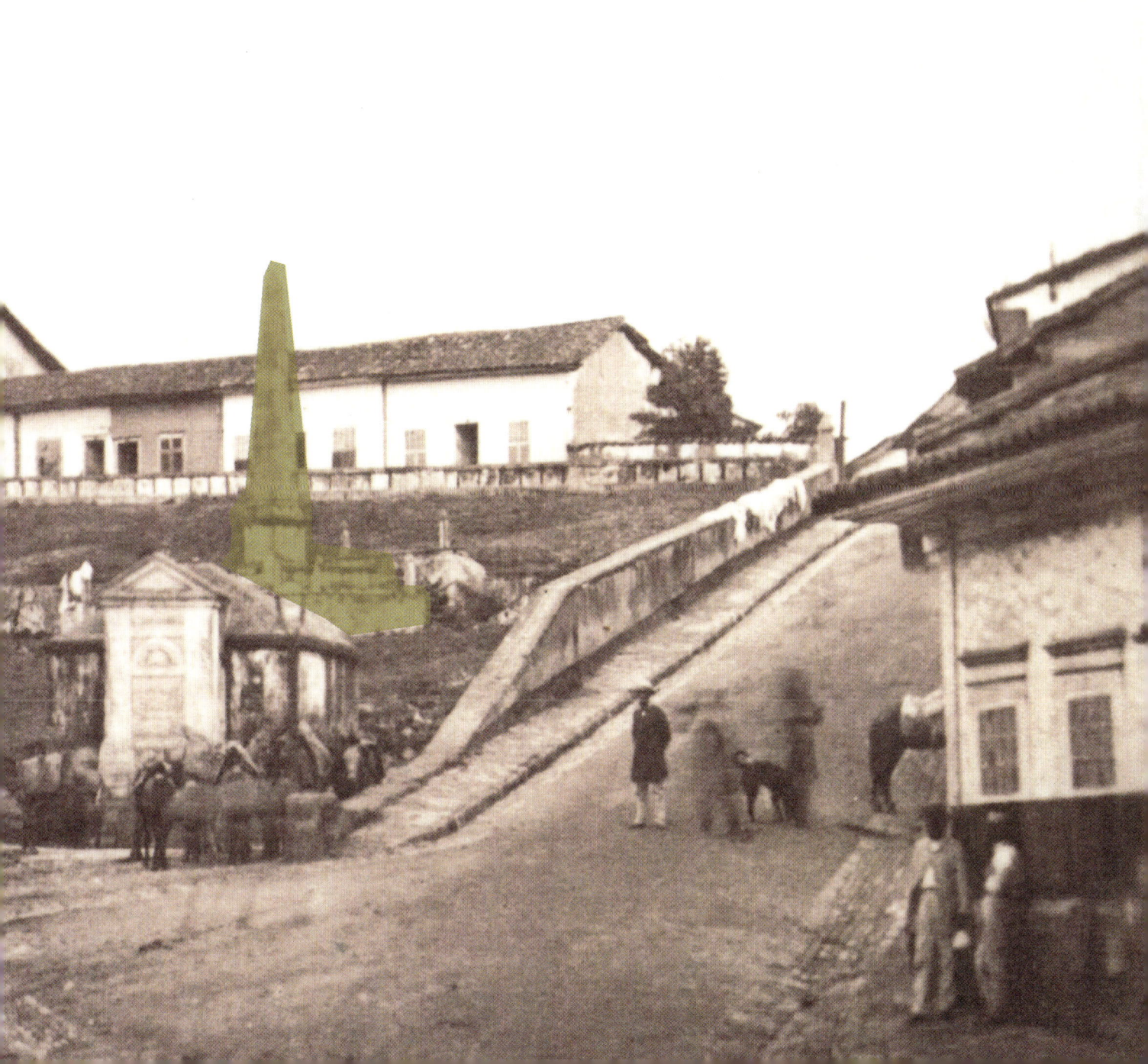

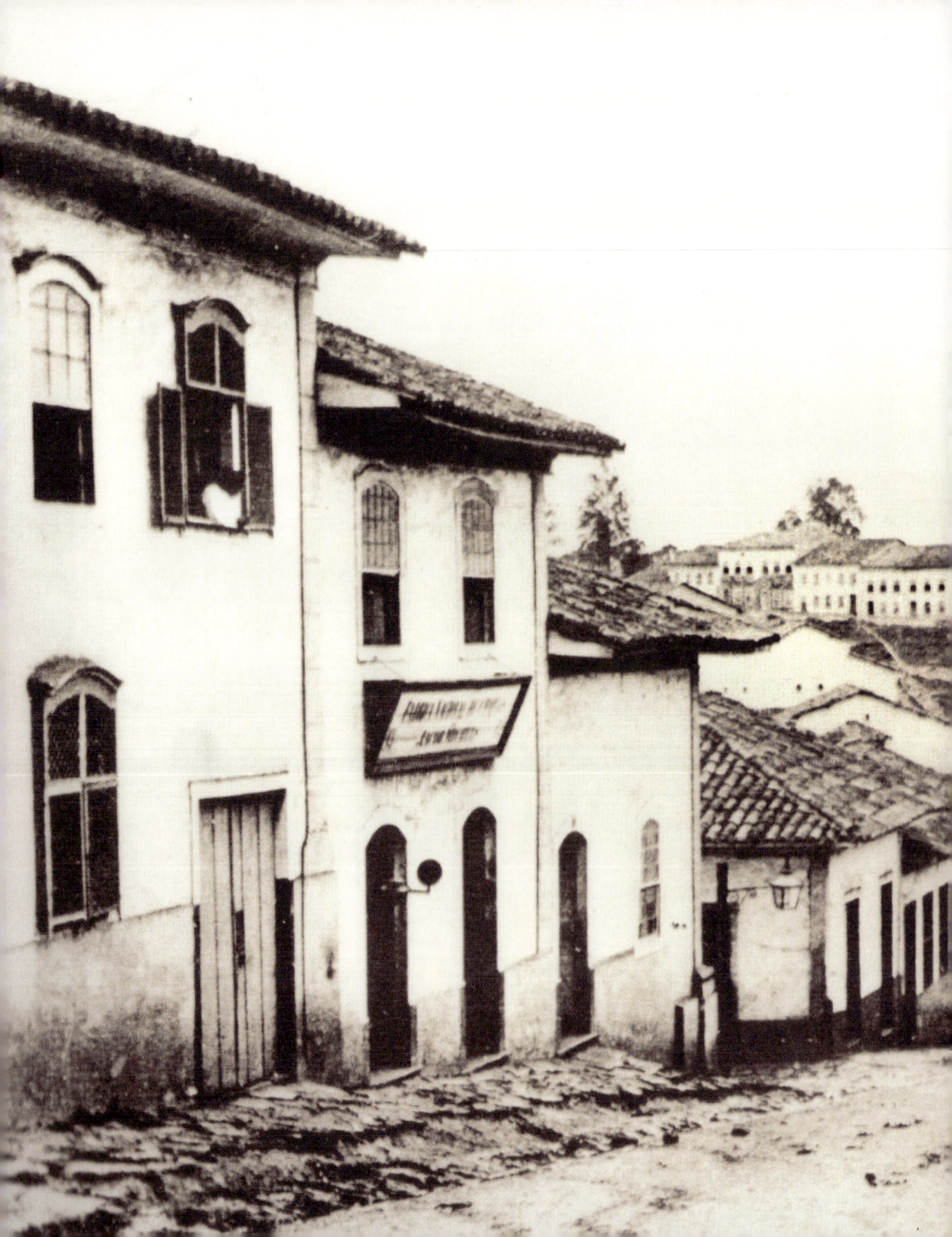

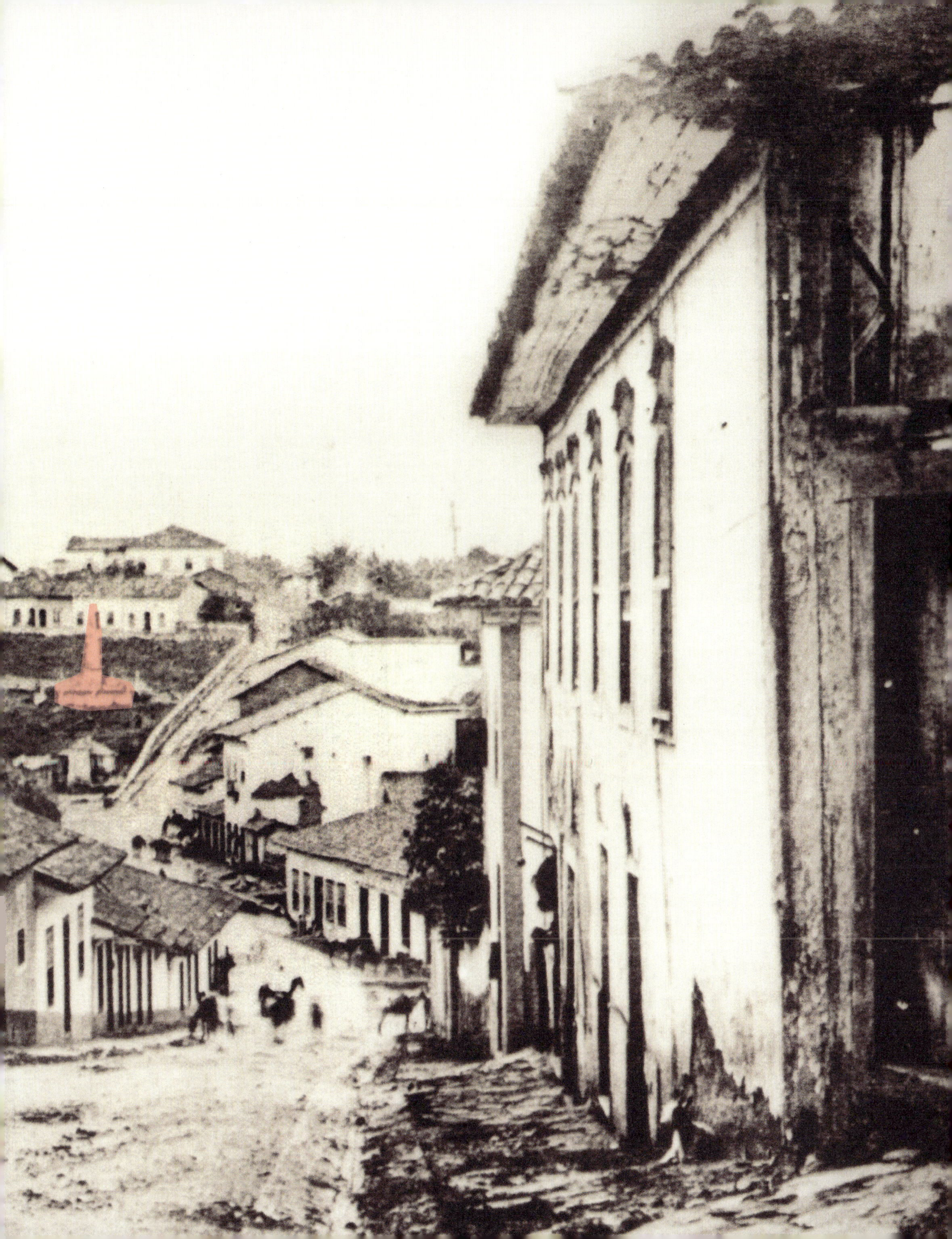

À medida que os anos avançavam, crescia a atividade ao redor do Piques, *esse lugar de grandes transações do mercado, ponto de chegada de grandes tropas que vêm do sul e interior da Província*, configurando-o como importante centro mercantil. O trecho, parte de uma reportagem do *Jornal do Comércio*, terminava em tom de reclamação, pois o local *acha-se separado de uma bela porção da cidade, igualmente povoada e concorrida, por um terreno estéril e inútil*. O terreno em questão era a chácara do barão de Itapetininga, e o impasse se resolveria em 1853 com a construção da Rua Formosa, ligando o Piques ao Acu. Desde 1804, quando *foi aberta pela Câmara de São Paulo a chamada Cidade Nova, ao redor da atual Praça da República* — primeiro loteamento da cidade —, São Paulo começava a se estender para além de sua colina inicial. O avanço, porém, dava-se a passos lentos e a substituição das grandes chácaras por tecido urbano levaria o século todo para se realizar por completo. Assim, ao entrar na metade final dos anos 1800, São Paulo ainda exalava *o clima bom e moderado da cidade provinciana* e, nas *terras localizadas entre a rua da Consolação e a rua de Santo Amaro*, área contígua ao Piques, *ainda em 1870 se caçavam veados, perdizes e até escravos fugidos*. Nenhum depoimento, porém, funciona melhor para certificar quão diferente era a São Paulo do período que aquele registrado pelo norte-americano James Fletcher. Em 1855, ele notou *um ar mais intelectual e menos comercial em seus habitantes do que eu vira em qualquer outra parte do Brasil. Não se ouvia a palavra dinheiro constantemente soando aos ouvidos*.

O cenário, porém, não tardaria a mudar. E a cada passo dado por São Paulo na direção de se converter na orgulhosa metrópole que emergiria a partir das décadas seguintes, o Piques perderia um naco de seu protagonismo.

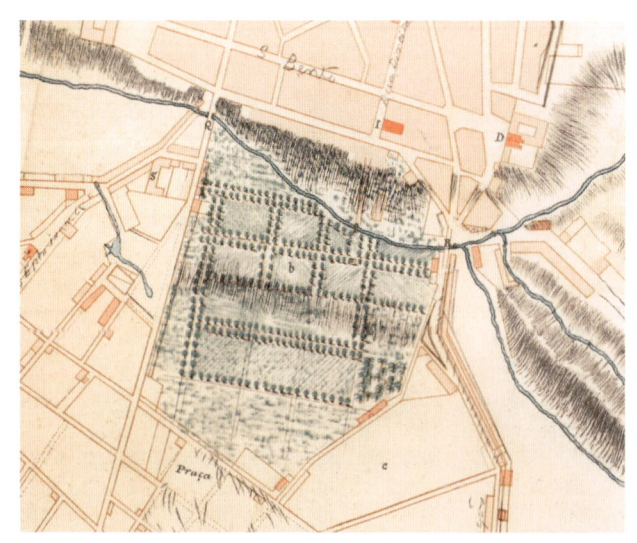

A chácara do barão de Itapetininga, englobando a área que hoje vai do Anhangabaú à Avenida Ipiranga e do Largo da Memória à Avenida São João.

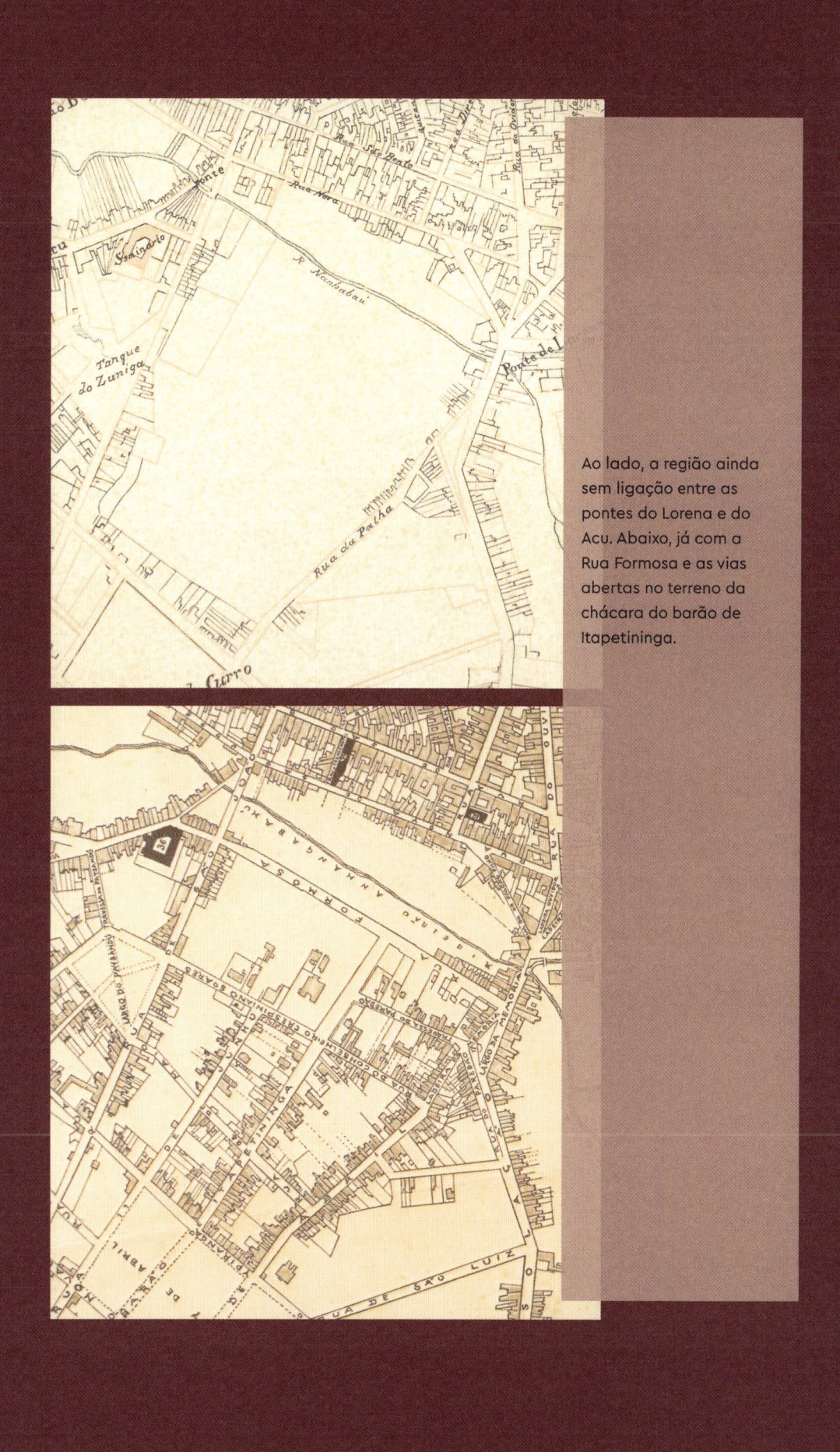

Ao lado, a região ainda sem ligação entre as pontes do Lorena e do Acu. Abaixo, já com a Rua Formosa e as vias abertas no terreno da chácara do barão de Itapetininga.

Nós, felizmente passamos sem a maior novidade.

4 - XII - 903

Estação da Luz (S.

Queira dar muitas lembran-
ç[ens] d'esta sua mana, que

Primeiro foi a inauguração da estrada de ferro Santos-Jundiaí, em 1867. Se fosse necessária a definição de um episódio responsável pela súbita metamorfose paulistana de apático vilarejo em exibida capital, sem dúvida este seria a construção da ferrovia que levava o café do interior paulista ao porto de Santos, convergindo num único ponto antes da Serra do Mar: São Paulo. A concentração atendia a demandas de ordem prática, mas também ajudava os grandes produtores a manipularem safras e preços a seu bel-prazer, como todo cartel que se preze. O afluxo de capitais gerado pela passagem do principal produto de exportação do país, então responsável pelo fornecimento de mais da metade do café consumido no planeta, causou violentíssimo impacto na cidade. Dentre seus efeitos, a troca dos lombos de animais pelos vagões de trens deslocou o principal ponto de chegada das mercadorias vindas do interior para a região da Luz, onde se construíra a nova estação ferroviária. O Piques via-se privado, assim, do título que ostentara por décadas. As consequências, claro, não se fizeram sentir todas da noite para o dia, e durante algum tempo *a feição do Largo do Piques ainda lembrava sua antiga utilização como ponto de pouso de tropas, embora o movimento de seu comércio tivesse perdido parte de sua importância com a chegada das ferrovias*. Tal fato pode ser comprovado por anúncios comerciais nos almanaques de Seckler entre 1885 e 1888, nos quais se encontram várias indicações de estabelecimentos comerciais dedicados ao fornecimento de produtos e serviços relacionados à atividade tropeira.

Os sinais da mudança, contudo, não tardaram a surgir. O mais simbólico deles o fim do chafariz do Largo da Memória. Em abril de 1875, a população reclamava de suas *torneiras desmontadas há muito* e que ele já *não deitava um pingo d'água*. Em março do ano seguinte, era autorizada sua destruição.

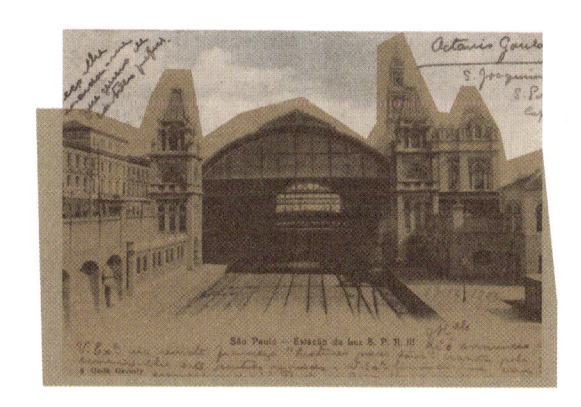

р. w. 03

Minguadas as luzes do comércio, chegava a hora de minguarem outros tipos de holofote: em 1892, foi inaugurado o Viaduto do Chá. No lugar da acanhada ponte *muito pequena, de um só arco, que mereceria ser apenas notada em outro país que não fosse o Brasil*, agora era possível atravessar o Anhangabaú por uma vistosa estrutura metálica projetada pelo invulgar Jules Martin. Seu traçado partia da rua aberta poucos anos antes — cujo nome homenageava o proprietário da "estéril e inútil" chácara que outrora atrapalhara o desenvolvimento da cidade, o barão de Itapetininga —, cruzava o vale e prosseguia pela agitada Rua Direita. Sem ladeiras. Para arrematar, a partir de 1911, uma de suas extremidades passou a ser ocupada pelo opulento Theatro Municipal.

Viaduto e teatro não foram exceções: o período, inundado pelo dinheiro do café, assistiu a uma descontrolada série de grandiosas edificações e espaços urbanos elaborados para construir uma identidade cultural cosmopolita que não apenas atendesse aos anseios da crescente população, mas também espalhasse aos quatro ventos a máquina de progresso que reluzia. O Anhangabaú foi canalizado, suas casas desapropriadas e logo demolidas; o vale ganhou um projeto paisagístico que o transformava num elegantérrimo bulevar de fazer inveja a seus modelos europeus. *Creio que nenhuma cidade do mundo tenha tanto luxo de vegetação, tanta riqueza floral em seu centro urbano e tanta graça arquitetônica.* Executado no começo dos anos 1910, o Parque Anhangabaú concentraria-se majoritariamente entre os viadutos do Chá e de Santa Ifigênia — este inaugurado em 1913 — e foi classificado por muitos como o "cartão de visitas da cidade". O Piques, um pouco mais ao sul, não se beneficiou da reforma. Pelo contrário, tornou-se marginal ao parque, situação que impactaria toda a sua trajetória posterior.

56 BRASIL    SÃO PAULO

Foram nessas décadas iniciais do século XX que a cidade passou a ganhar vasta cobertura iconográfica. Veiculadas principalmente por meio de fotografias impressas em álbuns e cartões postais, as imagens não deixavam dúvidas sobre qual era a São Paulo a ser admirada: a jovem. Moderna. Rica. Abundante em amplos parques e esplêndidas edificações, boa parte das quais hoje vistas como se fossem, de fato, os marcos iniciais da cidade antiga. Da Pirâmide do Piques, nem sinal. Talvez envergonhada de seu passado desajeitado, São Paulo escondia — ou, de preferência, destruía — qualquer vestígio da cidade que fora até poucas décadas antes. Afinal, era preciso *erguer-se edifícios de dimensões maiores e de gosto artístico mais apurado,* eliminando *aqueles traços rústicos que traziam do tempo em que a povoação não passava de um pequeno arraial de sertanistas.* Não poderia ser diferente, já que a cidade se tornara *o ponto de "great attraction" do Estado paulista, sendo constantemente visitada por numerosos business-men, touristes, etc.* E os numerosos *business-men* e *touristes* não se decepcionavam: *a impressão que se recebe, ao chegar a São Paulo, é estupenda. Por toda parte veem-se ruas arborizadas, passeios, parques, jardins bem conservados, onde as crianças brincam alegremente sob a vigilância das pajens.* Na cidade *percorrida por bondes e faustosos trens tirados por soberbos cavalos de raça,* era impossível *enumerar todas as confeitarias, os cafés, restaurantes e hotéis. O canto dos pássaros, o tilintar da campainha dos bondes, o rumor das vozes, os gritos estridentes dos vendedores, tudo se mistura na ensolarada manhã de domingo, e seria difícil imaginar uma cidade e um povo mais felizes.* Poluição? Nada: *o ar está impregnado da sensação de seu maravilhoso futuro, a antiga povoação desapareceu de todo, substituída por outra, magnífica e moderna.*

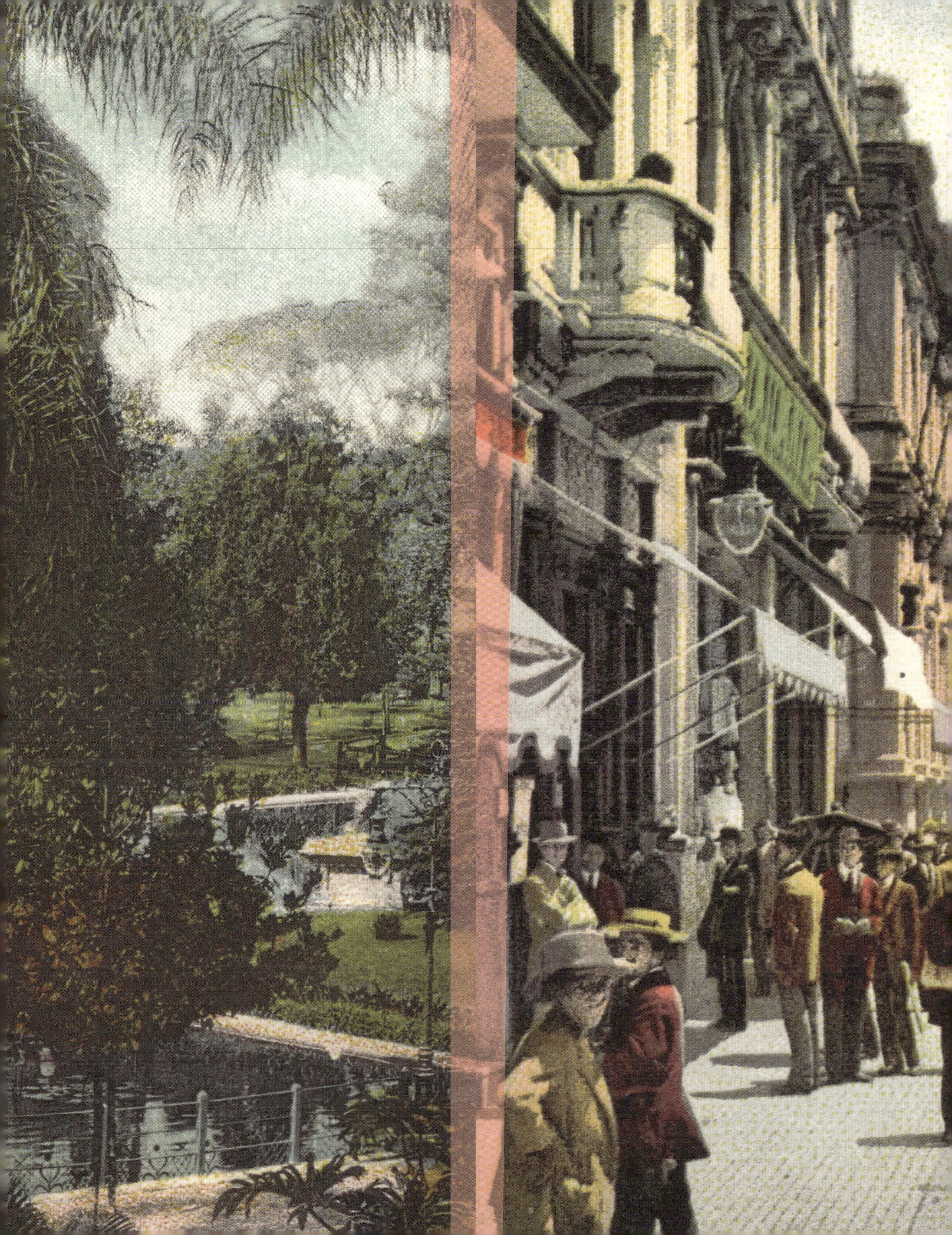

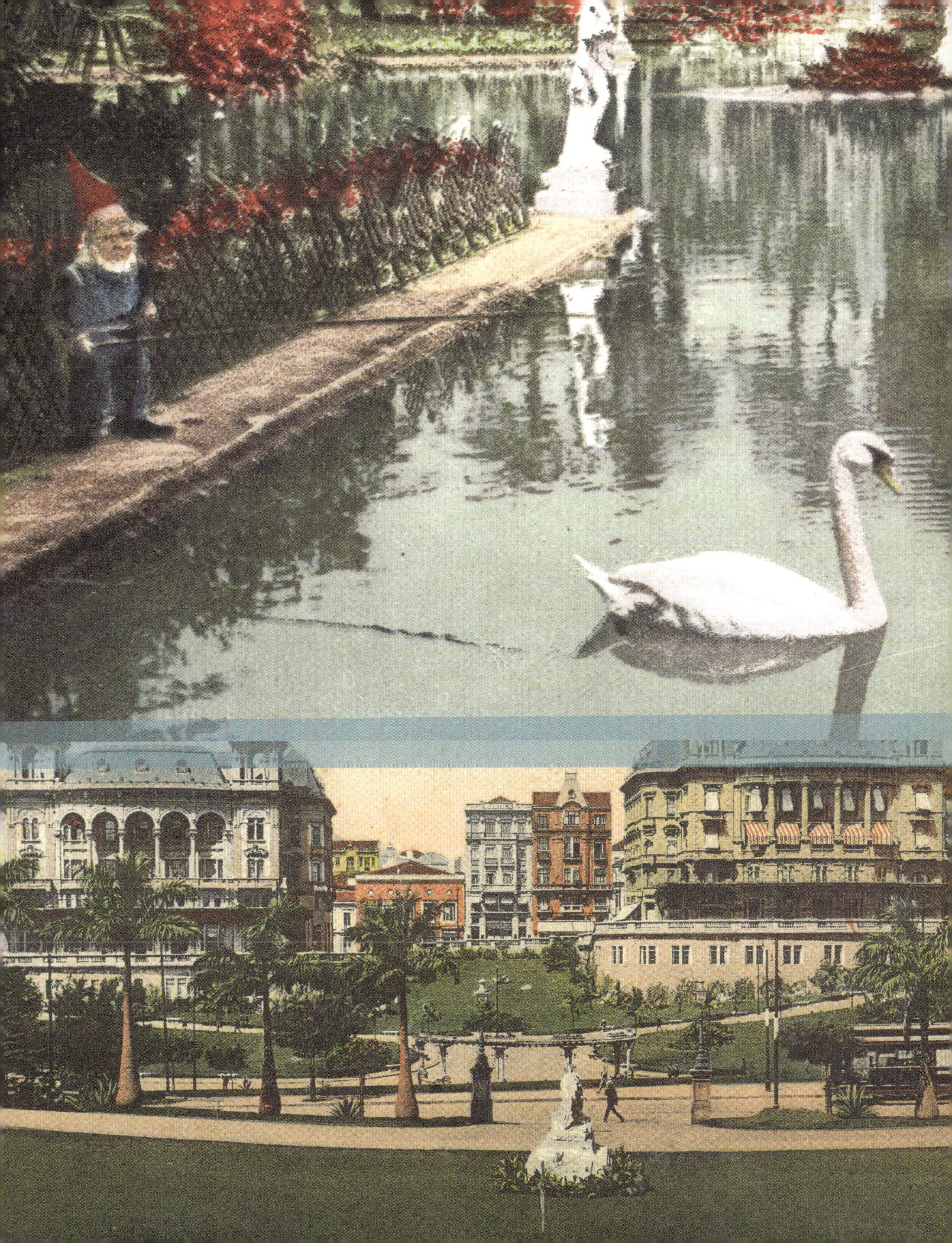

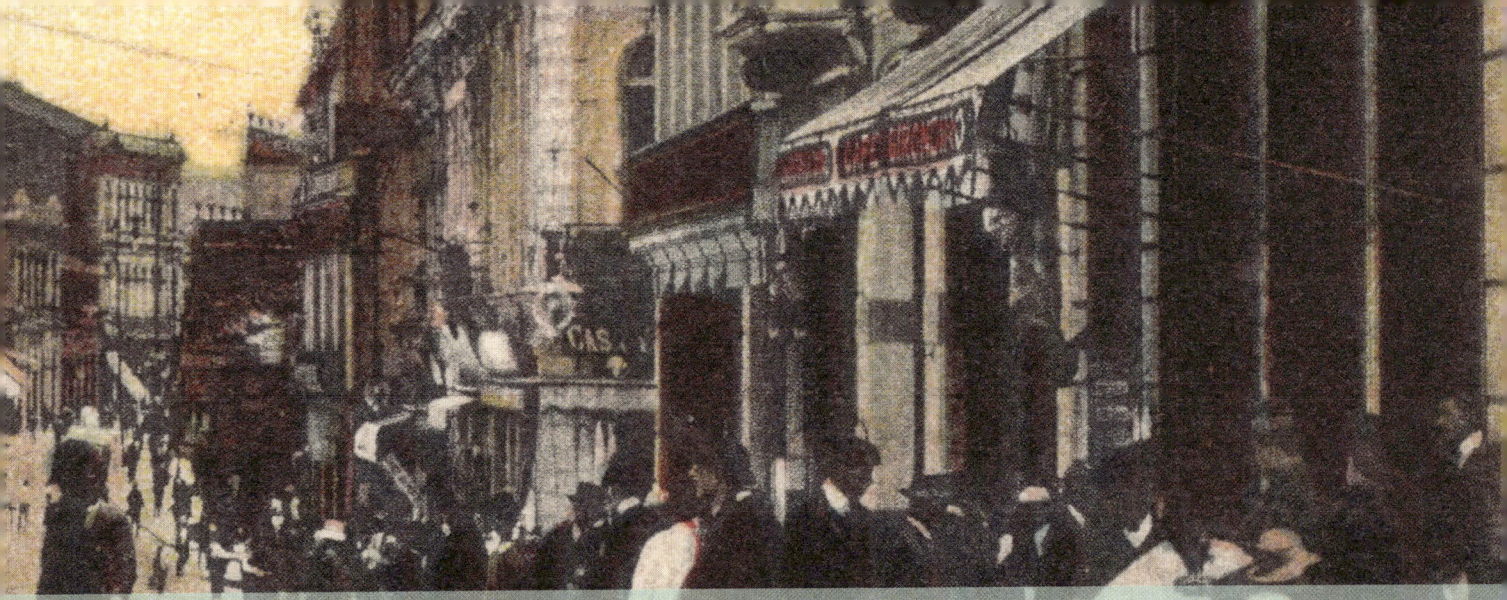

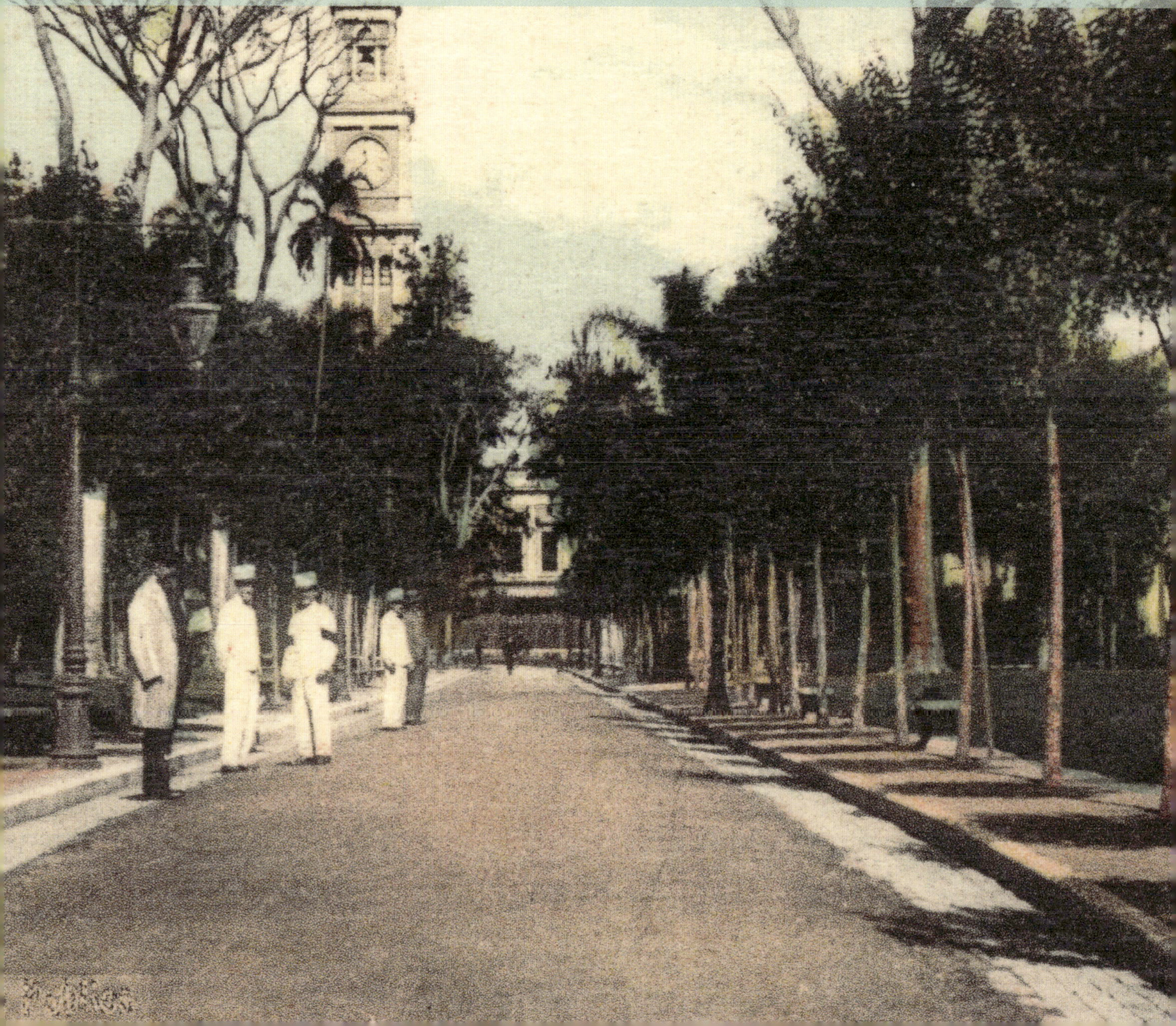

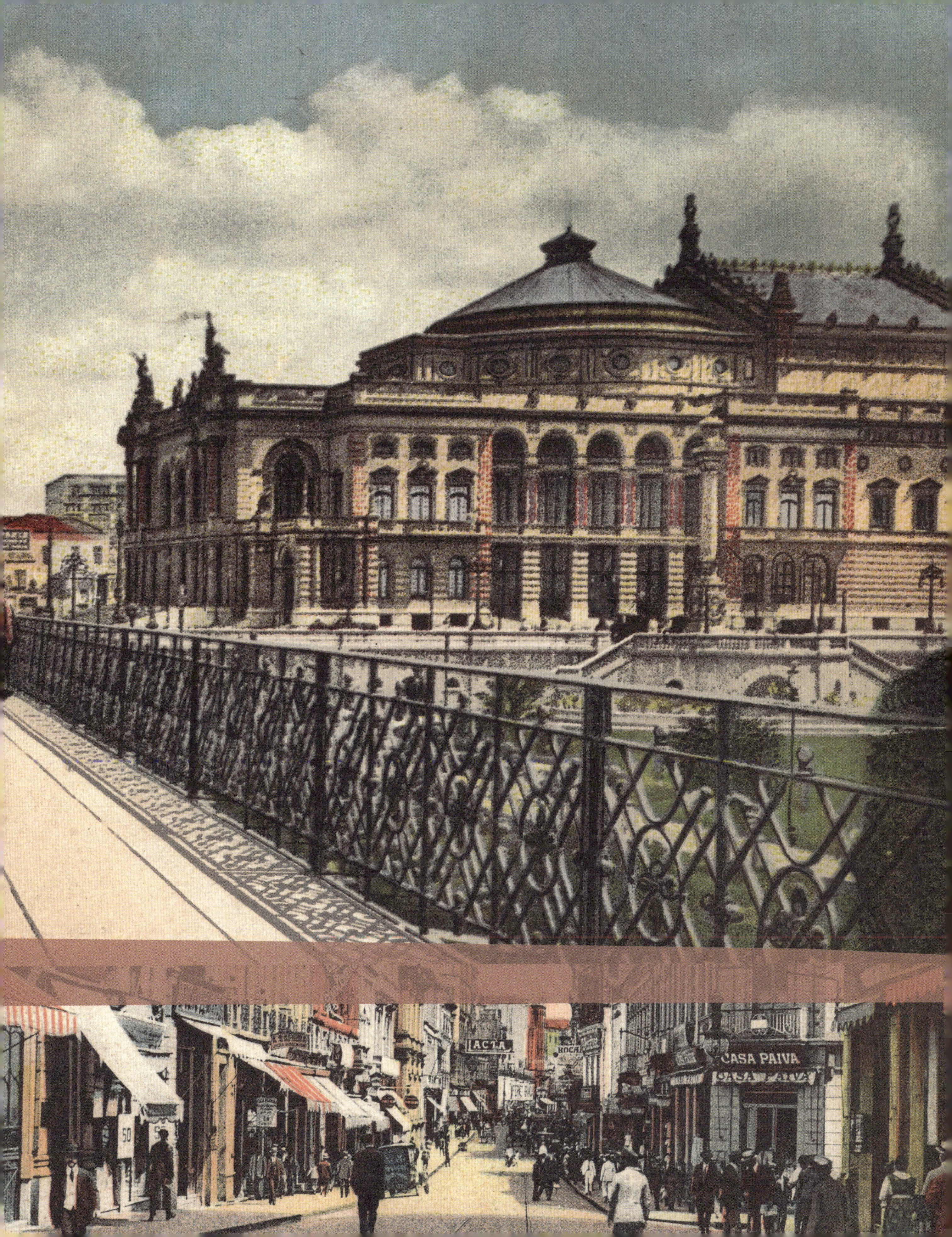
LACTA
CASA PAIVA

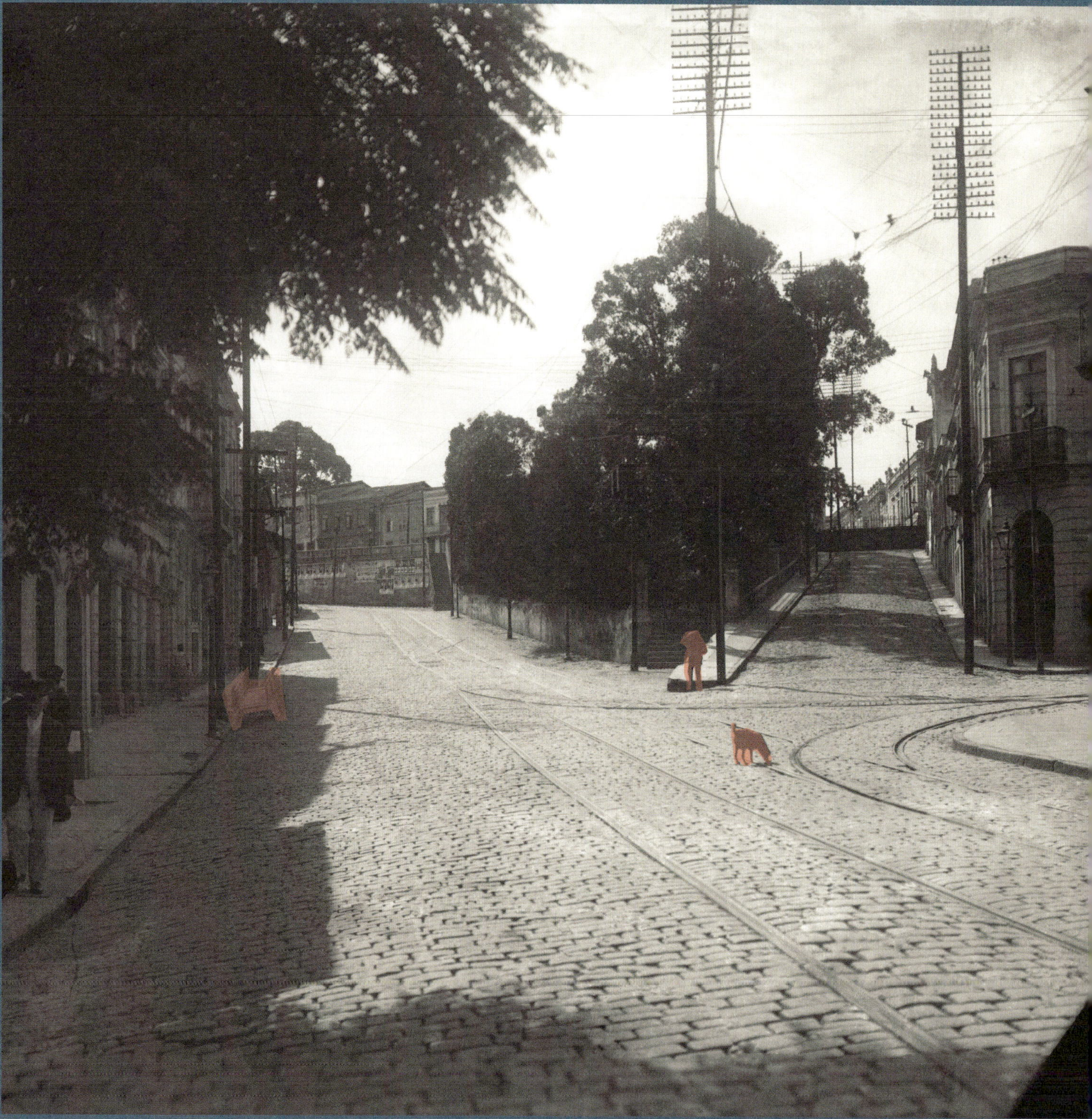

"Na atualidade nada existe do passado. O Anhangabaú, enterrado. O Tanque Reúno, morto. Só a 'pyramide' ereta, firme, ascensional. A única lembrança do passado!"

Ereta, firme e ascensional, mas escondida: em seguida à retirada do chafariz, ocorreu a *instalação de um alto portão de ferro. Murado e com o portão, o largo se transformou numa praça praticamente inacessível à população e a vegetação cresceu livremente, escondendo a pirâmide.* Desse modo, *quem se lembra do Largo da Memória, ainda em 1917 ou 1918, guarda a imagem de que em seu derredor crescia um mato bravio a que uma grade enferrujada, sempre fechada ao público, fazia por dar um aspecto de jardim.*

Não era fácil de se encontrar, na pulsante *great attraction* povoada por *touristes*, faustosos trens, soberbos cavalos de raça, confeitarias e crianças brincando alegremente sob a vigilância das pajens, vozes preocupadas com o destino da velha pirâmide. Mas, muito de vez em quando, elas se faziam ouvir. Em sua coluna "Coisas da Cidade", publicada em 29 de março de 1919 no *Estado de S. Paulo*, o cronista P. não parecia muito satisfeito com o rumo que as coisas tomavam:

*Há mais de um século que se ergueu o Obelisco da Memória. É, como se vê, um monumento venerável, o mais antigo da cidade, e que só por isso já merecia alguma consideração dos nossos poderes municipais.*

*S. Paulo não tem outro monumento centenário. Tinha a igreja do Colégio — essa, velha de alguns séculos — mas há bons 22 anos que picaretas sacrílegas a deitaram abaixo. Resta-nos agora o Obelisco. Embora não seja uma obra de arte, nem ao menos tenha qualquer valor histórico, em todo o caso os seus 104 anos já seriam bastante a resguardá-lo de violências e atentados. Era pelo menos isso o que toda a gente supunha e desejava: que ninguém tocasse no monumento, nem no belo conjunto de árvores anciãs que cresceram e frondejam em torno dele...*

*Santa simplicidade de todos nós! Houve quem entendesse um dia remoçar o velho jardim do monumento: e, de certo, a conselho de algum especialista europeu em parques, mandou abater várias árvores, desbastando e desnudando lamentavelmente uma boa parte do pequeno e velhíssimo parque. A sanha reformadora nem respeitou mesmo uma admirável figueira mata-pau, que os mais opulentos parques do mundo decerto nos invejariam...*

*— Mas por que havia de assim proceder a Prefeitura? Compreende-se que mandasse limpar o parque e que zelasse por ele. Mas cortar árvores — para quê?*

*A informação que tive a respeito na própria municipalidade é que se pretendia dar ao conjunto do Obelisco o seu aspecto primitivo. Mas aqui têm os leitores este desenho de Wasth Rodrigues onde se representa o Obelisco tal como se achava de 1840 a 1860. Como veem, ainda não havia árvore em torno do monumento. Se, efetivamente, era aquele o motivo que levou a modificar-se a arborização do Obelisco, está-se vendo que nenhuma justificativa lhe assiste.*

*Vão ver que qualquer dia alguém se lembra de pintar de verde ou de amarelo o Obelisco, alegando qualquer coisa sem fundamento, ou não alegando coisa nenhuma.*

É possível que P. tenha escrito o texto por genuíno descontentamento.

Por outro lado, talvez o artigo fosse parte de uma estratégia de divulgação, o que hoje em jargão de marketing se denomina *teaser* ou *advertorial*. Não só por exibir certa incoerência — afinal, o colunista clama pela valorização do obelisco para, na sequência, lamentar a retirada das árvores que o encobriam —, mas principalmente porque, pouco mais de seis meses depois, em 5 de outubro, no próprio *Estado de S. Paulo*, um desenho ocupava toda a largura de uma das páginas do jornal. *O Obelisco da Memória* era seu título, e ele mostrava um Largo da Memória totalmente remodelado. A legenda informava tratar-se da *adaptação do local, que está sendo feita pelo dr. Victor Dubugras, por determinação do dr. Washington Luís.*

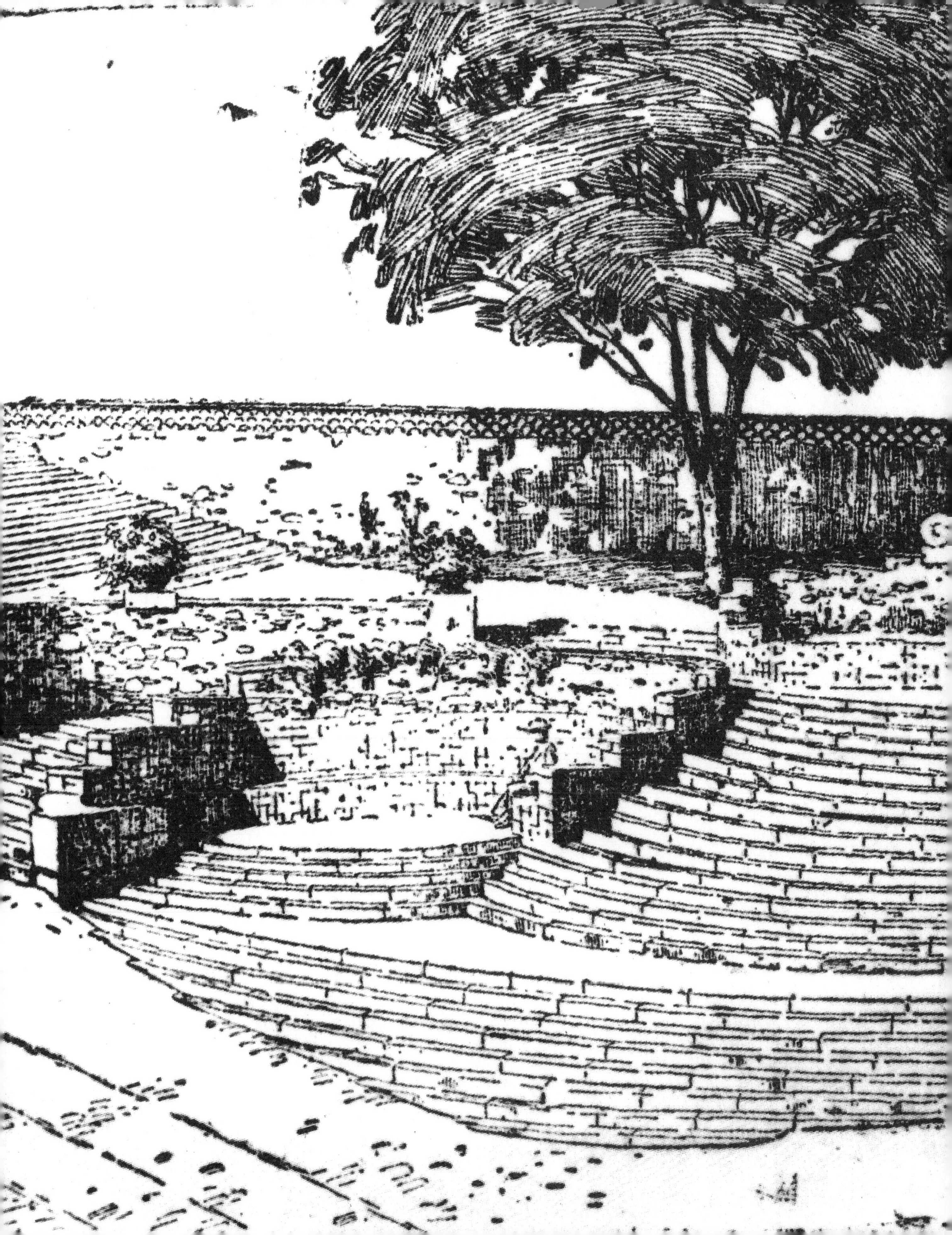

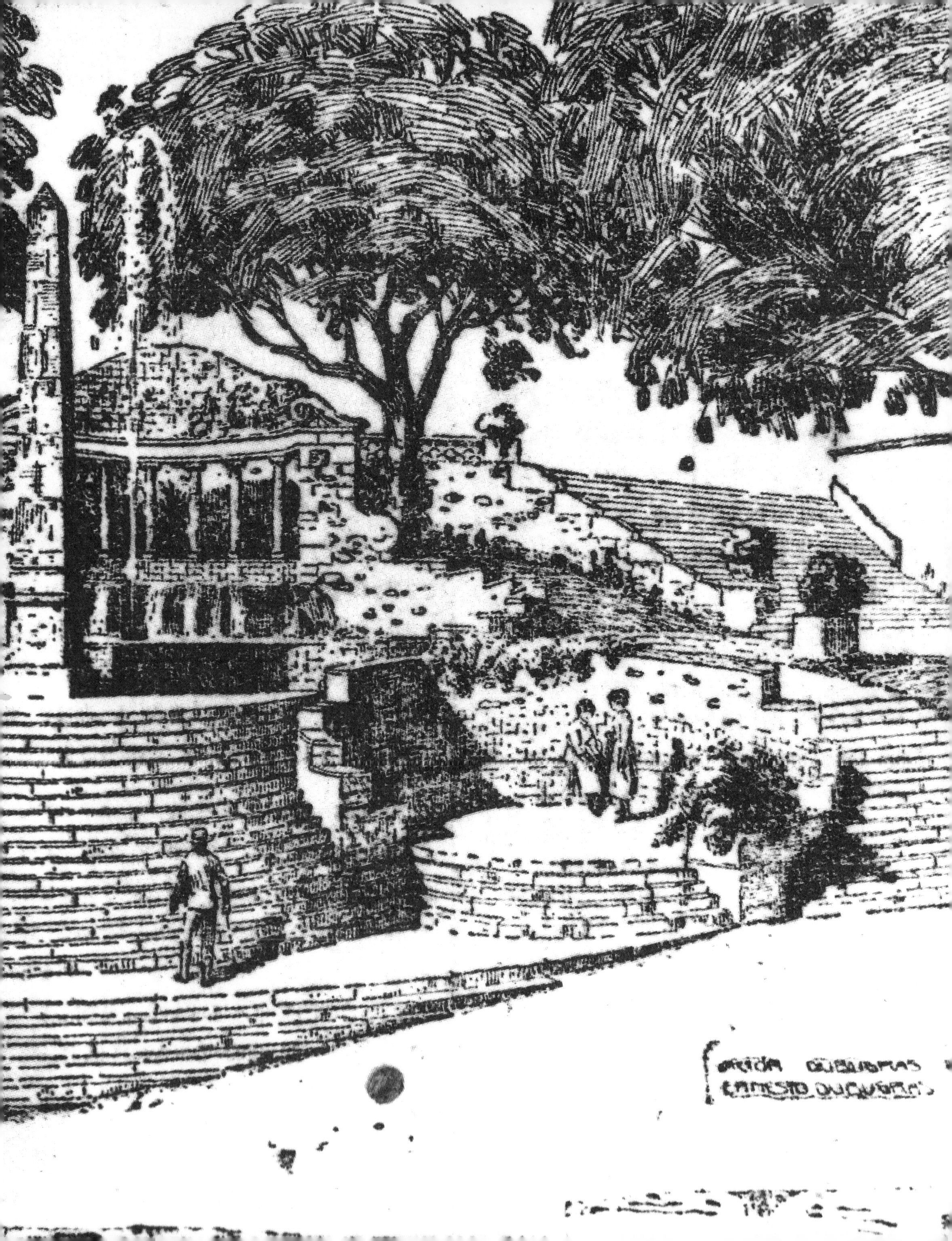

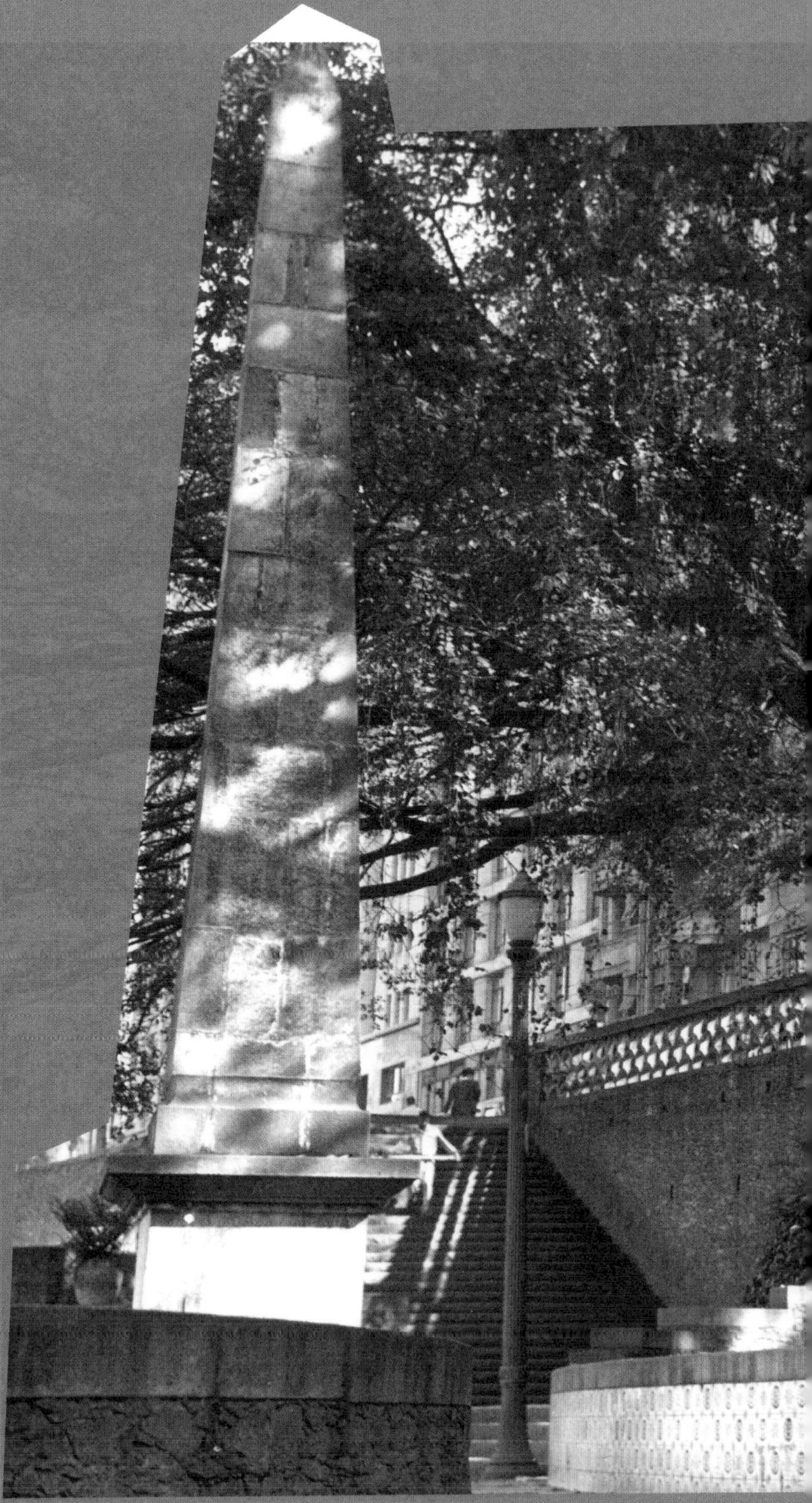

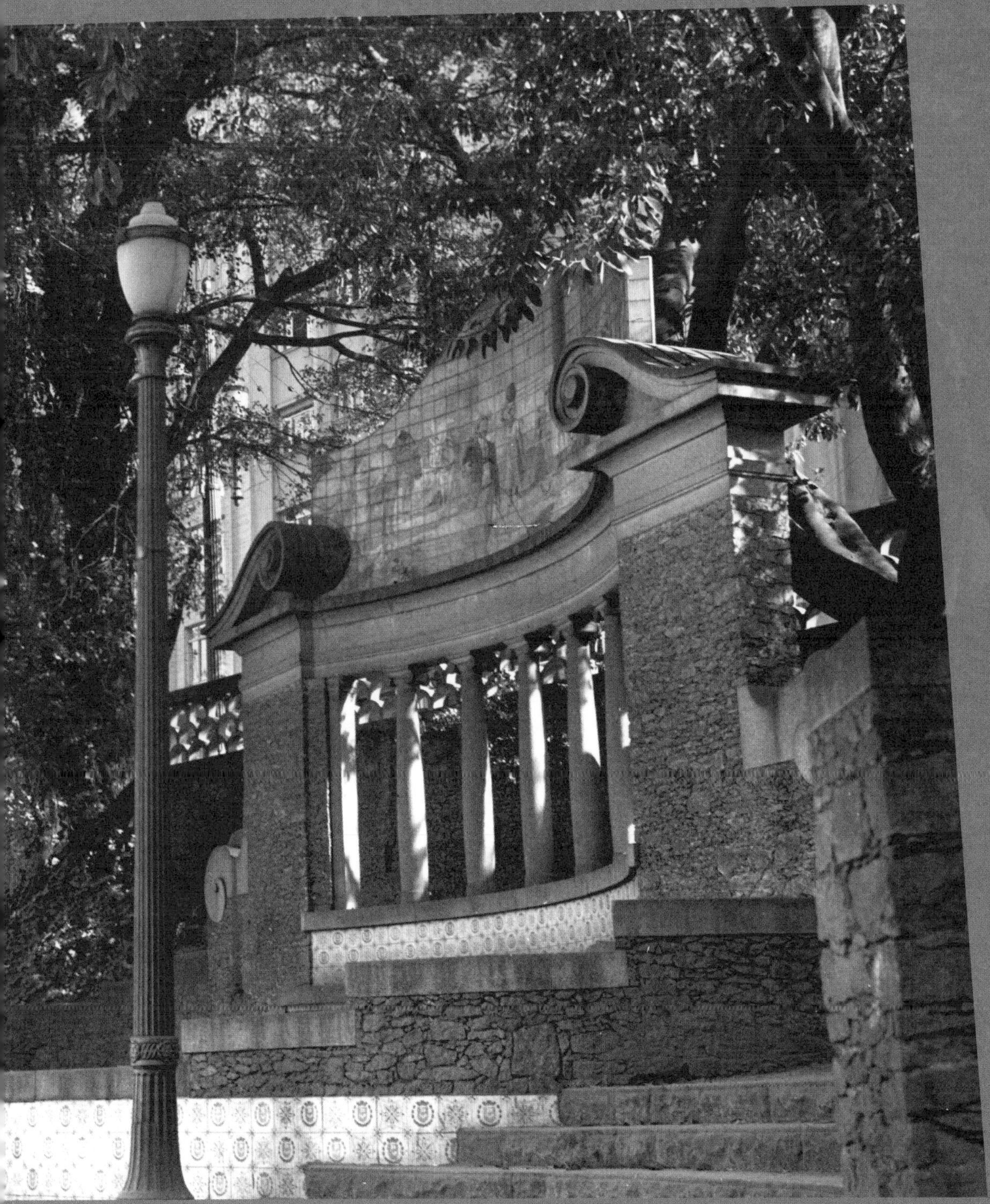

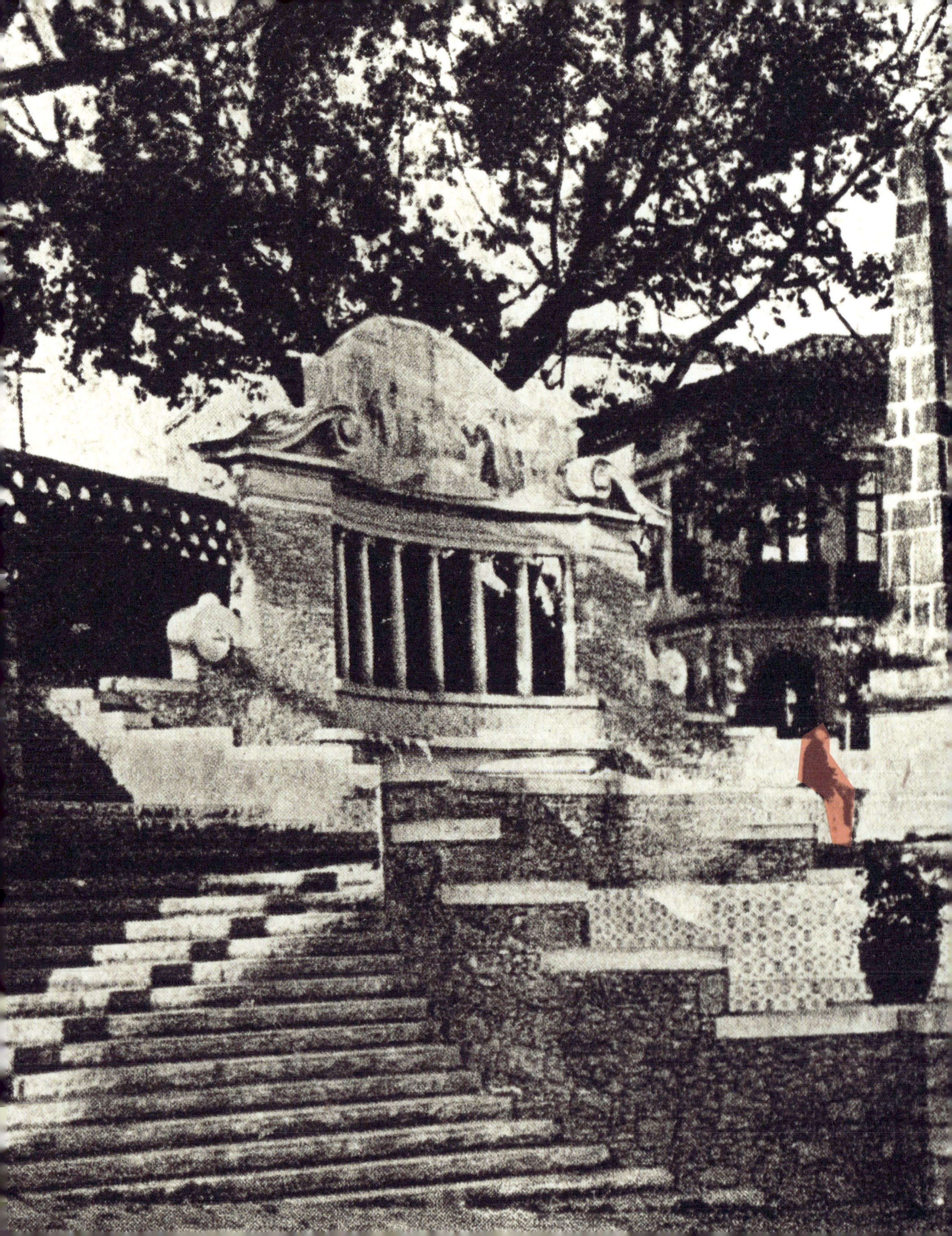

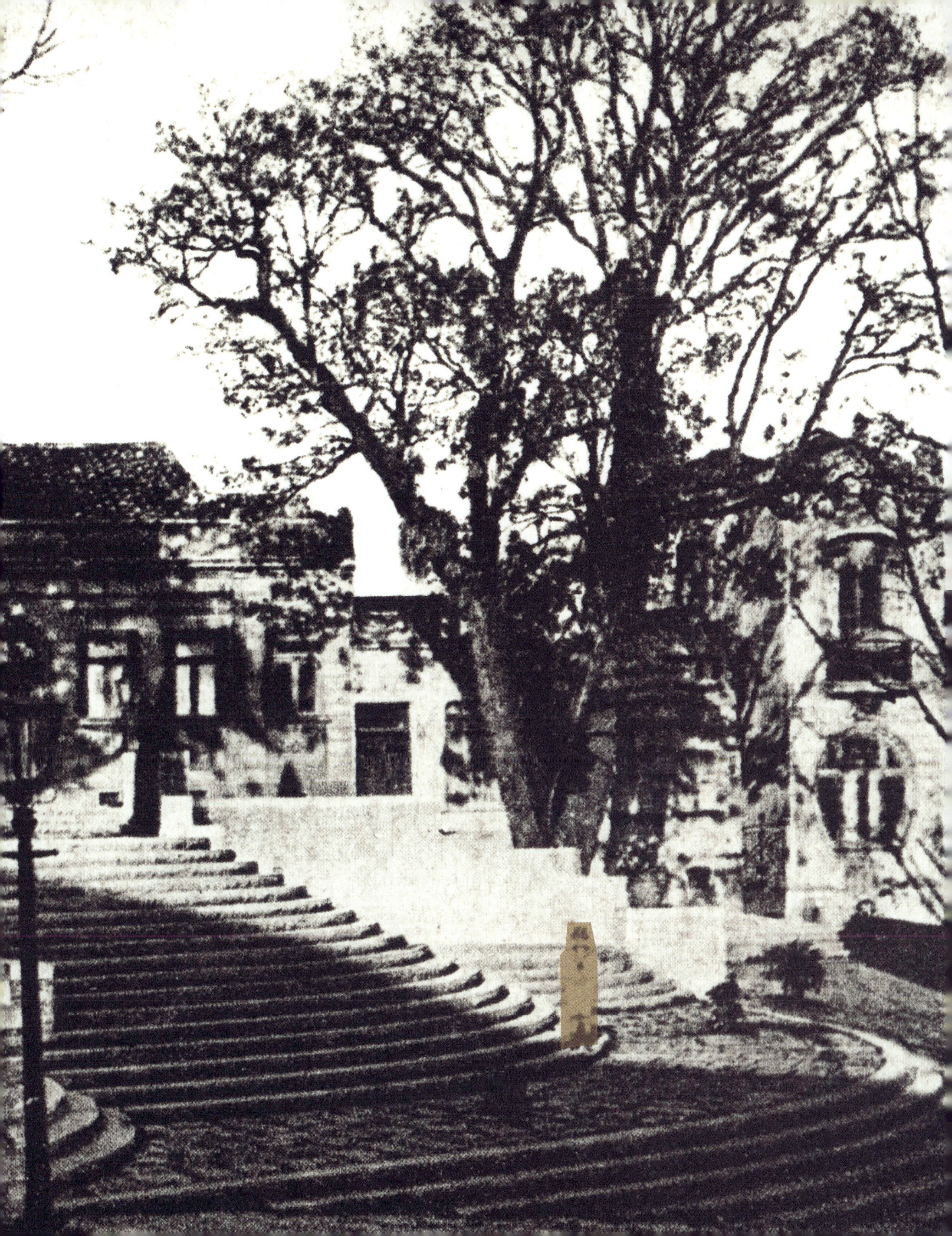

O projeto seria inaugurado três anos depois, em 1922, como parte das comemorações do primeiro centenário da Independência. Dubugras toma o velho obelisco como ponto focal e levanta, numa espécie de pano de fundo para a Pirâmide, um pórtico arqueado com colunas sobre as quais se apoia uma platibanda curva preenchida por um grande painel de azulejos. Inserida no centro de um tanque elíptico conectado ao pórtico, o arquiteto ergue também uma nova fonte, agora decorativa, que ao jorrar água cria uma espécie de forma gêmea do obelisco.

Partindo desse conjunto principal em direção à parte baixa do largo, espraiam-se escadarias de granito entremeadas por pequenos átrios semicirculares — "êxedras" é o nome técnico — com bancos também revestidos de azulejos. Um desses átrios, aliás, propositalmente instalado onde se situava o antigo chafariz do Piques.

O ondeante resultado final toma o relevo acidentado como riqueza, não obstáculo, e transforma o Largo da Memória em algo *quase como uma cascata, bonita e esparramada*. Até mesmo a remoção da vegetação que obstruía a visão do obelisco é executada com delicadeza, mantendo de pé algumas das *árvores anciãs que cresceram e frondejam* no local. Natureza, monumento histórico, novas edificações, topografia, fluxo de pedestres, *tudo em serena harmonia*; fruto de *um projeto de superiores qualidades, dentre as quais uma merece destaque, por ser um atributo das grandes obras no espaço urbano: a de parecer sempre haver existido*. As opções de construção e de linguagem tomadas por Dubugras refletem sua trajetória peculiar e incorporam soluções vinculadas ao *art nouveau* bem como ao neocolonial então em voga. Este último, porém, na interpretação extremamente pessoal dada pelo arquiteto, muito distante daquilo que se identifica como o "estilo" neocolonial. A demanda pela incorporação de supostas "tradições brasileiras", aliás — base do movimento neocolonial —, sem dúvida fez parte dos requerimentos de Washington Luís, governador cuja valorização das raízes históricas locais era notória.

O painel de azulejos pintado por Wasth Rodrigues também evoca os tempos originais da Pirâmide do Piques, numa recriação idílica do que seria uma cena cotidiana de então, na qual tropeiros se cumprimentam educadamente, mulas descansam e escravas pegam água no chafariz. É também nos azulejos que adornam a parte inferior do pórtico e os bancos circulares que é veiculado, pela primeira vez, o brasão da cidade de São Paulo, criado em 1917 pelo mesmo Wasth Rodrigues, junto com Guilherme de Almeida. "Non Ducor Duco." *Não sou conduzido, conduzo*, lema da cidade então orgulhosa de sua recém-forjada paulistanidade.

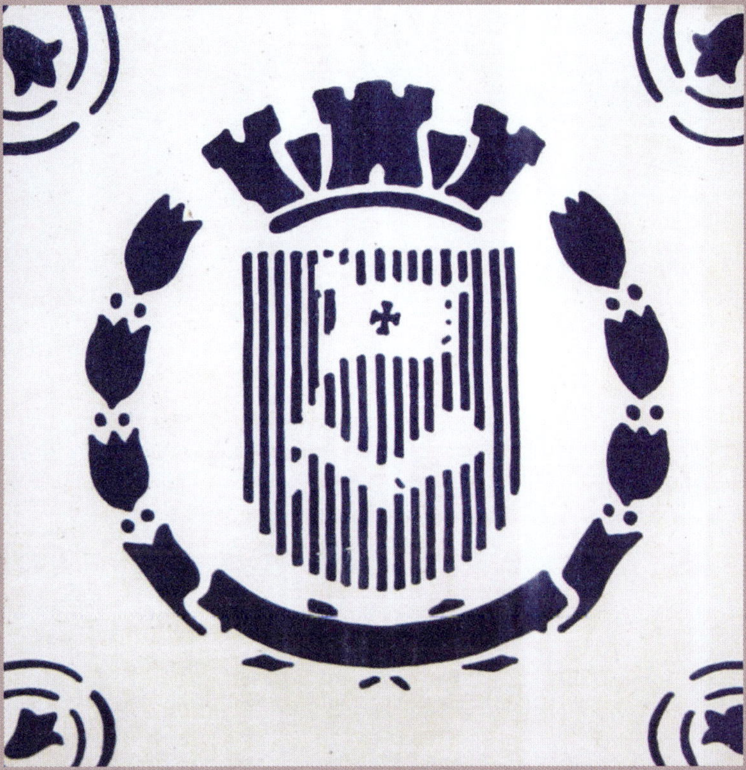

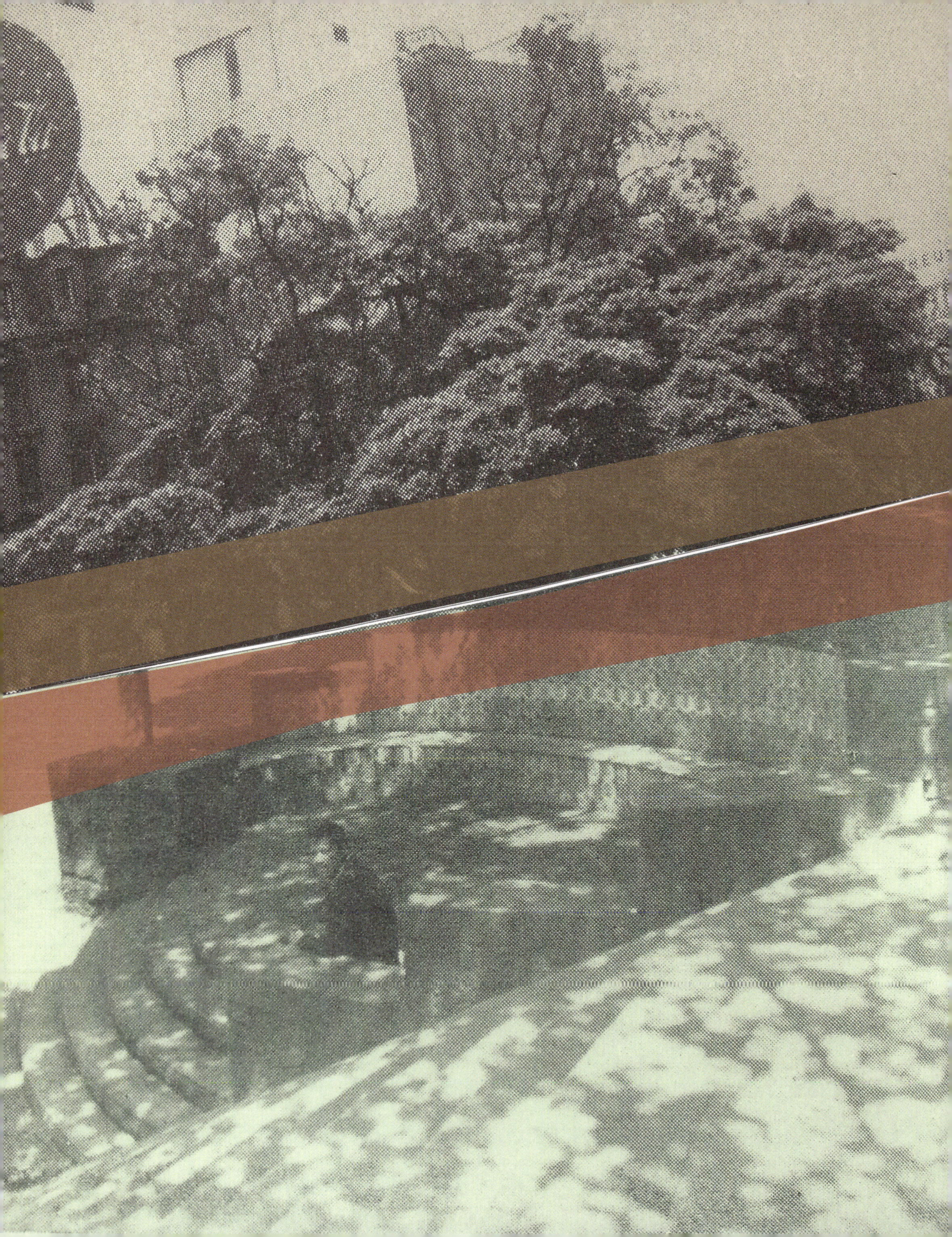

Rua do Paredão, atual Xavier de Toledo.

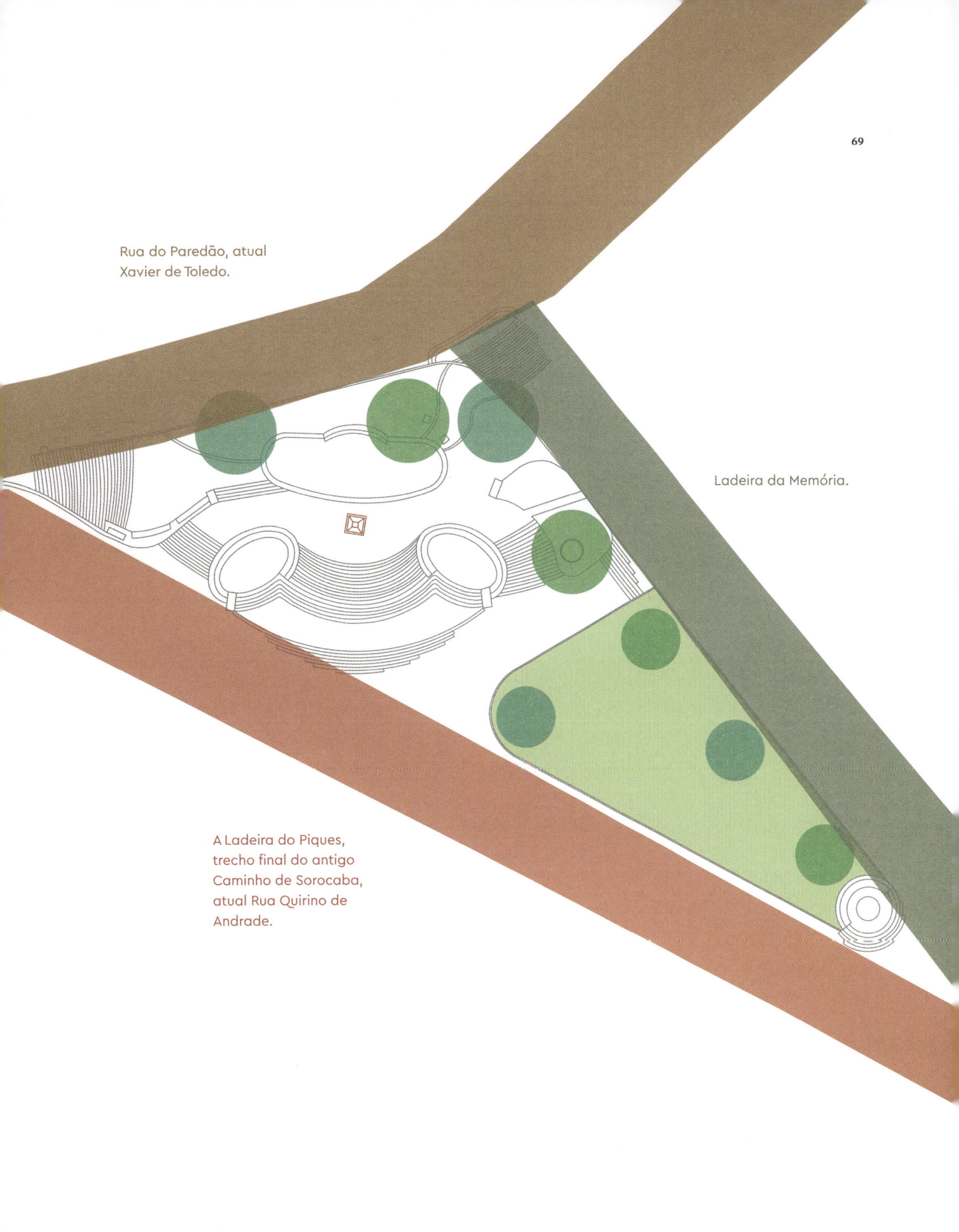

Ladeira da Memória.

A Ladeira do Piques, trecho final do antigo Caminho de Sorocaba, atual Rua Quirino de Andrade.

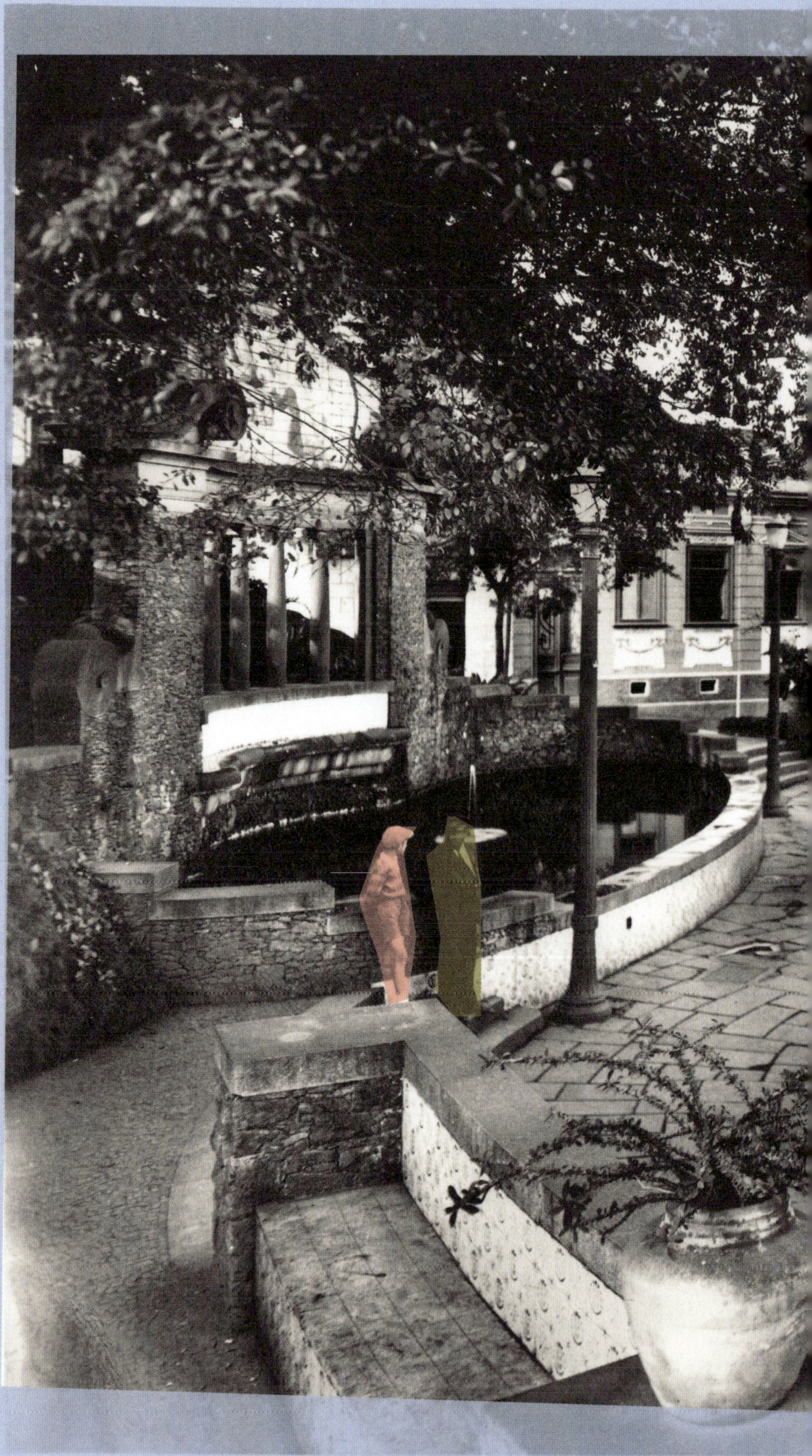

Obelisco  N. 41

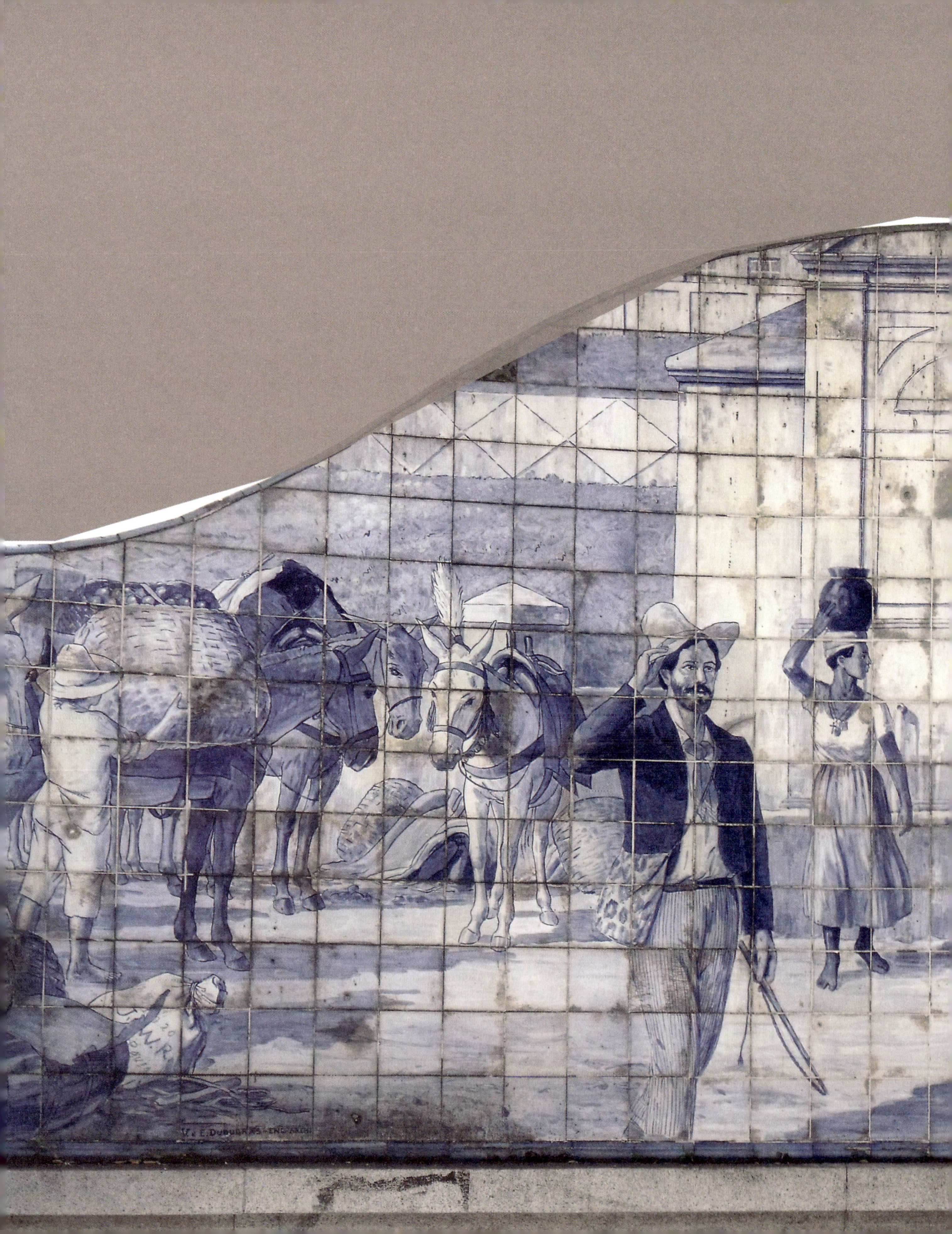

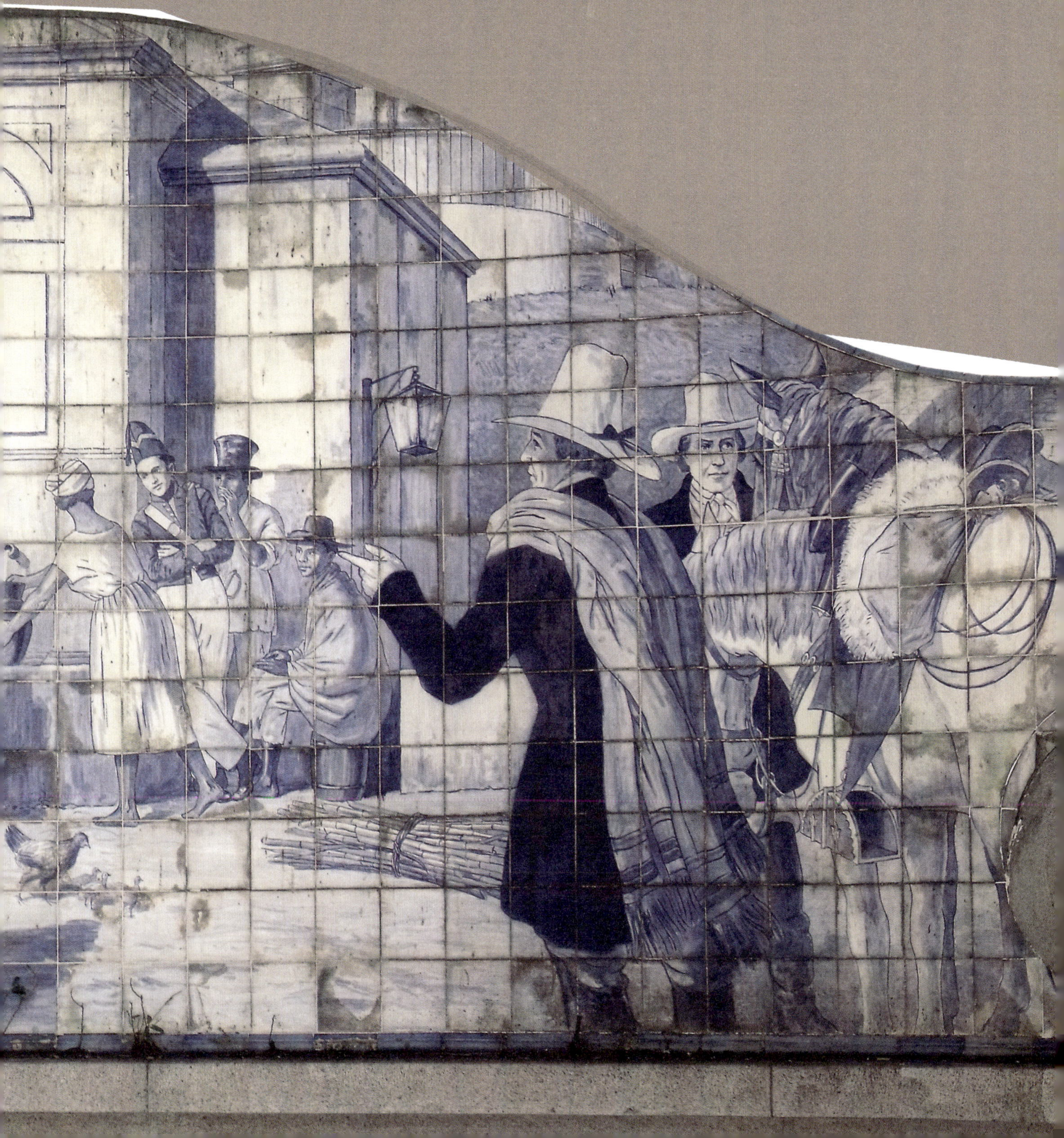

que se fala sobre o Largo da Memória, em geral, para por aqui. No máximo, de quando em quando, algum artigo de jornal lamenta *o abandono e a imundície que não raro se amontoa sobre as escadarias, a presença de marginais e a infeliz reputação de seus frequentadores.* Em 12 de março de 1972, no *Estado de S. Paulo*, o arquiteto e professor Benedito Lima de Toledo escreve que *tendo até o momento escapado com algumas lesões à sistemática descaracterização da cidade, o Largo da Memória sobrevive, em meio do desapreço geral pelos documentos mais significativos de nossa evolução urbana.* O título do longo artigo não poderia ser mais desanimador: *A Memória sobreviverá?* ou *A ingrata missão de ser monumento em São Paulo*. Mais de quarenta anos depois, em 21 de junho de 2016, matéria no jornal *Destak* relata que *após ser considerado um dos locais mais perigosos da região central da cidade, o Largo da Memória passou por mais uma reforma, em 2014, ano em que completava seu segundo centenário. (...) Após quase dois anos da reforma, o Largo da Memória tem sido novamente vítima do descaso da população e da prefeitura.*

A maior parte dos comentários sobre o local em sites de turismo segue na mesma toada:

*Perigoso, infelizmente. Mau cheiro, mendigos e trombadinhas se misturam.*

*Muitos assaltos e pessoas embriagadas durante a noite. Evite.*

*O lugar é muito sujo, não dá pra tirar muitas fotos por conta que á (sic) bastante trombadinha por lá.*

*Projeto original era muito bonito, mas a deterioração do local, e do próprio monumento, faz com que não seja muito recomendável conhecê-lo. Local abriga moradores de rua e pessoas de má índole. Cuidado.*

*Lugar histórico todo cagado, com monumento histórico pichado... A memória de que essa cidade se degradou e já foi um lugar melhor.*

*É triste ver como a cidade de São Paulo está abandonada. Um monumento com mais de duzentos anos está escondido sob pichações e usuários de drogas. O cheiro de urina é predominante. O Largo da Memória foi esquecido.*

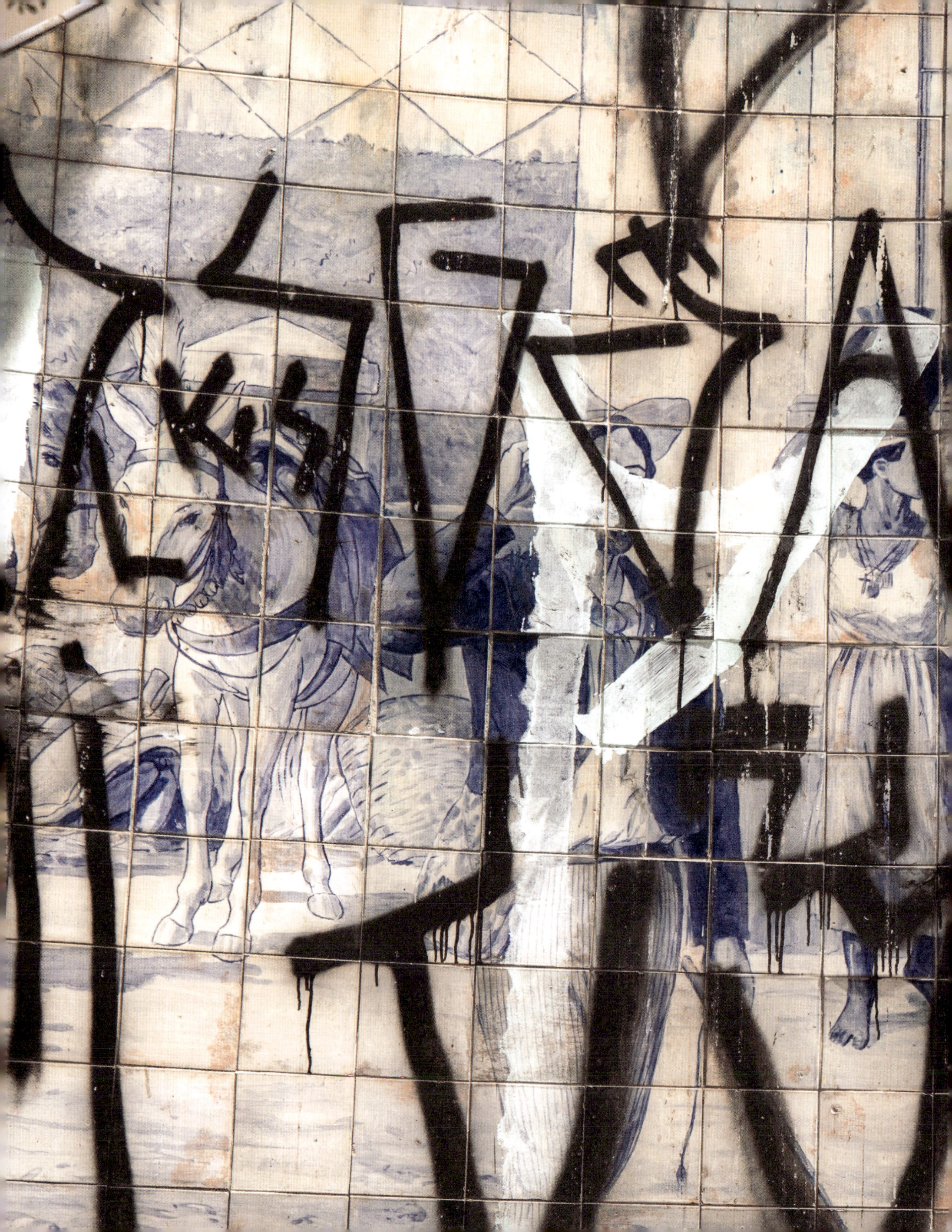

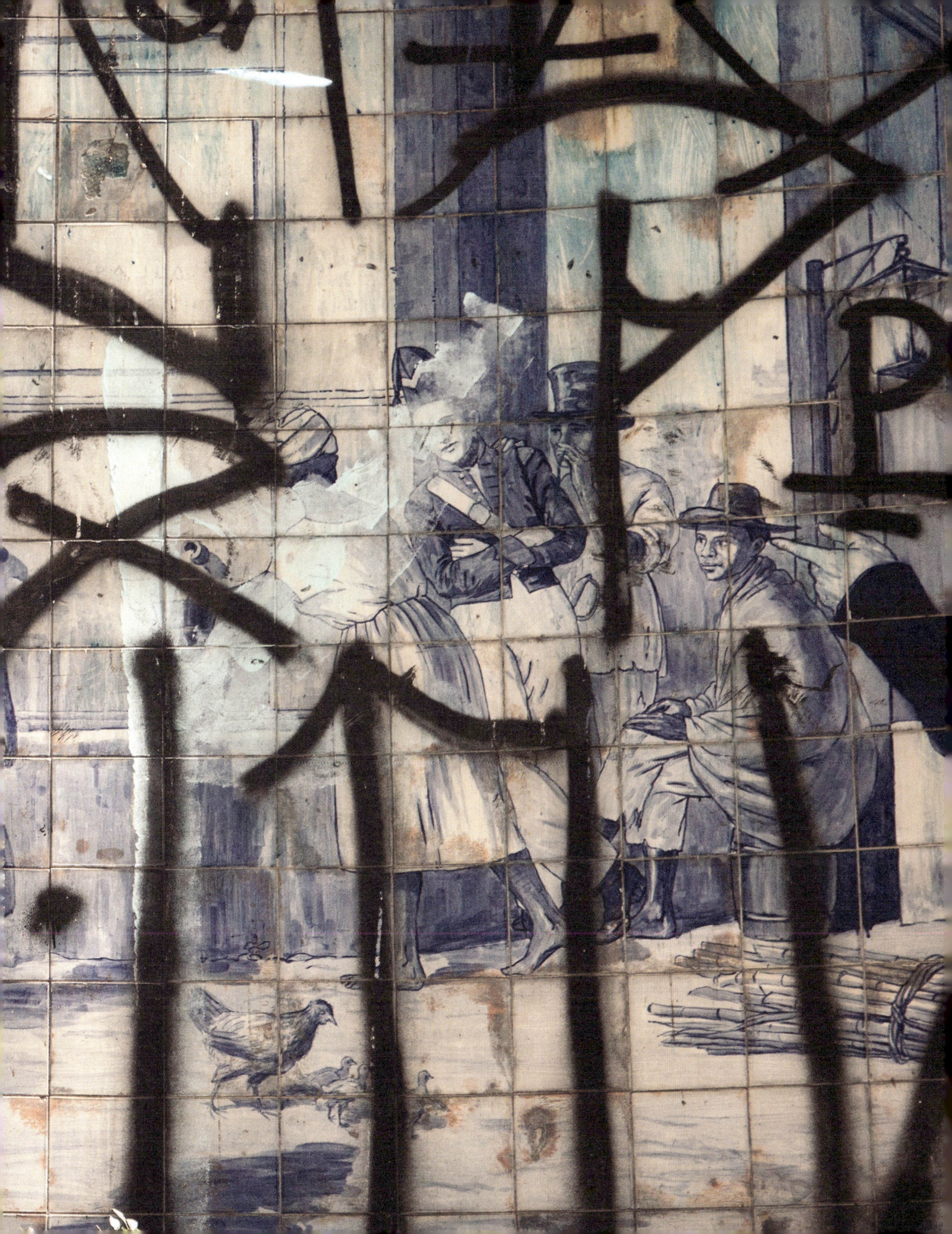

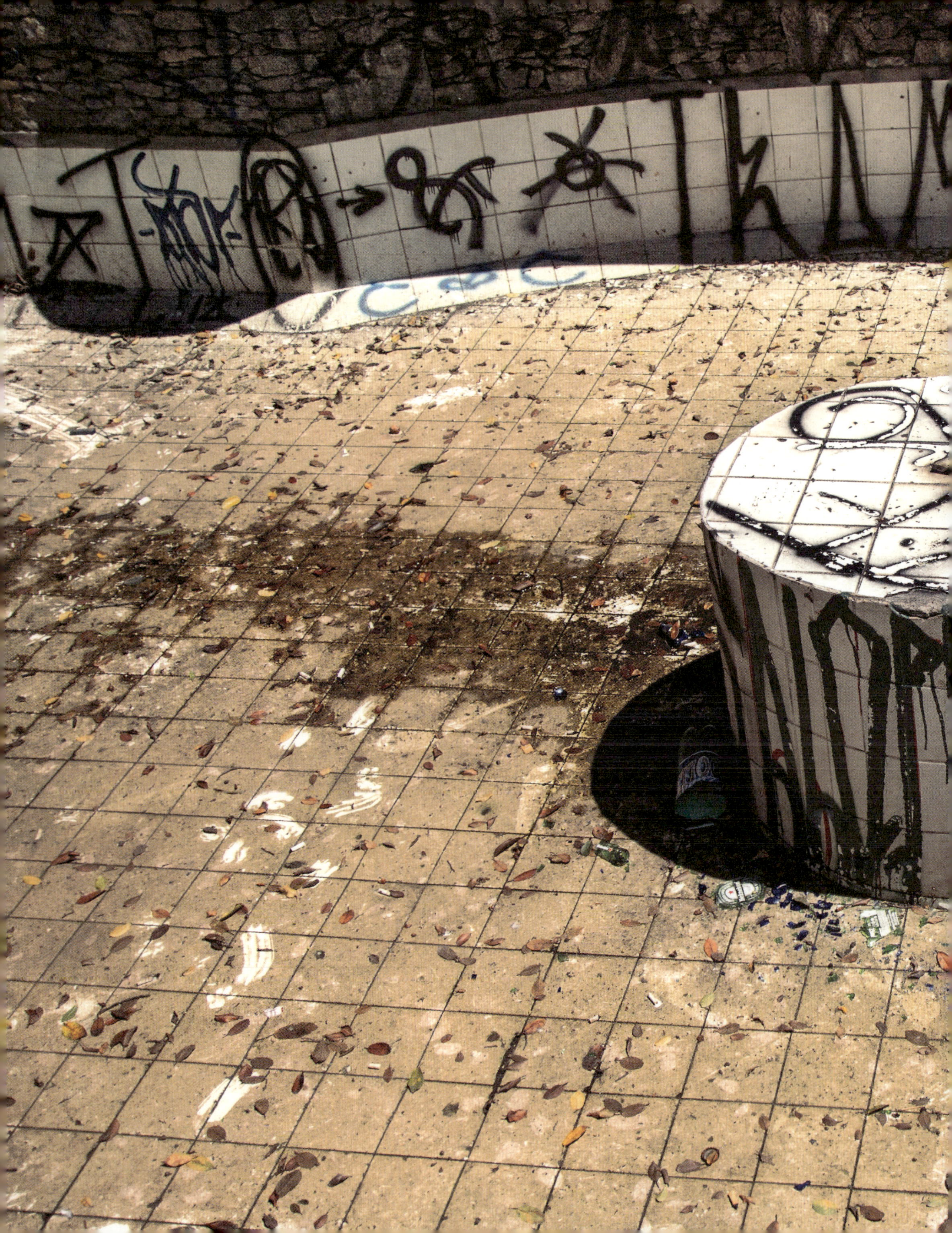

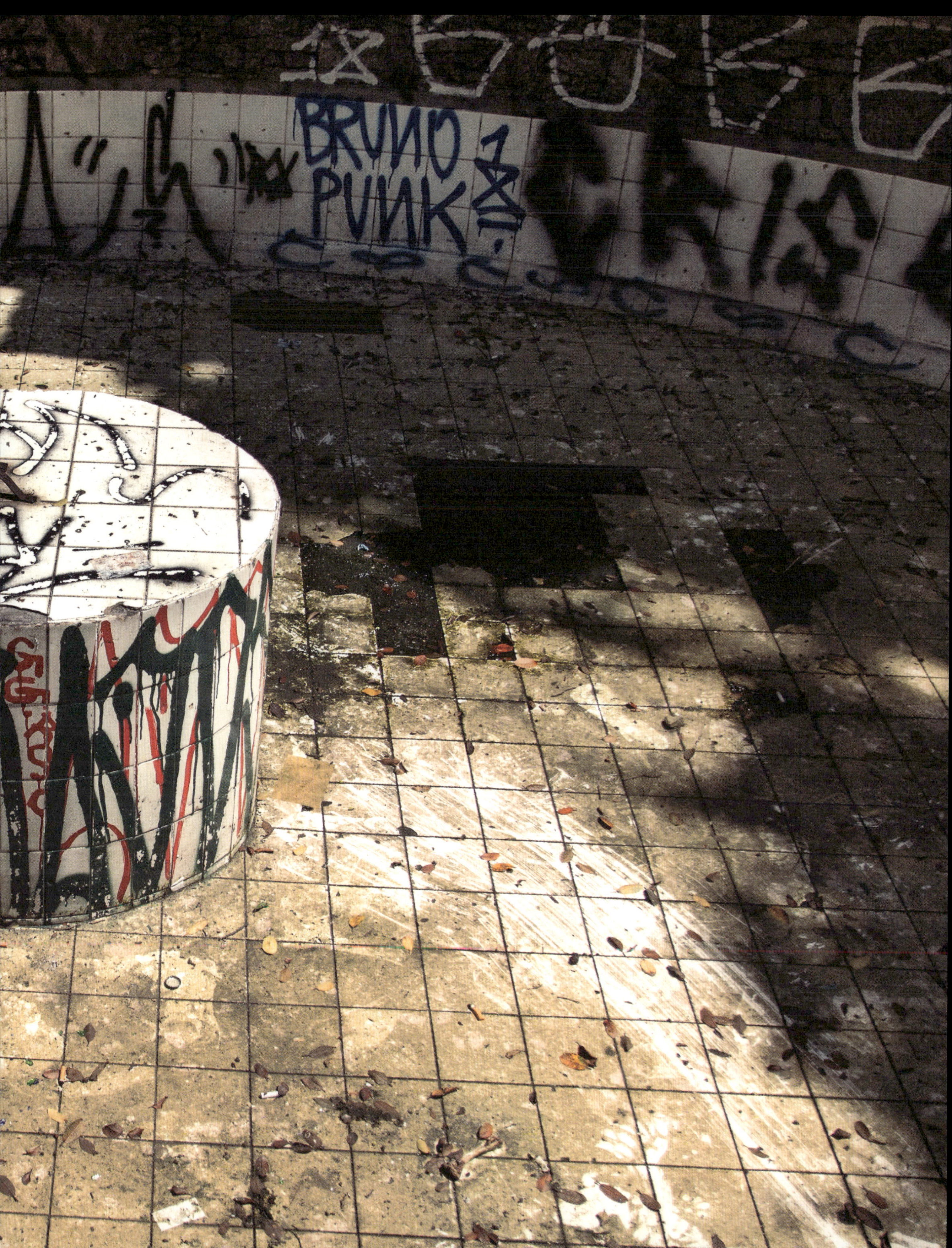
BRUNO
PUNK

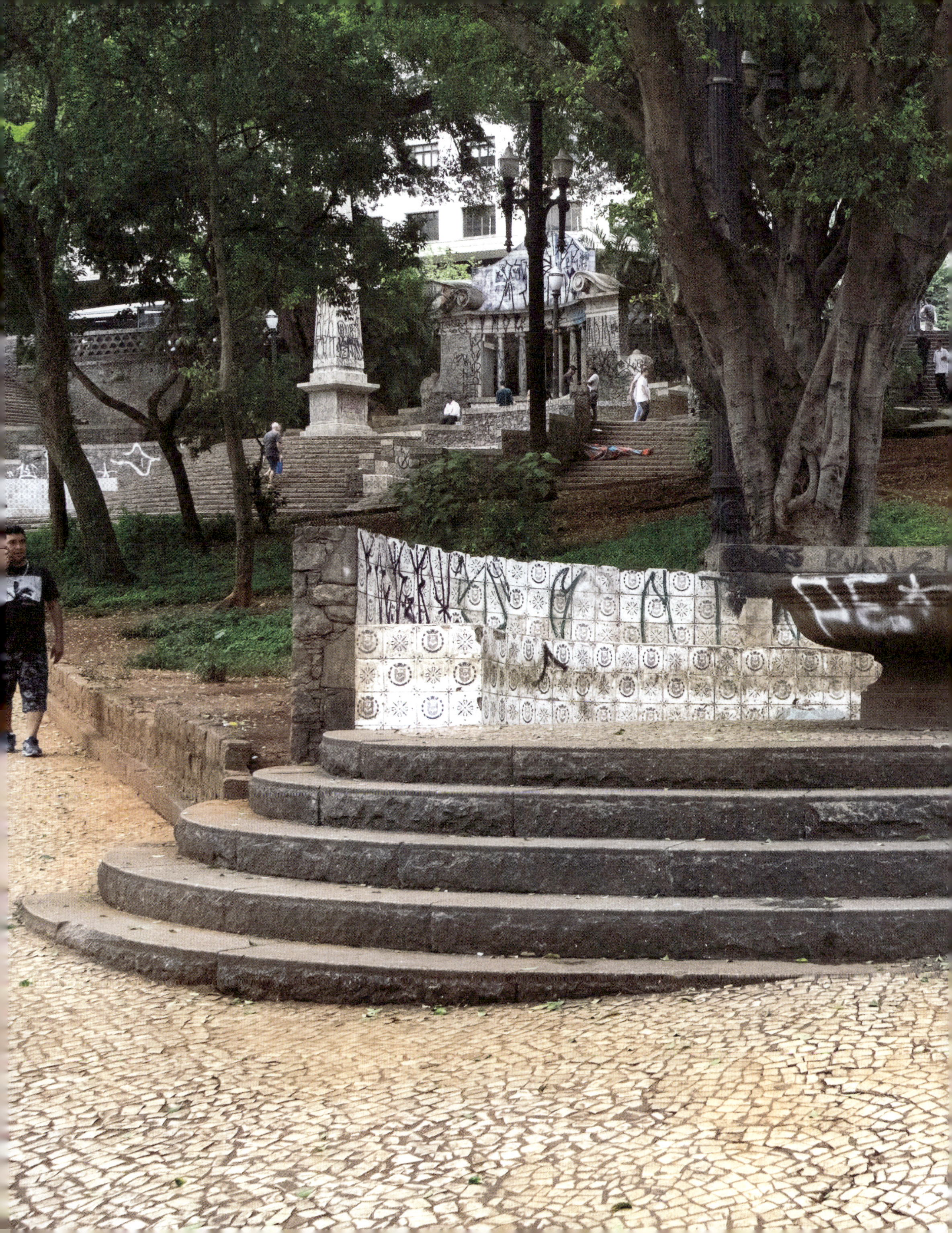

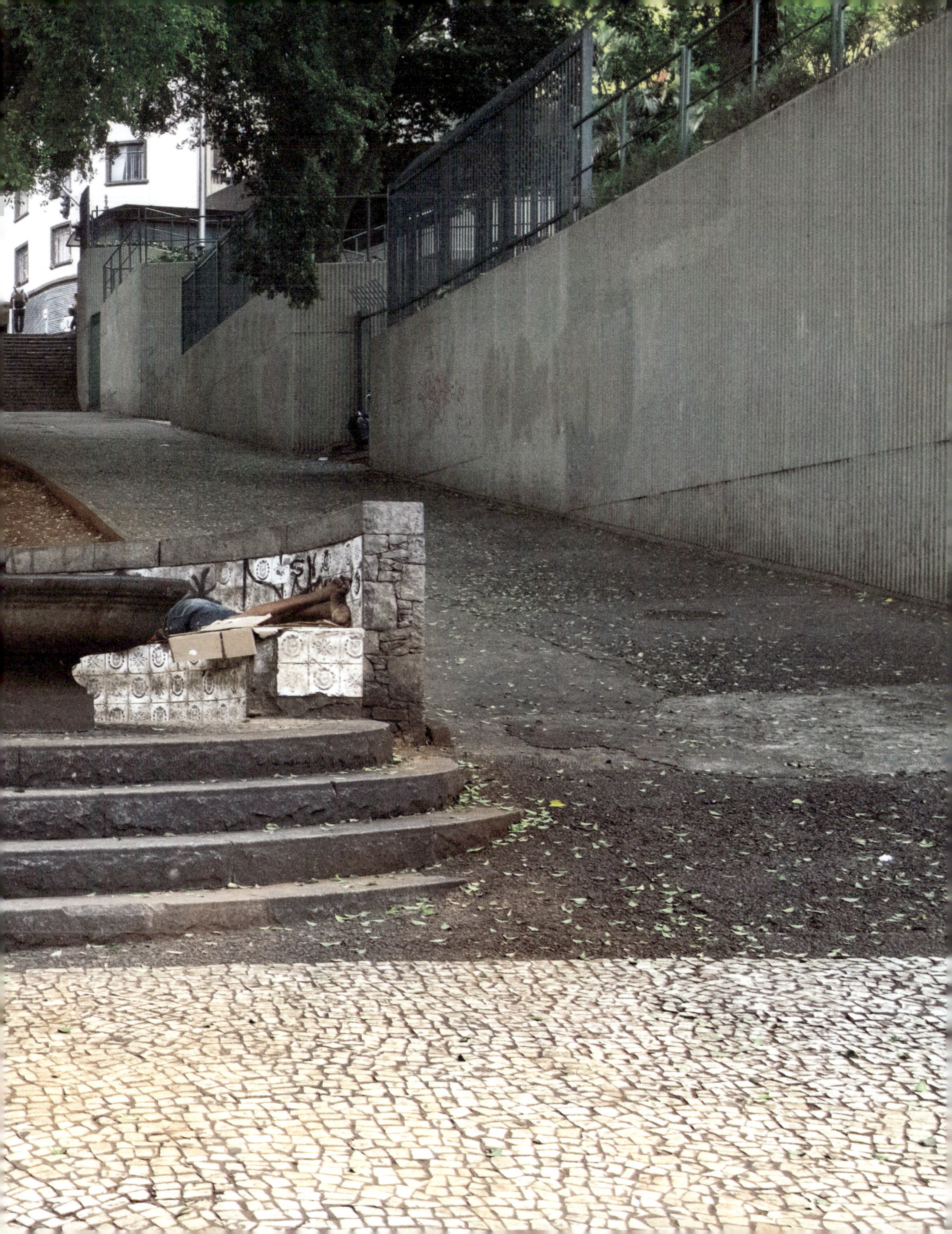

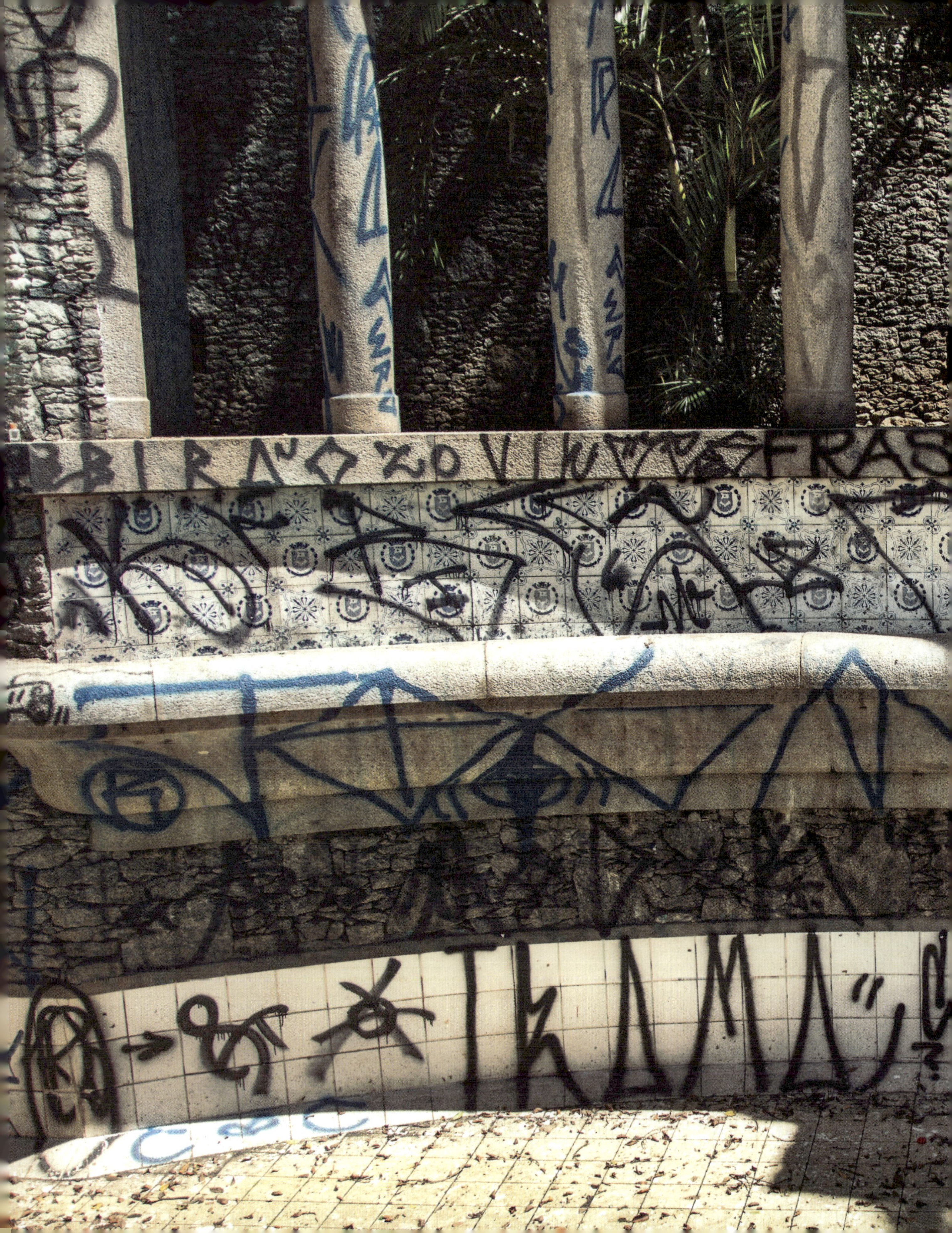

BRUNO
PUNK
BOBBY

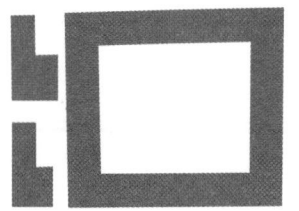

Largo da Memória foi esquecido."

O trocadilho, ruim, mas inescapável, não é de todo despropositado: o Largo da Memória foi, de certa forma, esquecido. O hábito de voltar os olhos somente para as faces que cintilavam juventude e riqueza não se restringiu ao período do café, mas parece ter grudado em São Paulo como um de seus costumes mais frequentes. Apesar da bem-sucedida reforma projetada por Dubugras, o local nunca mais recuperaria o destaque dos tempos áureos dos tropeiros do Piques. Pelo contrário: logo a metrópole orgulhosa por construir um prédio a cada sete minutos e entregue sem preliminares ao automóvel o empurraria cada vez mais para um papel de figurante no enredo principal que, empertigada, projetava em sua tela.

Mas se o trocadilho acima foi acrescido da expressão "de certa forma" é porque o Largo da Memória não desapareceu (talvez, parafraseando George Nelson, apenas porque ninguém tenha encontrado um uso comercial para ele). Ele manteve-se lá e, mesmo sem nenhuma outra reforma de vulto, foi se transformando. Certamente, não naquilo que sonharam arquitetos e admiradores. Ou eventuais passantes que se extasiaram, noutras paragens paulistanas, *com a paisagem, com a impetuosidade da luz; mas confessaram que se estarreceram ao observar a miséria, a decrepitude, a imundície das estradas de acesso* sem perceber que *uma coisa derivava da outra*. Esquecido por uns e revelado para outros, o local — assim como toda a região do Piques — não só se manteve vivo, mas também é capaz de narrar a São Paulo dos últimos cem anos como poucos. Mesmo que a história não soe como música para ouvidos mais lineares. Afinal, *é natural que a vida seja mais semelhante a* Ulisses *do que a Os Três Mosqueteiros; todavia, qualquer um de nós está mais inclinado a pensar na vida em termos de Os Três Mosqueteiros do que em termos de Ulisses; ou melhor, pode rememorar a vida e julgá-la somente representando-a com romance bem-feito.*

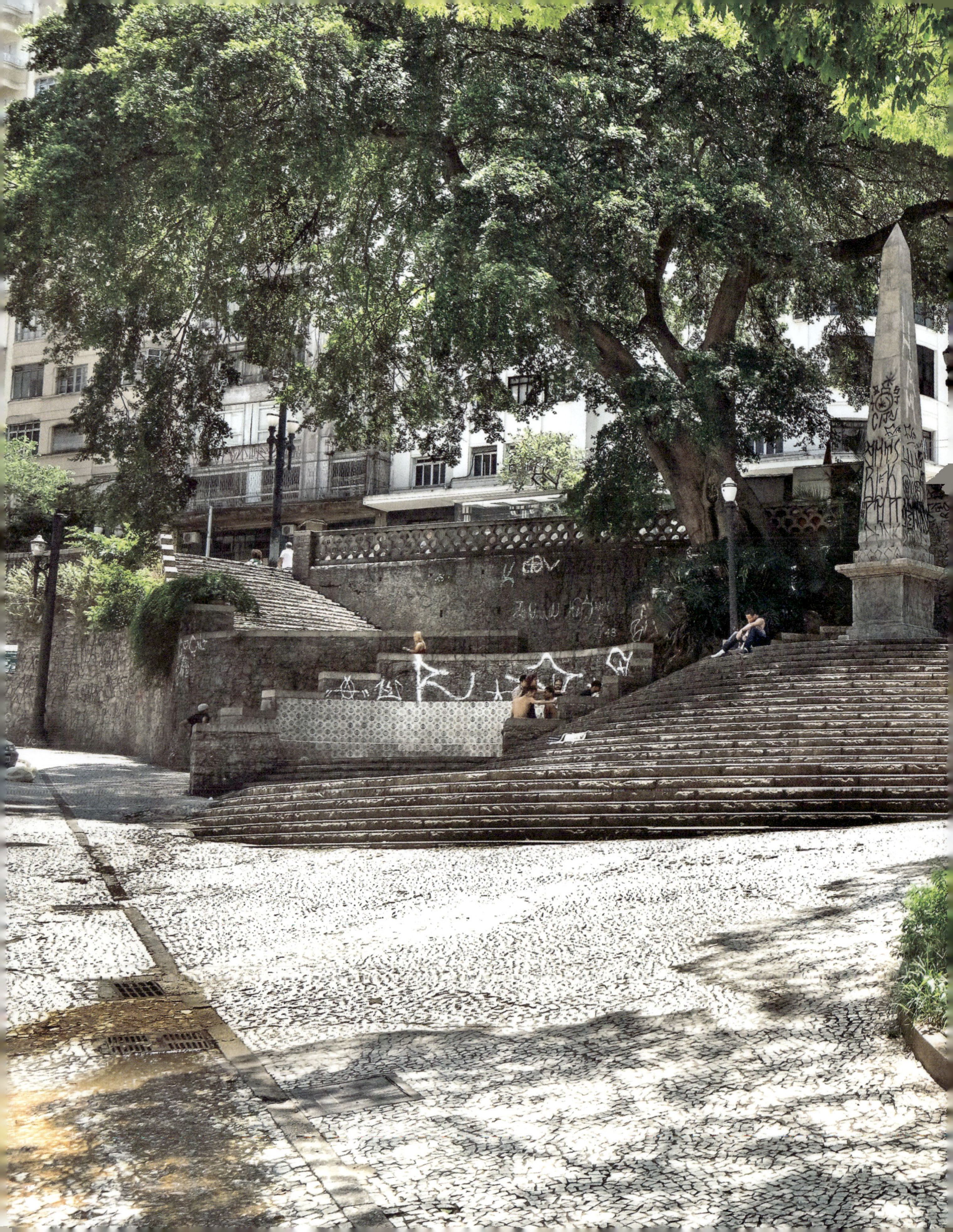

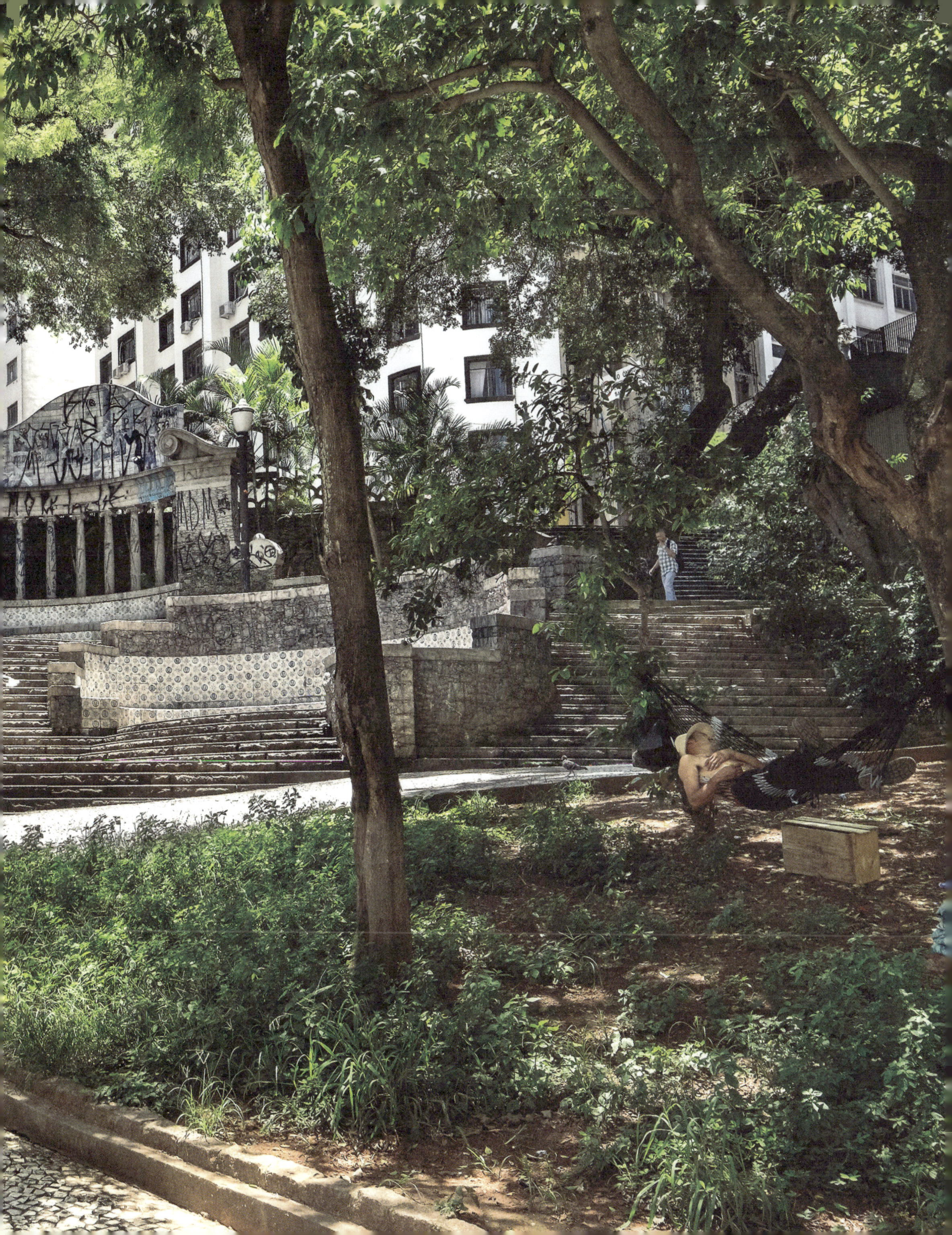

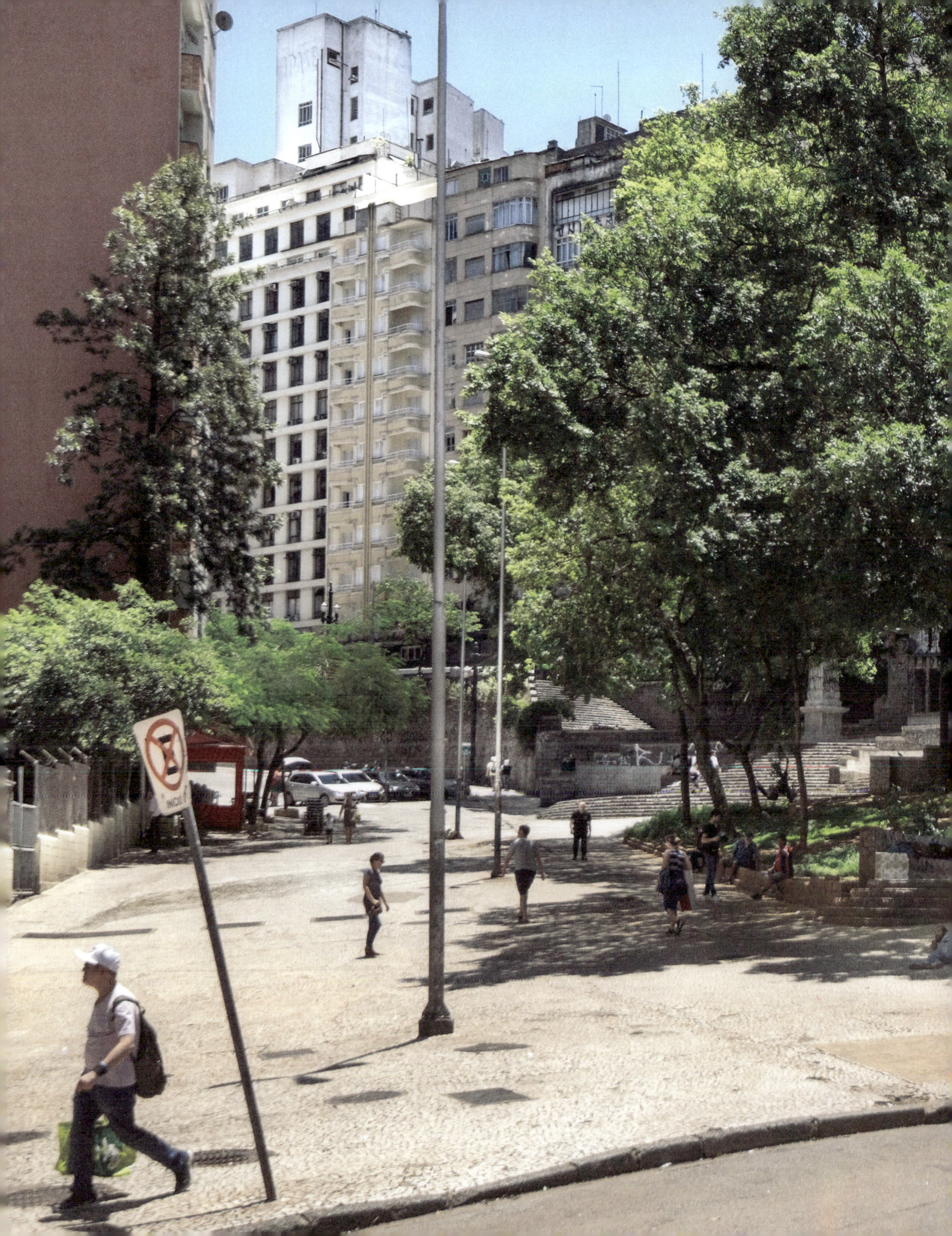

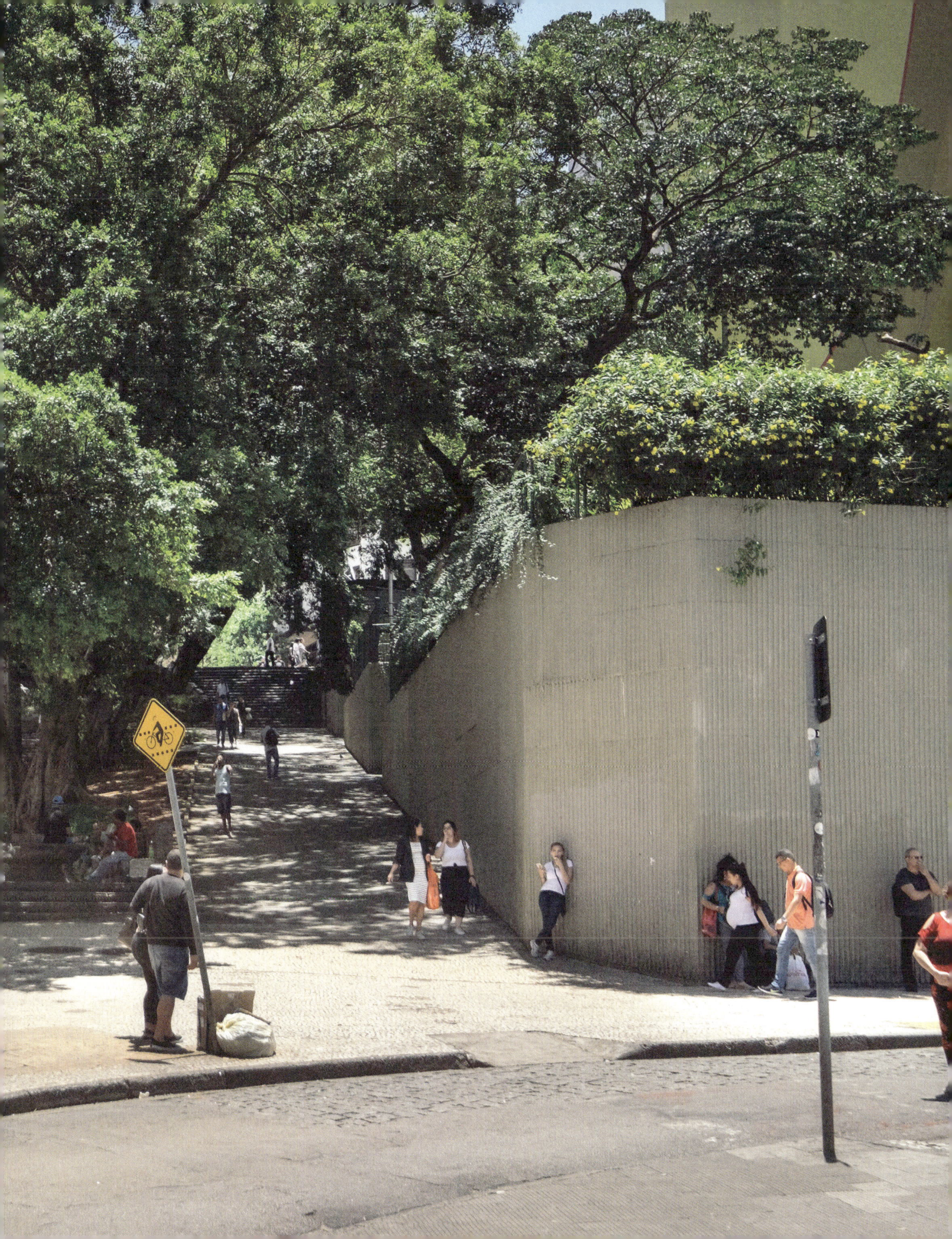

O Piques visto do Viaduto do Chá em quatro momentos distintos: acima, no início da década de 1910, com o Vale do Anhangabaú ainda não integrado à malha urbana. Abaixo, pouco tempo depois, já em processo de urbanização. Na página ao lado, o parque em seus dias de esplendor e, por fim, na imagem tirada entre o final dos anos 1920 e o princípio dos 1930, os carros começando a ocupar seu espaço. Nesta última imagem, destaca-se, no lado esquerdo, o Palacete Riachuelo.

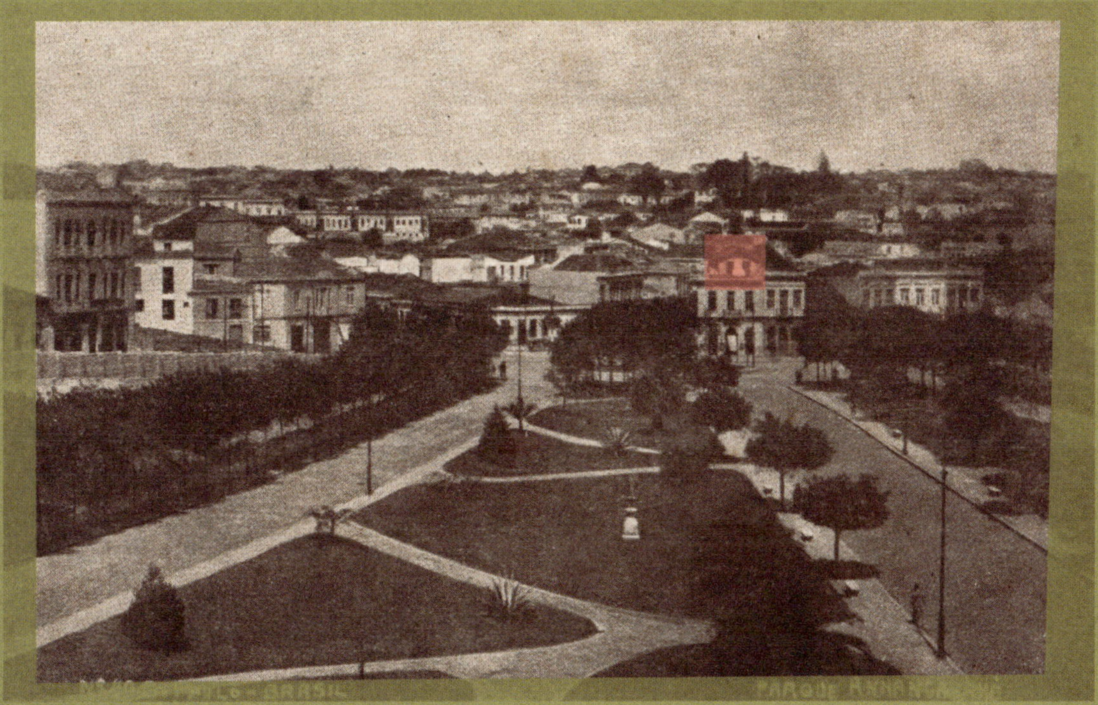

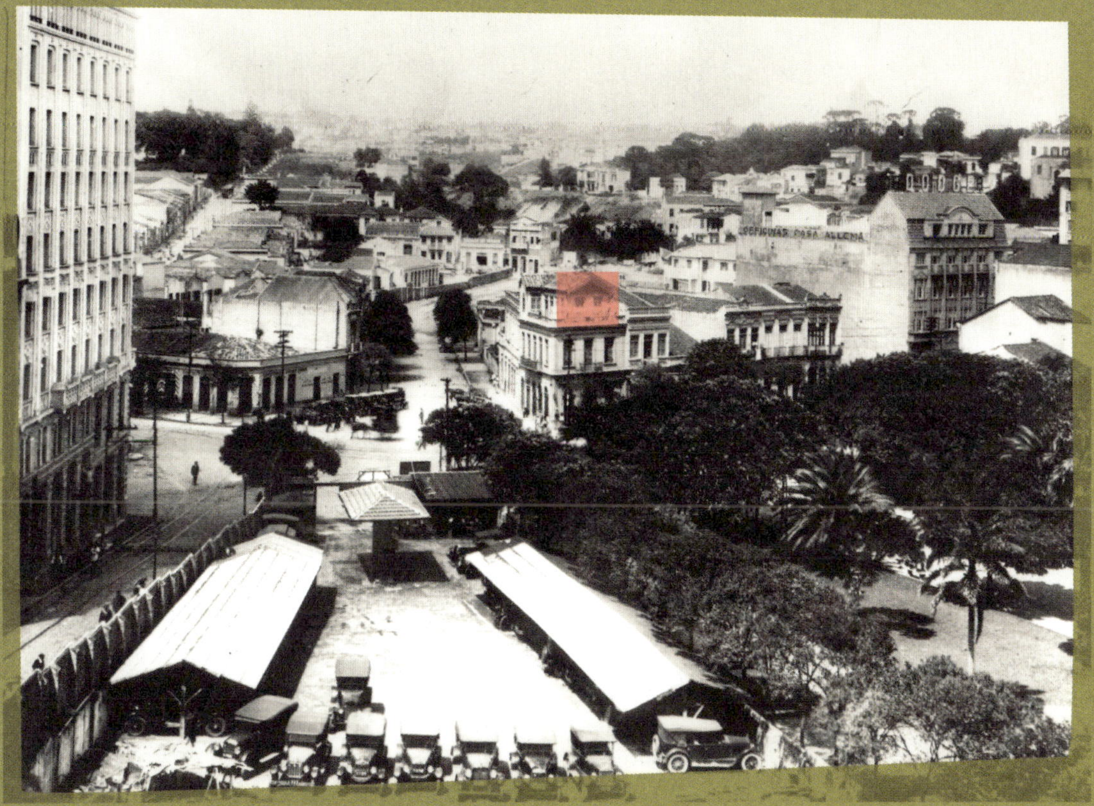

A surto modernizante que se seguiu aos anos 1920, dessa vez impulsionado pela nascente indústria, foi avassalador. Em 1941, São Paulo *já possui o maior parque industrial da América Latina, com 14 mil fábricas.* O crescimento populacional refletia a marcha desenfreada: os 578 mil habitantes da cidade em 1920 haviam saltado para 1 milhão e 120 mil em 1934 e *São Paulo não era mais a "cidade italiana" do início do século, e sim um centro urbano* no qual *emigrantes da Europa e Ásia se misturavam aos velhos paulistanos e aos cabeças-chatas, como eram chamados depreciativamente os trabalhadores que começavam a chegar do Nordeste em grande número.* A grandiloquência crescia em proporção semelhante: o industrial Giuseppe Martinelli mandou erguer o que seria o maior prédio da América Latina quando concluído, em 1934. Doze anos depois, o CBI-Esplanada, na Praça Ramos, era anunciado como a maior estrutura de concreto armado do mundo.

A despeito do ritmo frenético das betoneiras — *Aqui as casas vivem menos do que os homens* —, o rebento mais ilustre do período não seria uma construção, mas aquele a quem se destinaria o verdadeiro posto de *mais completa tradução* de São Paulo: o trânsito.

*São Paulo cresceu de um dia para outro. É como esses adolescentes que, dos 14 para os 15, dão um salto; as calças ficam curtas e as mangas "sungam". O resultado do crescimento rápido das cidades é a angústia do trânsito.*

Assim como a inauguração da ferrovia em 1867 pode ser sublinhada como o grande ponto de inflexão da cidade em fins do século XIX, uma boa escolha para a data que desenharia a São Paulo do século XX — e XXI — é 1930. Naquele ano, *ocorreu um fato capital para a história do urbanismo em São Paulo: a publicação do Plano de Avenidas para a Cidade de São Paulo, encomendado pelo prefeito Pires do Rio a Francisco Prestes Maia*, então chefe da Secretaria de Viação e Obras Públicas do município.

Apesar do nome, o plano não se restringia ao sistema viário, constituindo-se no mais abrangente e ambicioso projeto urbanístico desenvolvido para São Paulo até então, *envolvendo também uma posição muito definida quanto à estética urbana adotada, em especial nas grandes avenidas e espaços públicos, que foram abertos ou ampliados com vistas à verticalização da cidade.* Não havia dúvidas, porém, sobre quem regia a orquestra: *a circulação. Devem, antes de tudo, as ruas e praças satisfazer às necessidades do movimento da cidade, de maneira a mais perfeita; essa é sua missão primordial.* E, como a circulação à qual Prestes Maia se referia era rodoviária, nascia ali a São Paulo do automóvel.

Com o passar do tempo, a opção pelos carros em detrimento de outras alternativas converteu-se num modelo cada vez mais questionado, apontado por muitos como a origem de diversos entraves urbanos e danos ambientais que emergiriam nas décadas subsequentes. À época, porém, ela se encontrava em perfeita sintonia com o pensamento urbanístico em voga, além de refletir os ideais aos quais aspirava a maioria da população: o progresso desenfreado visto como algo fundamentalmente positivo e a submissão ao automóvel apresentando-se indispensável para o suprimento das *necessidades da vida moderna*.

A implantação do plano não se deu de forma integral nem imediata . Pelo contrário, estendeu-se por mais de três décadas, incluindo as duas gestões de Prestes Maia como prefeito: 1938-1945 e 1961-1965. Mesmo assim, foi o bastante para desenhar a cidade tanto em seu sentido literal, ao traçar vias emblemáticas como as marginais dos rios Tietê e Pinheiros, quanto em sua dimensão simbólica, definindo um caráter até hoje presente na identidade paulistana.

Prestes Maia e o também engenheiro João Florence de Ulhôa Cintra já haviam, anteriormente, apresentado princípios de alguns dos pontos-chave do plano, como a série de artigos que assinaram em conjunto, intitulada *Um Problema Atual: os Grandes Melhoramentos de São Paulo*, publicada entre 1924 e 1926. Ulhôa Cintra, inclusive, esboçara uma versão inicial do perímetro de irradiação que, adaptada, se tornaria um dos pilares do plano de 1930. Este, grossíssimo modo, podia ser sintetizado como um sistema composto de anéis concêntricos — os chamados "perímetros de irradiação" — cortados por avenidas radiais que uniam a região central às zonas periféricas. Naturalmente, o primeiro anel perimetral, mais próximo ao centro e responsável por desafogar o tráfego da região, exigiu operações urbanas mais drásticas e, por conta disso, sofreu algumas alterações em sua proposta inicial de percurso até encontrar o trajeto definitivo, que percorria a Avenida Ipiranga, a alargada São Luís, os viadutos Nove de Julho, Jacareí e Dona Paulina, a Praça João Mendes; cruzava o Tamanduateí até o Parque Dom Pedro e, pela Senador Queirós, retornava à Ipiranga.

Complementando anéis perimetrais e avenidas radiais, o "Sistema Y", monumental eixo que conectava por vias expressas São Paulo de norte a sul. Um *conjunto de três grandes avenidas que atravessarão toda a cidade, desde o Tietê até o vale do Pinheiros*. A primeira delas — o tronco do "Y" —, a Avenida Anhangabaú Inferior, hoje Avenida Prestes Maia, prolongava a Avenida Tiradentes, ligando o Rio Tietê ao Anhangabaú (adeus, Parque Anhangabaú). Lá, ela se bifurcava nas duas outras avenidas, as duas hastes do "Y": a Nove de Julho, terminada em 1941, e a Itororó, que seria completada somente em fins dos anos 1960, já com seu nome definitivo, 23 de Maio.

O local de interseção do "Y", ponto onde tronco e hastes se cruzavam e cerne do Plano de Avenidas, não era outro senão o Piques.

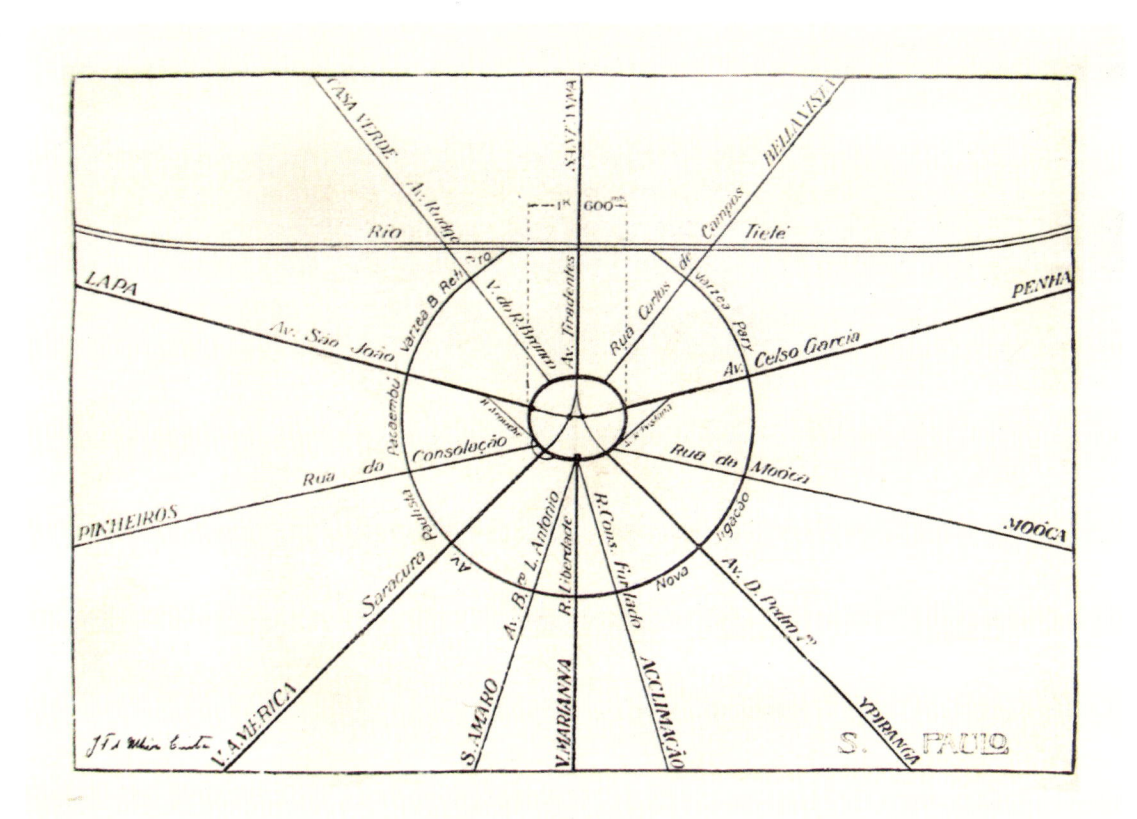

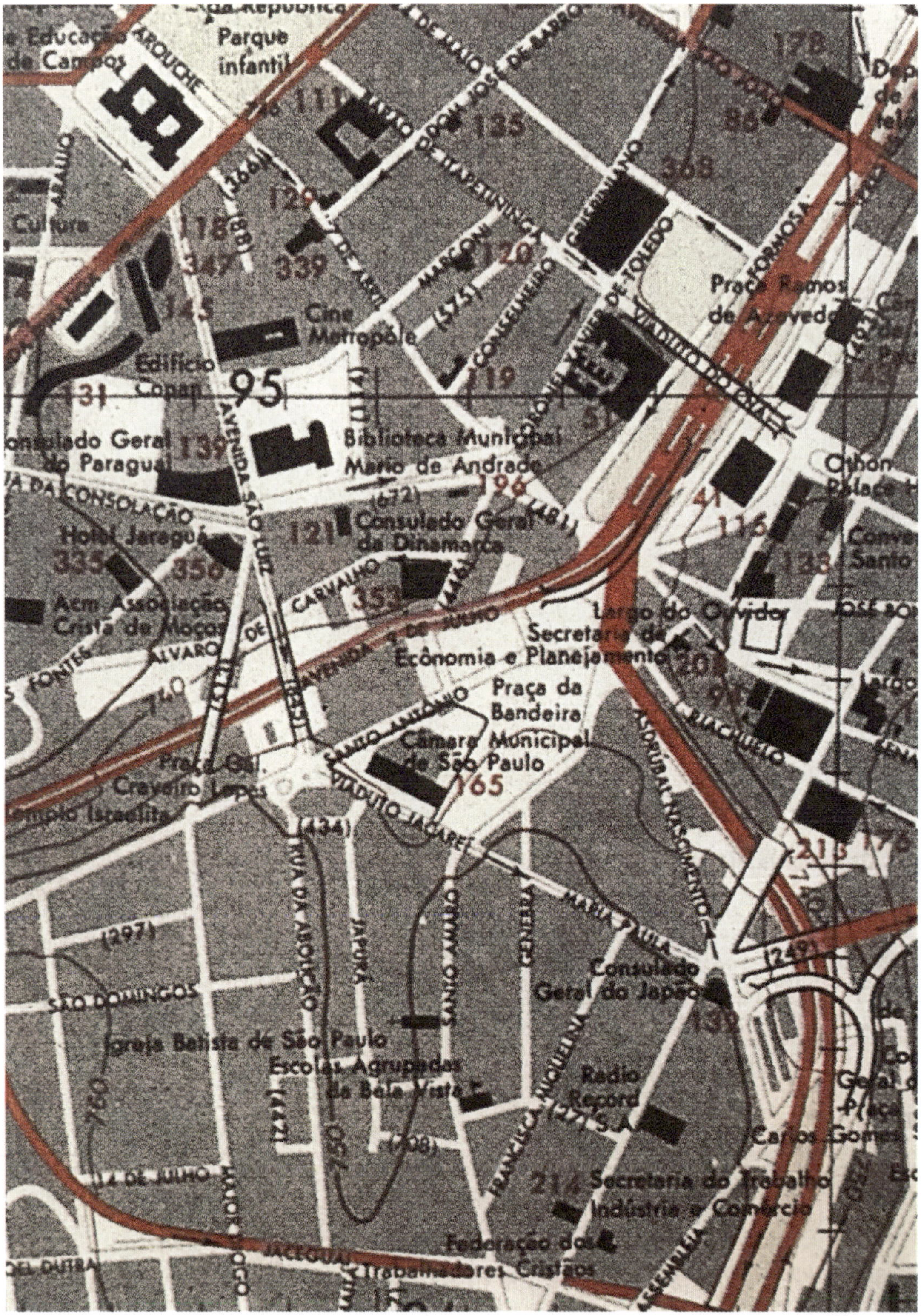
Parque
infantil
Cultura
Cine
Metrópole
Edifício
Copan
95
Consulado Geral
do Paraguai
Biblioteca Municipal
Mário de Andrade
Consulado Geral
da Dinamarca
Hotel Jaraguá
Acm Associação
Crista de Moços
Praça Ramos
de Azevedo
Othon
Palace
Largo do Ouvidor
Secretaria de
Econômia e Planejamento
Praça da
Bandeira
Câmara Municipal
de São Paulo
Praça Gal.
Craveiro Lopes
Templo Israelita
AVENIDA SÃO LUIZ
AVENIDA 9 DE JULHO
VIADUTO DO CHÁ
VIADUTO JACAREÍ
SÃO DOMINGOS
MARIA PAULA
Consulado
Geral do Japão
Igreja Batista de São Paulo
Escolas Agrupadas
da Bela Vista
Radio
Record
S.A.
Carlos Gomes
Secretaria do Trabalho
Indústria e Comércio
Federação dos
Trabalhadores Cristãos
JACEGUAI
ASSEMBLEIA
FORMOSA
RIACHUELO

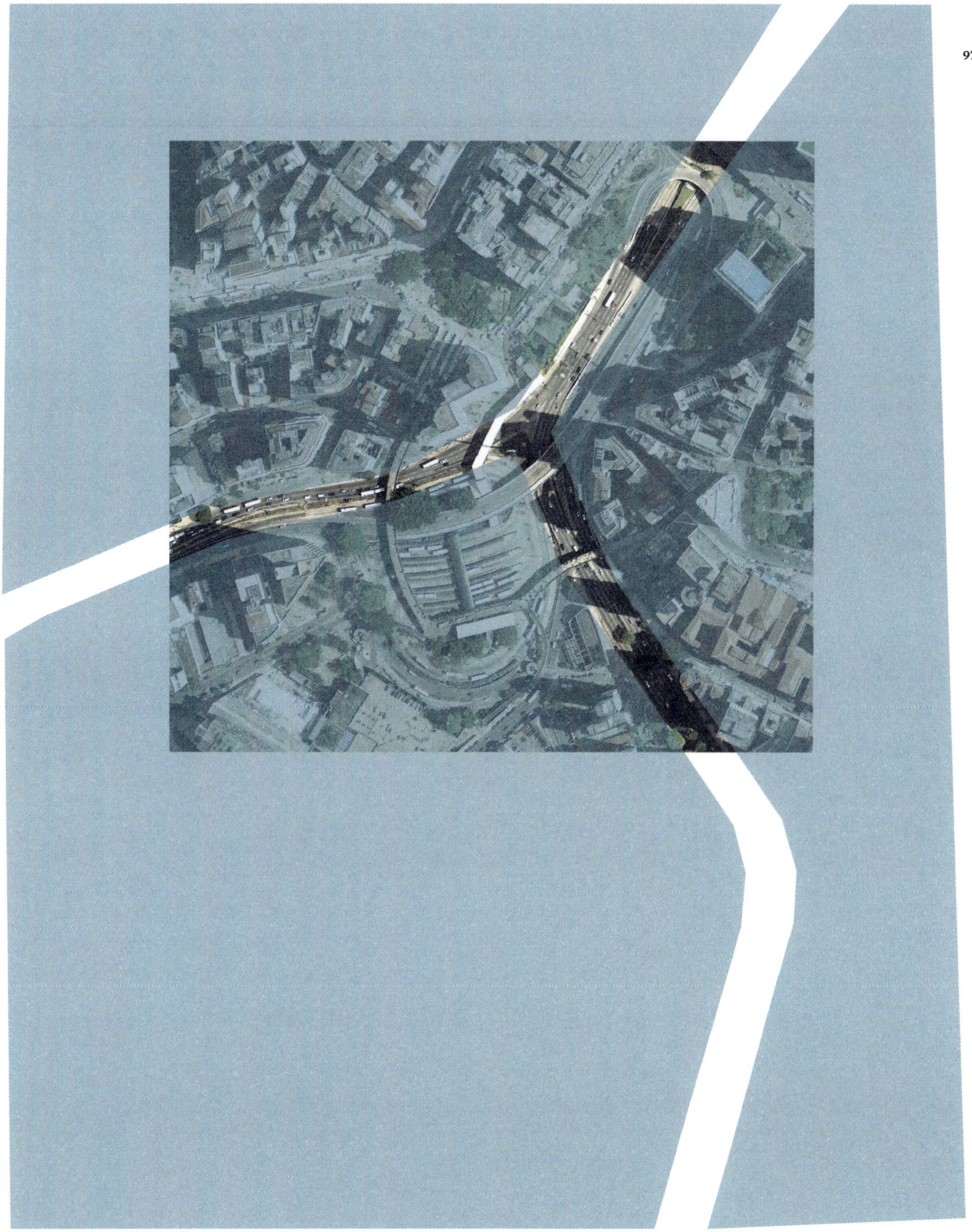

Contudo, se o intuito original de Prestes Maia era brindar o velho Piques com um destino glorioso ao convertê-lo no sítio de um imponente Paço Municipal de ares nova-iorquinos, como demonstram as ilustrações que o engenheiro executou de próprio punho, a realidade foi bem diferente e a implantação fragmentada do plano tornou a região um grande descampado por muitos anos.

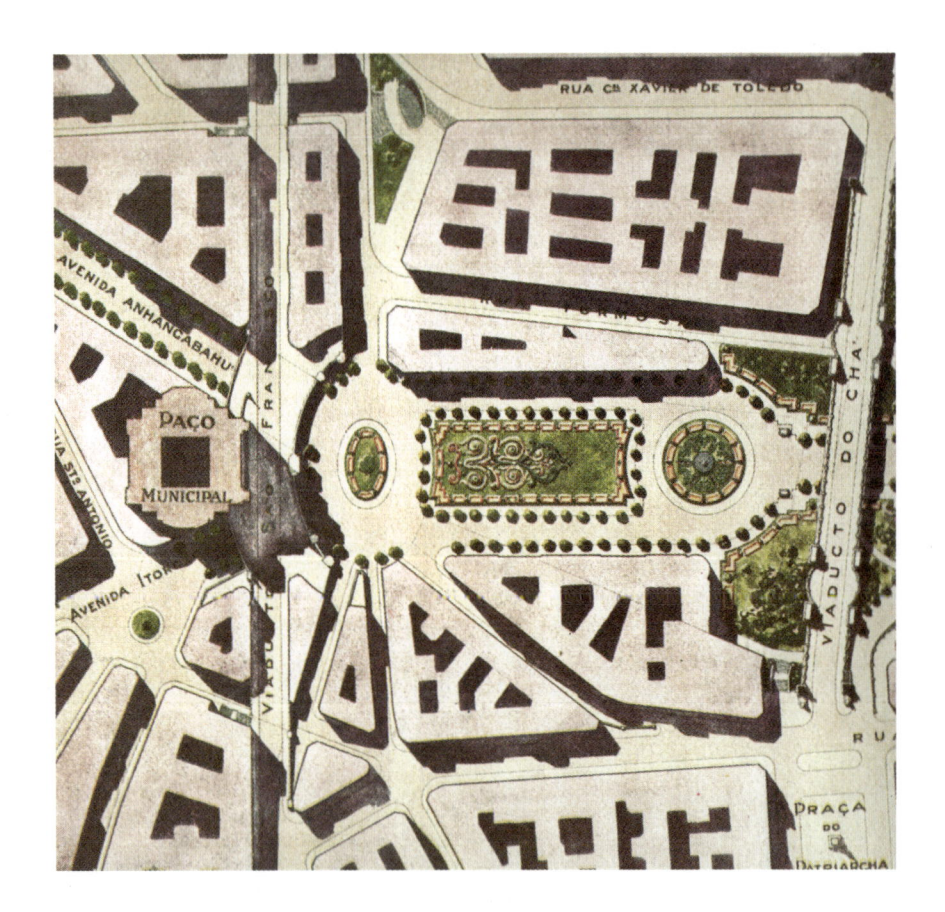

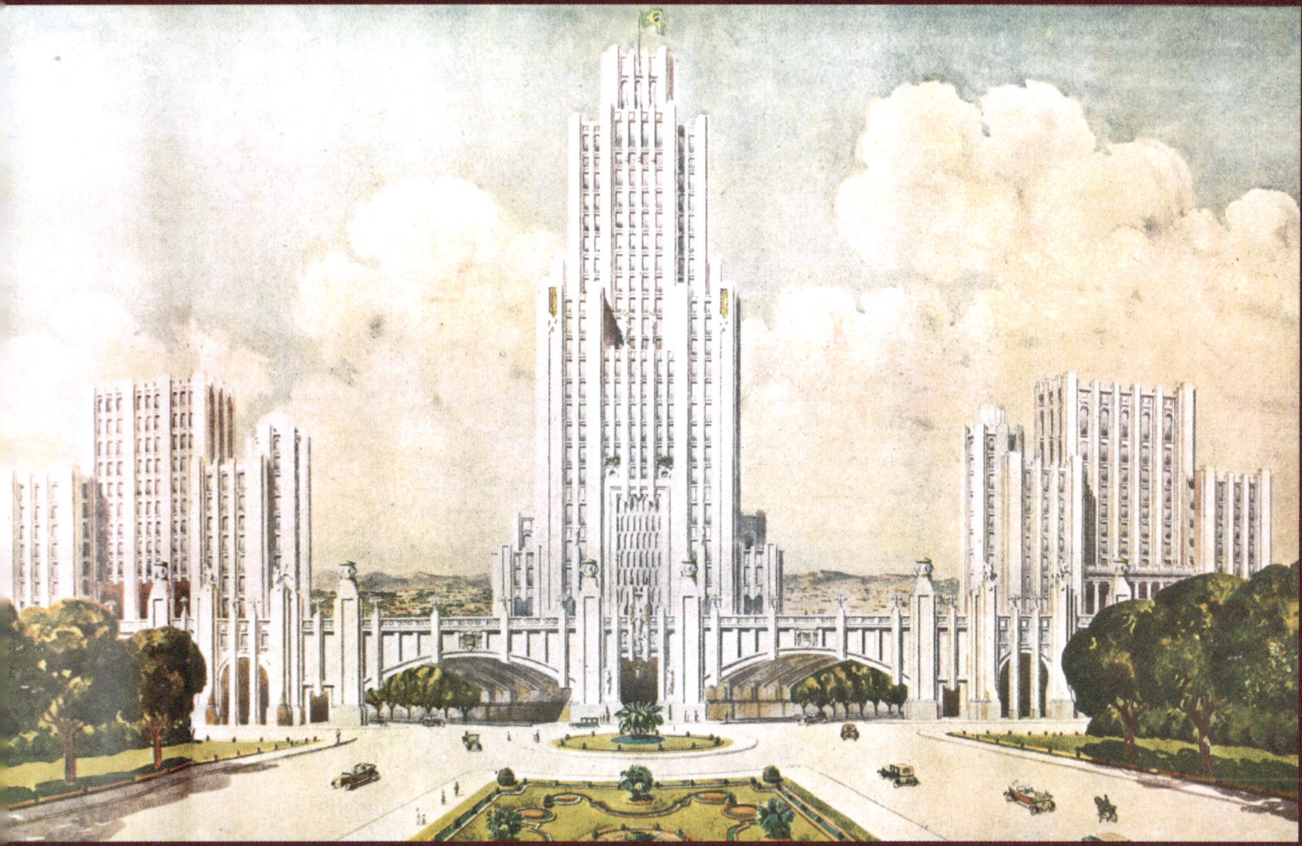

A demarcação precisa do que constituía a área chamada de Piques sempre foi um pouco variável, dando a impressão de existirem duas possibilidades igualmente corretas: tanto valia para designar um pequeno logradouro definido — o "Largo do Piques" — onde, no passado, desembocava a Ponte do Lorena, quanto uma zona mais ampla ao seu redor (que englobava, por exemplo, o Largo da Memória). Prova dessa ambiguidade é a fluidez com a qual seu nome foi aplicado em mapas do século XIX e meados do XX. Outra confusão constante nos levantamentos cartográficos do período é um certo embaralhamento entre dois largos contíguos, o do Piques e o do Bexiga (rebatizado de Largo do Riachuelo em 1865), de onde partiam as ruas Santo Antônio e Santo Amaro. A divisão entre ambos era, de fato, quase inexistente. Mas só desapareceu mesmo quando, juntos, tornaram-se o ponto de confluência do "Y" de Prestes Maia e ganharam um novo e único nome: Praça da Bandeira.

Vá lá que, de início, um modesto jardim pentagonal justificasse a designação. Mas, de praça, a Bandeira não tinha nada: uma grande rotatória apinhada de carros. Atrás, um vasto terreno baldio utilizado como estacionamento informal. Curiosamente, foi quando a região passou a figurar em cartões postais. Afinal, se poucas coisas pareciam tão jovens e ricas quanto um automóvel na São Paulo daqueles tempos, imagine então uma porção deles...

Nas plantas ao lado (de cima para baixo: 1890, 1810, 1897, 1930, 1930 e 1881), os nomes "Piques", "Largo da Memória", "Largo do Piques" e "Largo do Riachuelo" surgem, desaparecem e mudam de lugar sem obedecer a nenhum tipo de ordem, nem mesmo à cronológica.

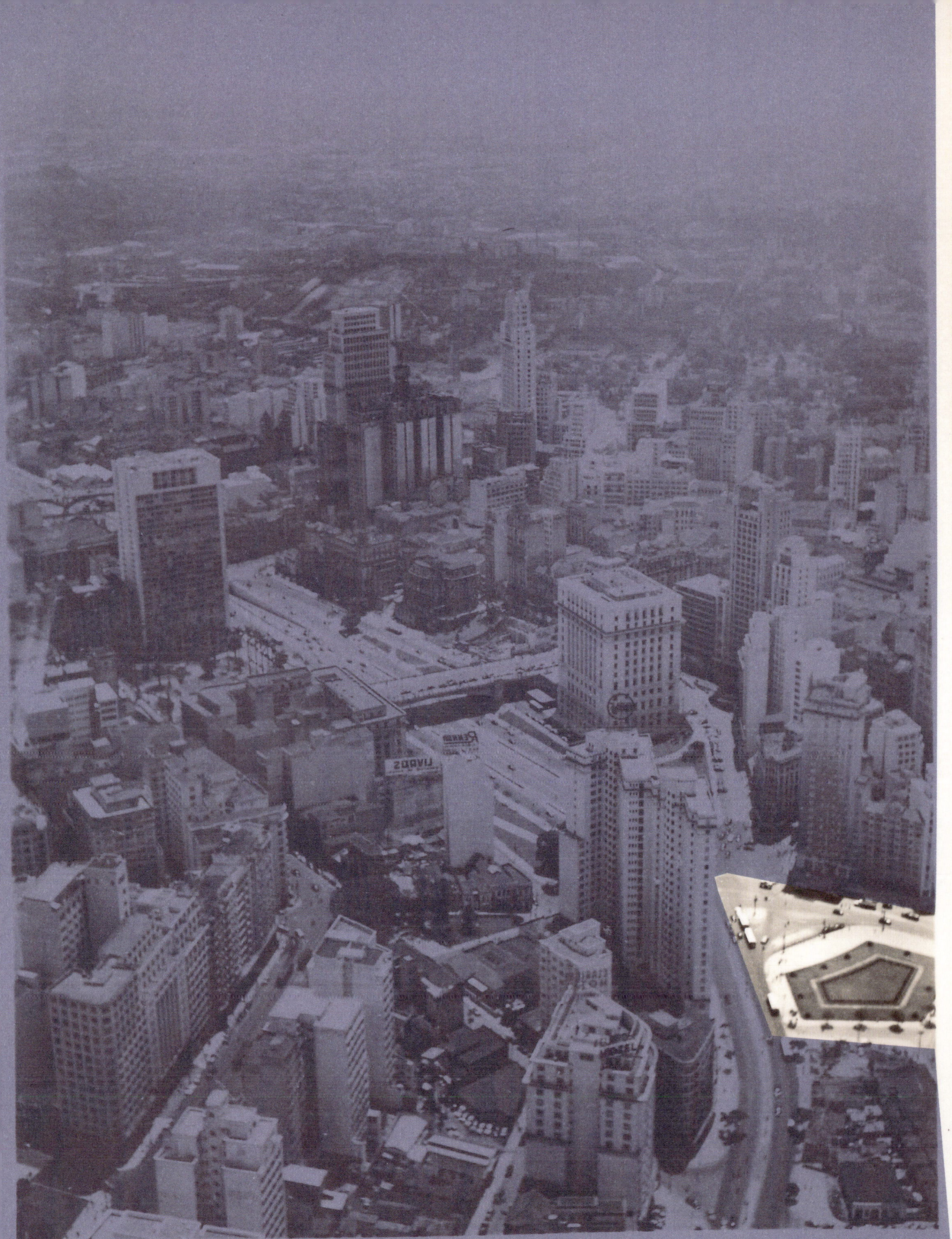

103

Mesmo com quase todos os traços de sua história recente desfigurados após tantas intervenções, a permeabilidade visual entre os dois lados do Piques, tão característica das fotos de Militão (principalmente por causa da peculiar junção entre as ruas São Francisco, José Bonifácio e Dr. Falcão em estreitíssimas esquinas) ainda se mantinha intacta.

in-
ces-
san-
te

Quer dizer: intacta se o pedestre estivesse no outro lado da Praça da Bandeira. Porque, caso ele se encontrasse no Obelisco da Memória, enxergaria apenas os fundos do Edifício Brasilar.

Com mais de vinte andares, o prédio construído entre 1943 e 1949 encobriu totalmente a visão da colina do Triângulo para quem estivesse no velho monumento e, em sentido oposto, escondeu o Largo da Memória de qualquer pessoa posicionada do outro lado do Anhangabaú.

Hoje ausente de qualquer antologia arquitetônica ou guia turístico, o Brasilar já foi um dia motivo de orgulho. Erguido bem na esquina onde começava a novíssima Avenida Nove de Julho, o pesado monólito reluziu juventude e riqueza em seus tempos de glória, sempre acompanhado de seu inseparável companheiro, o Hotel São Paulo, inaugurado em 1946 na calçada oposta da Praça da Bandeira. A dupla brilhou em postais, reportagens e fotos aéreas que enalteciam a *cidade que não pode parar* e esmagou, com sua corpulência, os vizinhos mais acanhados — entre eles o delicado Palacete Riachuelo.

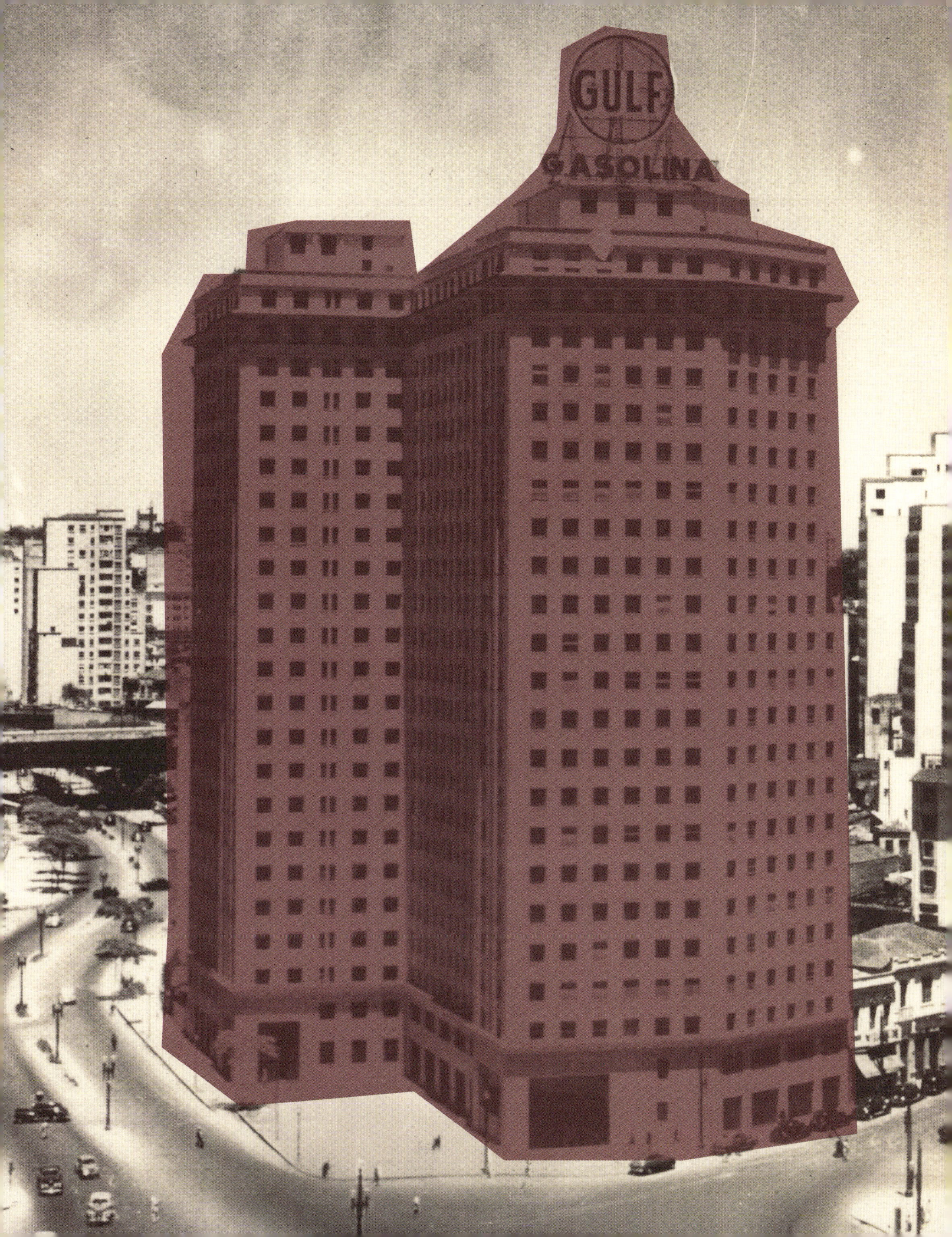
GULF
GASOLINA

HOTEL SÃO PAULO

PTB
DORNELES VARGAS
NOGUEIRA GARCEZ
SALZANO
CONRADO VEIGA

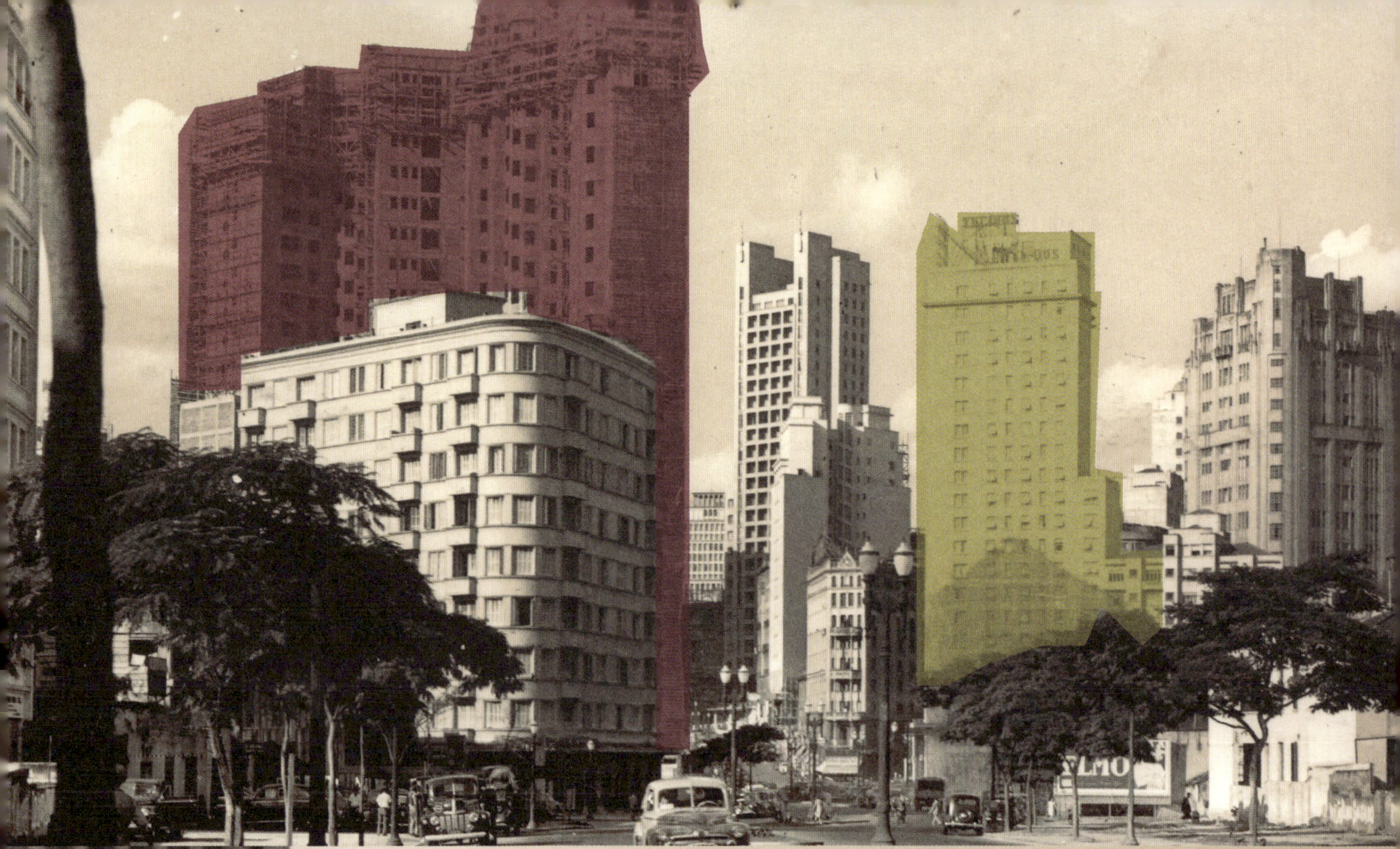

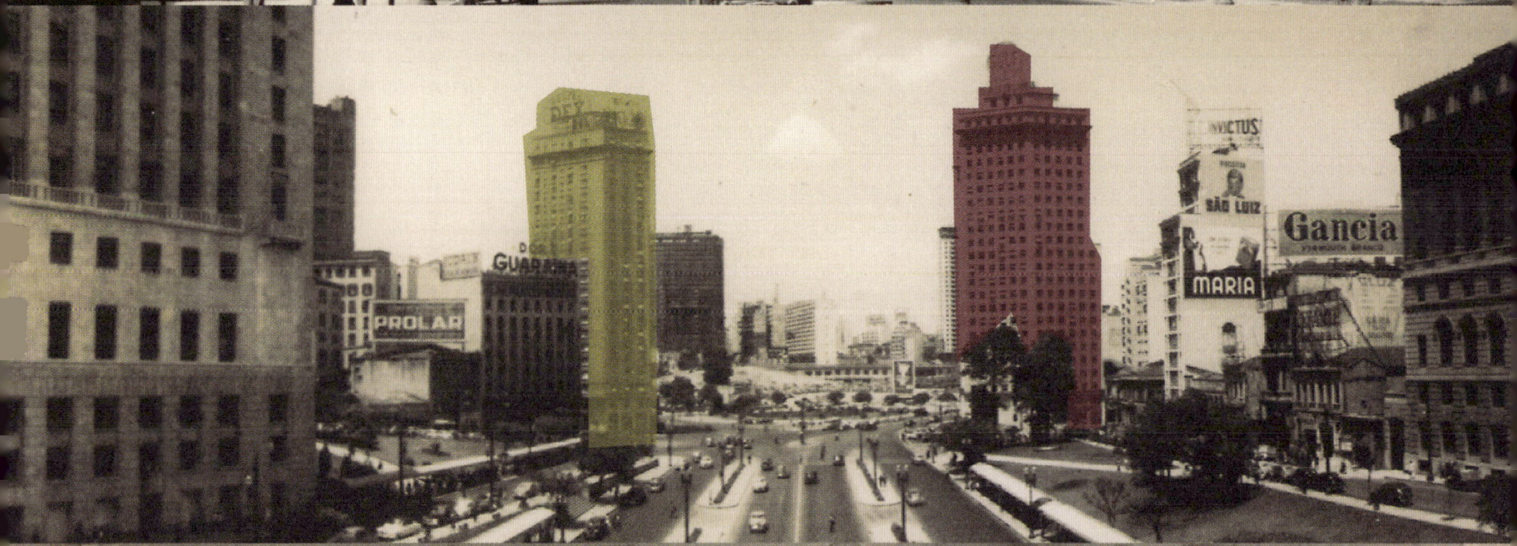
PROLAR
INVICTUS
SÃO LUIZ
MARIA
Gancia

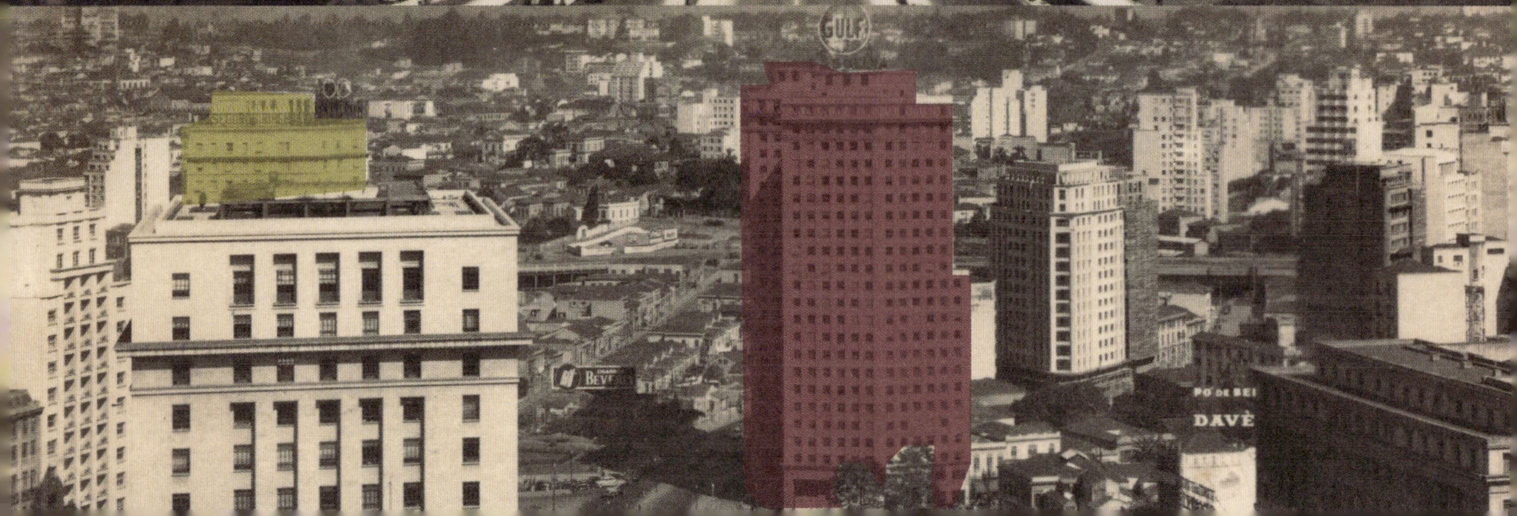
GULF
DAVÈ

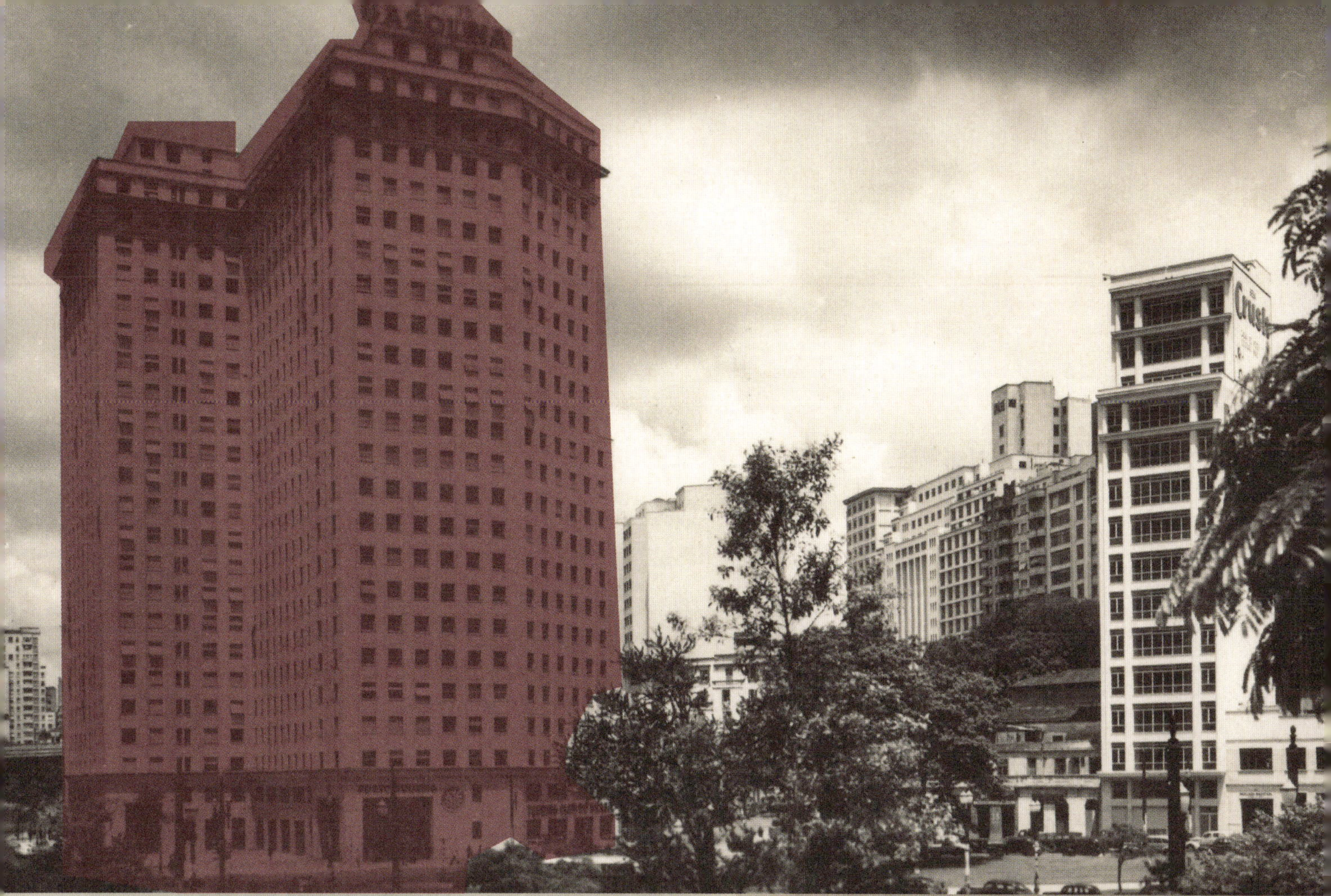

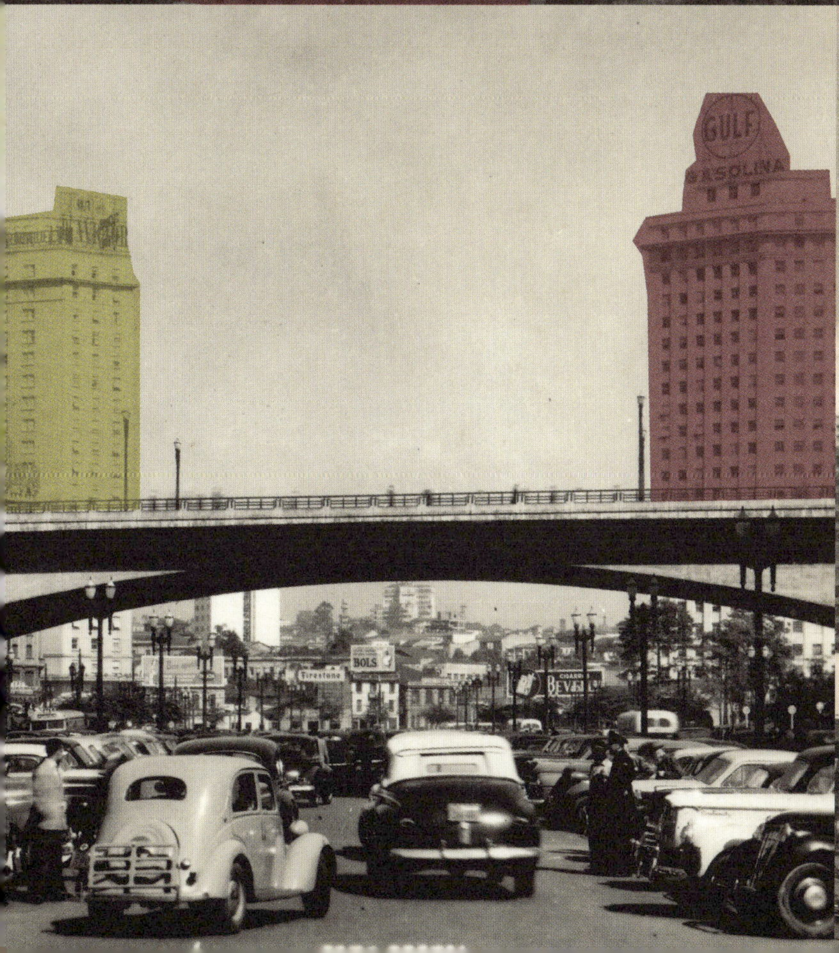
GULF
GASOLINA
Firestone
BOLS

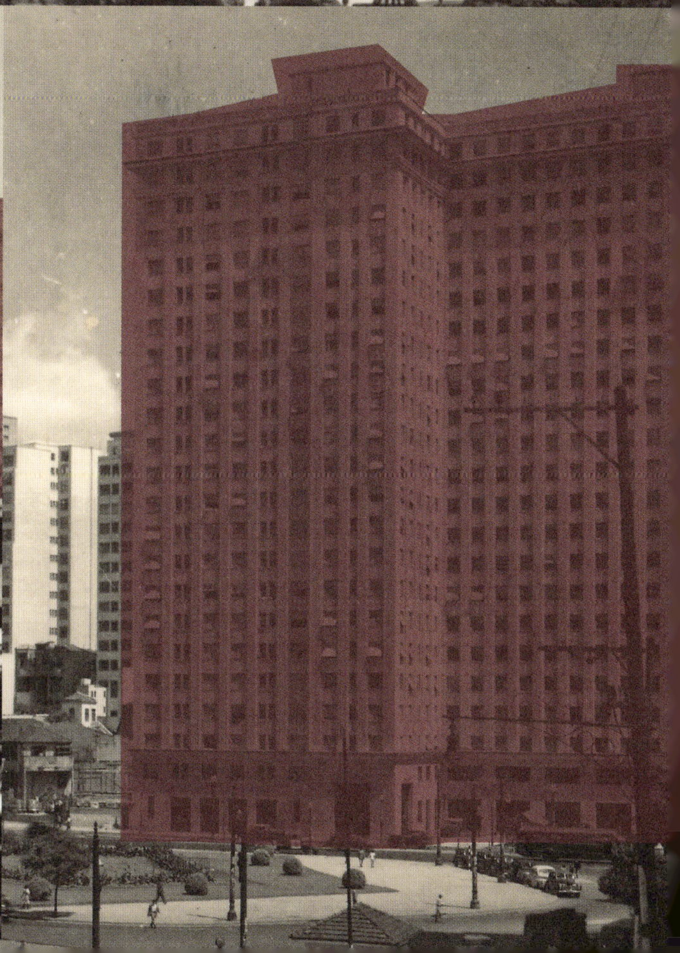

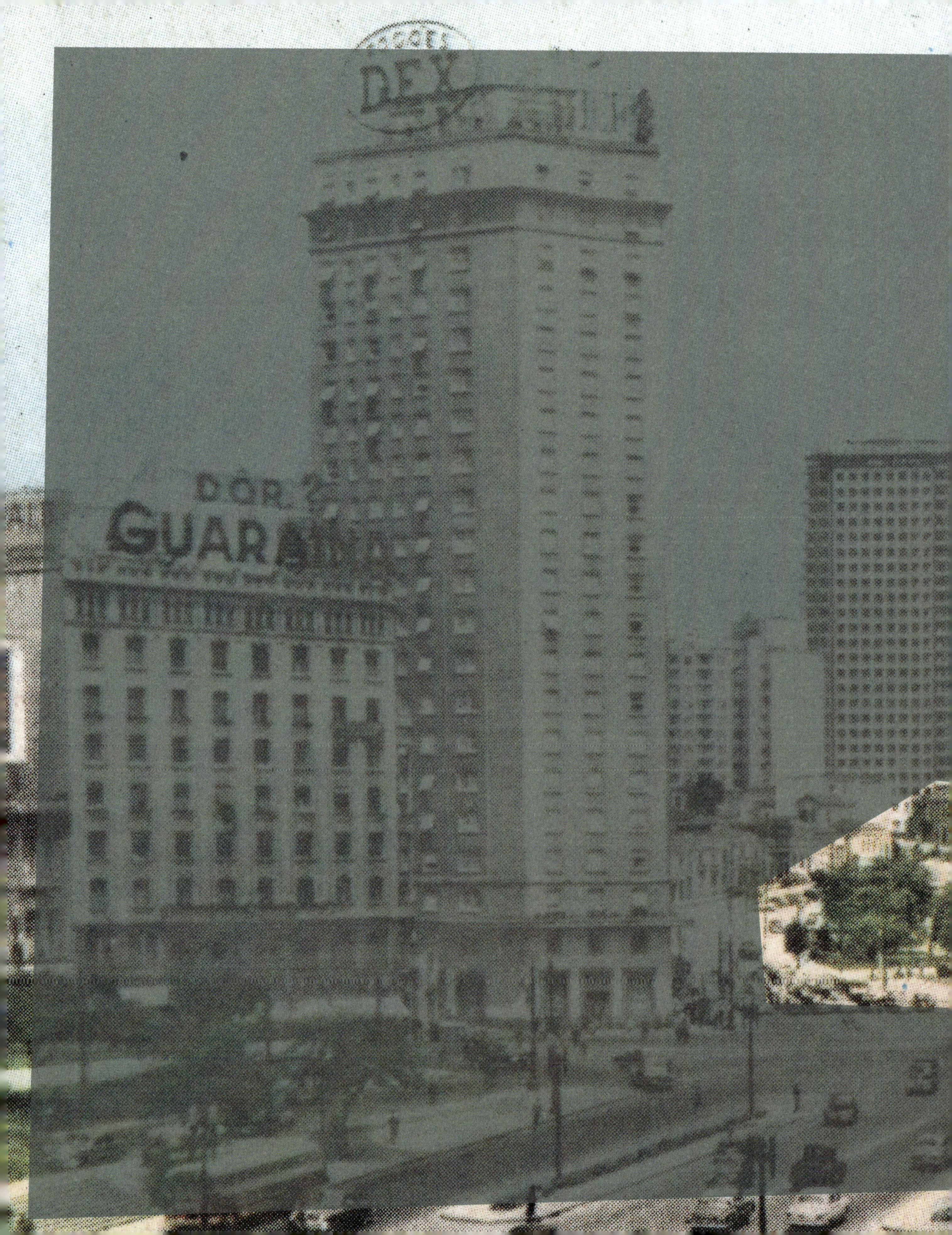
DEX
DOR.

Neste postal, fica visível o descampado que, por décadas, tomou conta de grande parte da área da Praça da Bandeira.

A permeabilidade visual entre Brasilar e Hotel São Paulo, contudo, também teria vida breve. Elevando o conceito de implantação gradual a patamares inéditos, a Avenida 23 de Maio, desenhada na década de 1930, começou a ser construída só em 1951. Seu trecho inicial, no entanto, mal poderia ser chamado de travessa, muito menos de avenida: míseros duzentos metros. E sem saída. Foi necessário aguardar outros dezesseis anos para que ele se estendesse por mais um quilômetro e a via, enfim, passasse a funcionar como artéria de circulação em 1967. Como efeito imediato, o já desordenado cruzamento da Praça da Bandeira tornou-se ainda mais caótico. *A solução para o problema* foi anunciada no ano seguinte pelo prefeito Faria Lima: um novo viaduto ligaria a Nove de Julho ao Anhangabaú por cima da 23 de Maio, eliminando assim os transtornos causados pelo novo nó. A inauguração do Viaduto da Bandeira (hoje Viaduto Doutor Eusébio Stevaux) foi, como de praxe, alardeada com pompa: *hoje, 27 de julho de 1969, a força do progresso transforma este local, criando uma nova história na vida de São Paulo*. No mesmo período, com as obras do metrô na Praça da Sé, muitas de suas linhas de ônibus foram transferidas para a Praça da Bandeira e a *força do progresso* obrigou o local a abandonar sua função de estacionamento improvisado para se transformar num terminal de transporte público. Igualmente improvisado.

As obras do viaduto conferiram à Praça da Bandeira seu traçado viário definitivo.

MARTINI
polidura
União
Coca-Cola
BAYER
Firestone
Firestone
PROLAR
PULL SPORT
PULL SPORT

A construção do metrô não se limitou a alterar o trajeto dos coletivos. *Cerca de 1,3 mil imóveis são desapropriados e destruídos, o que impulsiona a reurbanização e a modernização da cidade.* O relato prossegue com o habitual "somos os maiores": *pela primeira vez em São Paulo um prédio de 30 andares, o Edifício Mendes Caldeira na Praça Clóvis Beviláqua, é destruído por implosão, tecnologia até então inédita na América Latina.*

Nem todos, contudo, se empolgaram com a façanha. Em 1971, a derrubada do Palacete Santa Helena alertou *arquitetos comprometidos com as questões relativas à preservação do patrimônio histórico da cidade* para a possibilidade de outras edificações da São Paulo antiga serem postas abaixo durante a construção da Linha 3, prestes a se iniciar. E da Linha 3, ou Linha Vermelha, fazia parte a Estação Anhangabaú, colada ao Largo da Memória. Assim, não por coincidência, naquele mesmo ano foi aberto o processo de tombamento do largo junto ao Condephaat, concluído em 1975.

A chegada da Estação Anhangabaú desapropriou e demoliu todos os imóveis da Ladeira da Memória vizinhos ao largo. Quando, já na década de 1980, os trabalhos chegavam ao fim, a Prefeitura redigiu ofício com parecer sobre a nova configuração do local:

*1. O largo da Memória deixou de ser o único recanto com área verde para descanso, agora concorrendo com a nova praça-de-miolo-de-quadra e a própria estação.*

*2. Grande parte da circulação para vencer o desnível Formosa-Xavier de Toledo não mais será feita pela ladeira, mas por intermédio das escadas rolantes da estação, atendendo o largo apenas ao fluxo originário da rua João Adolfo ou em sua direção.*

*3. Portanto, esvaziaram-se as características de circulação e área verde solitária atribuídas à Memória, persistindo, no entanto, sua significação como referencial histórico e urbano.*

Os mais familiarizados com a região hão de estranhar a menção a essa misteriosa "nova praça-de-miolo-de-quadra", mas, de resto, o memorando se provou certeiro. Em 1983, quando o grupo Rumo cantava *Olha as pessoas descendo, descendo, descendo/Descendo a Ladeira da Memória/Até o Vale do Anhangabaú/Quanta gente!*, a estação do metrô ficou pronta. E, desde então, já não é mais tanta gente assim que desce a ladeira.

Toda essa fileira de edificações foi demolida.

Este conjunto de casas também foi demolido em decorrência das obras do metrô.

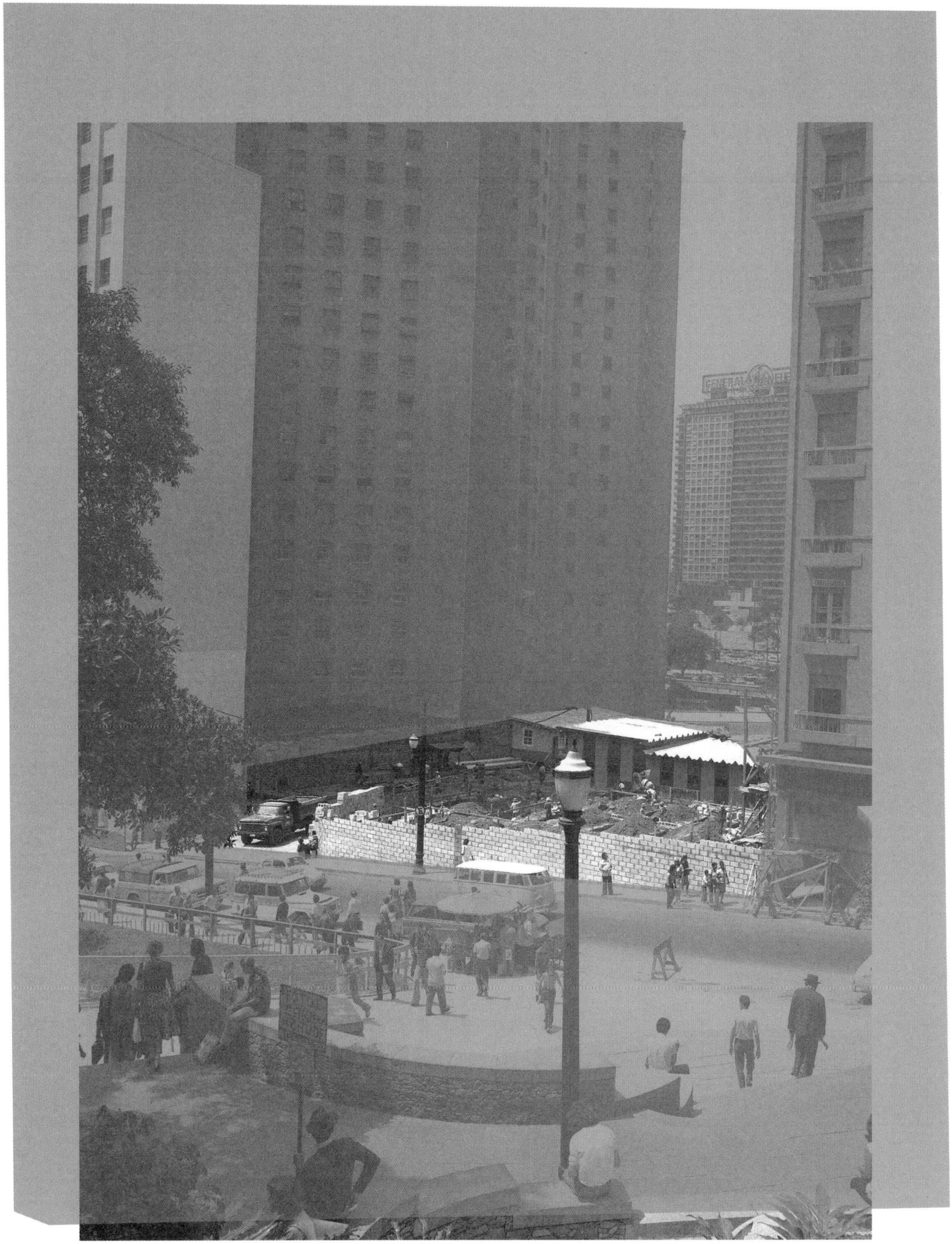

Não é difícil imaginar o quanto todas essas obras e improvisos dificultaram a travessia a pé da Praça da Bandeira. No mesmo dia em que inaugurava o Viaduto Stevaux, a prefeitura assegurava que *daqui a 6 meses o DET pretende fazer uma passagem superior para pedestres, na esquina do Touring e no Viaduto do Chá*. Não fez. Outras reclamações seguidas de promessas se sucederam até que, finalmente, em 1979, veio a passarela. Mas qualificá-la como "improvisada" seria elogioso: de madeira e alumínio, mais se assemelhava a uma instalação provisória das obras do metrô. Era, aliás. Inseguros, muitos pedestres preferiram evitá-la e continuar se arriscando por entre os carros. O ciclo de muitas reclamações/muitas promessas/alguns improvisos continuou até 1988, quando, como parte da ampla reforma do Anhangabaú, o prefeito Jânio Quadros ergueu um nada charmoso sistema de passarelas de concreto. *São Paulo dá a volta por cima*, anunciava pelos jornais. *A inauguração das passarelas é o primeiro passo da reurbanização que vai transformar o Vale do Anhangabaú numa área mais humana e mais bonita.*

# Vida nova para o Anhangabaú

Em todo o mundo, grandes esforços têm sido empreendidos na busca de soluções que melhorem o trânsito nas metrópoles.
Em São Paulo, as obras do Vale do Anhangabaú são um bom exemplo disso.
O Anhangabaú vai voltar a ser o cartão postal de São Paulo, com trânsito rápido, seguro e várias opções de lazer.
O trânsito da Prestes Maia, entre os viadutos Eusébio Stevaux e Santa Ifigênia, vai passar por baixo, em 2 túneis de sentidos opostos.
A superfície, exclusiva para pedestres, contará com o total de 30.000 m² de áreas de lazer e descanso, com anfiteatro, calçadões, praças, jardins e muito verde.
No terminal da Praça da Bandeira haverá uma plataforma - com posto policial, escada rolante e sanitários - fazendo a ligação entre duas passarelas.
Uma sobre a 23 de Maio e a outra sobre a 9 de Julho.
A inauguração dessas passarelas, no próximo dia 9, vai eliminar um dos mais graves problemas do Vale: os atropelamentos.
Ao lado da Praça Pedro Lessa, totalmente remodelada, e na Praça da Bandeira, serão implantados nucleos de apoio ao cidadão, como lanchonetes, sanitários e posto policial.
Depois de prontas as obras, o Vale do Anhangabaú será uma região tranquila e agradável.
O trânsito vai fluir rapidamente, você vai economizar gasolina e chegar mais cedo em casa.
Passar pelo Vale, a pé ou de carro, vai ser um prazer.

## Melhor qualidade de vida para São Paulo. Mais tempo e tranquilidade para você.

Reurbanização do Vale.
Vida nova para o Anhangabaú.

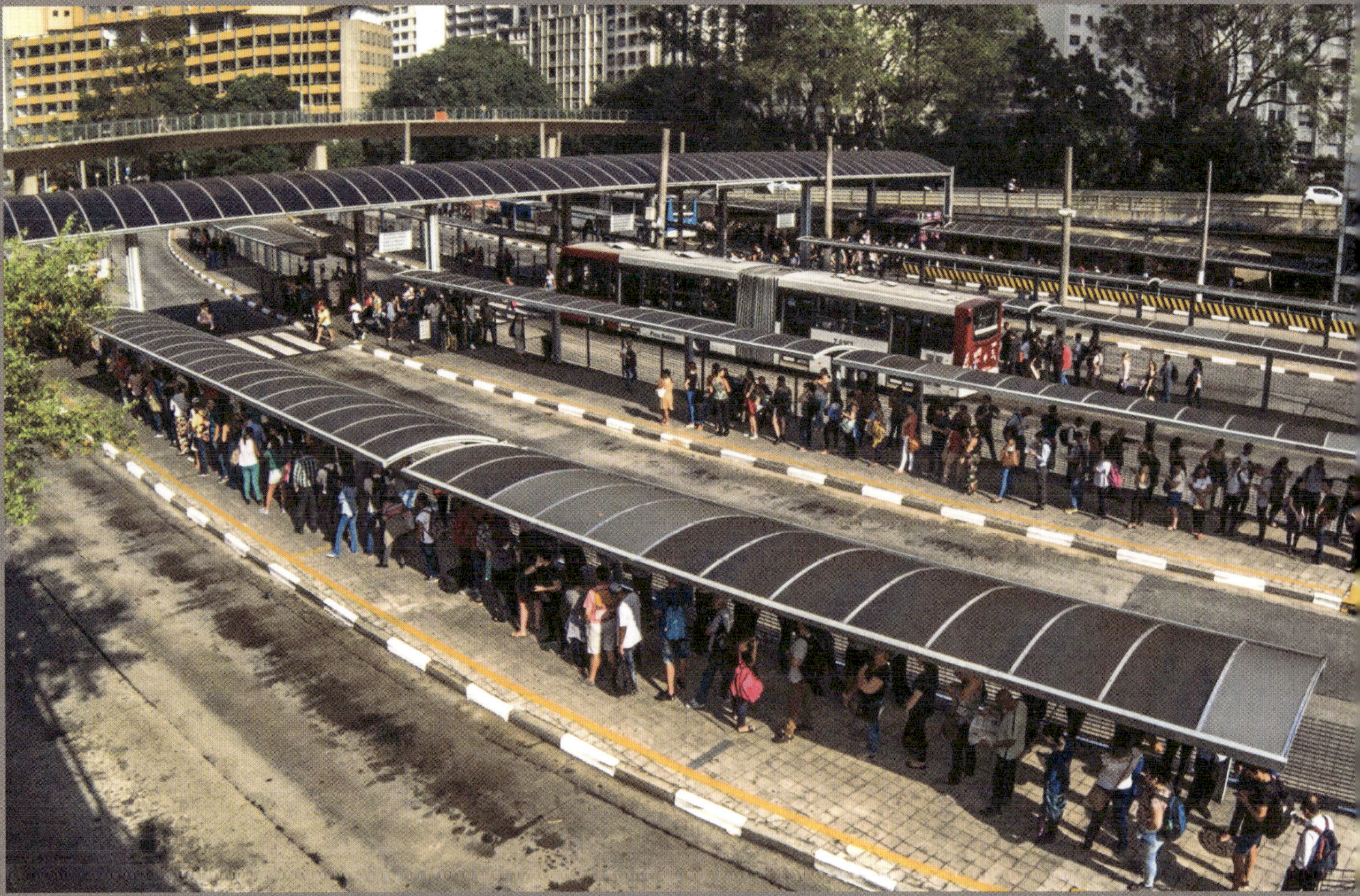

O terminal de ônibus que nascera informal sofreu percurso semelhante: vários anúncios e algumas execuções até sua inauguração "definitiva" em 1996, pelas mãos de Paulo Maluf. As aspas são propositais, pois o terminal foi entregue inacabado, em meio a outras cerimônias apressadas às vésperas da eleição municipal que ocorreria poucos dias depois, como parte do esforço de Maluf para eleger seu candidato, Celso Pitta.

Terminal, estação, passarelas: o emaranhado de vias de acesso é, em linhas gerais, a configuração da Praça da Bandeira no começo do século XXI. Ideias, claro, não faltam. De tempos em tempos, surgem propostas de requalificação da região. Todas, via de regra, recomendando que o velho Piques esqueça quem se tornou e recomece do zero.

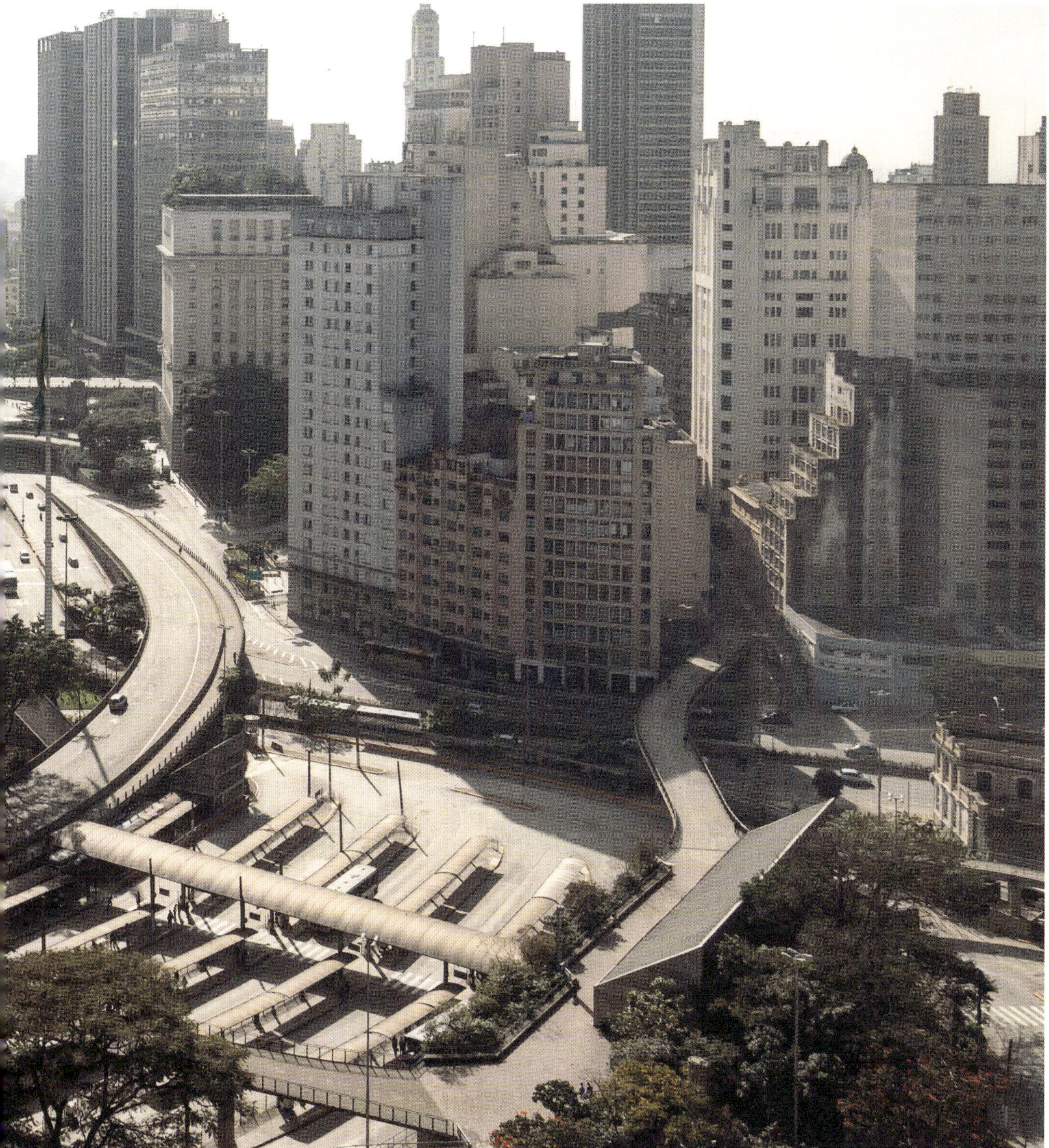

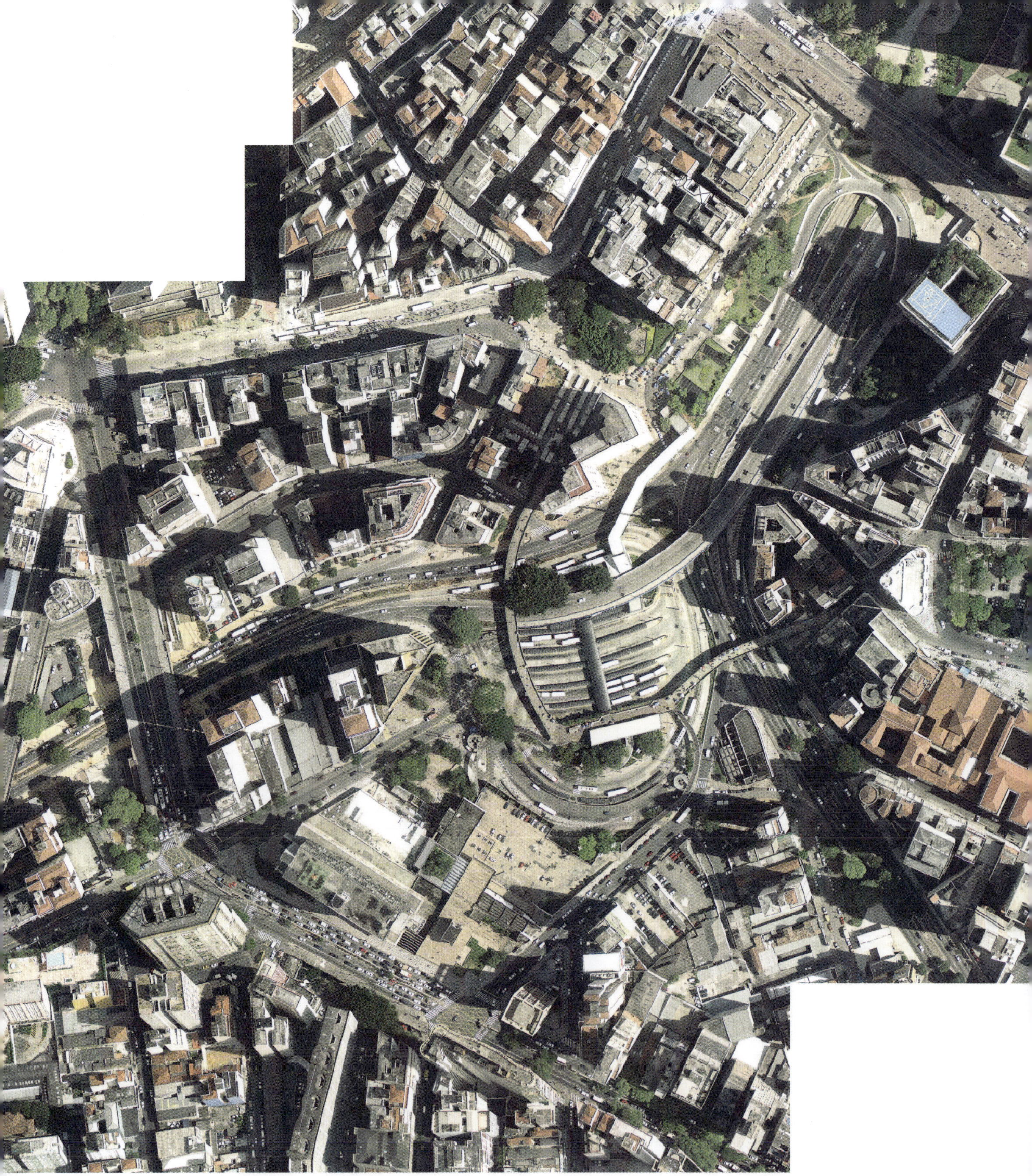

A comparação de uma foto aérea atual da Praça da Bandeira com um mapa de 1881 revela não apenas a completa transfiguração do local durante o período, mas também que o "Sistema Y" não foi inventado por Prestes Maia: ele já existia. Mas, em vez de ruas asfaltadas, seu desenho era traçado pelo vale de rios.

Engana-se, porém, quem acredita que "propostas de requalificação da região" sejam exclusividade de tempos recentes. Em 25 de abril de 1921, quando a reforma projetada por Dubugras se aproximava da reta final e *só faltava colocar uns azulejos nos encostos dos bancos*, elogioso artigo no *Estado de S. Paulo* sugeria *uma ideia que, executada, produziria admirável efeito estético e educativo: a de se reconstruírem as casas ao redor do largo segundo bem organizados modelos de arquitetura colonial, que a Câmara forneceria aos proprietários, concedendo favores razoáveis em troca dessa limitação de escolher estilo*. Ou seja, uma espécie de São Paulo antiga de mentirinha. *O efeito estético seria esplêndido. O pequeno largo, cuja topografia se prestaria como a de nenhum outro a uma bela reconstrução sistematizada, tornar-se-ia o mais belo recanto de cidade. Além de se prestar pela topografia, ele seria ainda preferível por ser o trecho da cidade que melhor conserva certas funções antiquadas — aquela confluência de ladeiras, aquelas rampas, paredões e tortuosidades e, enfim, o obelisco. O largo do Piques foi mesmo, por algum tempo, o centro comercial da cidade*. O texto, escancarada defesa do neocolonial então em alta, se estendia por mais alguns parágrafos empolgados. Ao que parece, contudo, a esdrúxula proposta não reverberou a ponto de gerar algum tipo de continuidade.

O artigo dividia a seção "Notícias Diversas" daquele dia com outro texto, consideravelmente mais longo que a idealização do parque temático colonial: "Amor Trágico". Num breve resumo, a jovem Adília Alves da Silva se apaixonara pelo vizinho, o cabo José Aracaty, *um mocetão de 31 anos, solteiro*. O casal, *do simples namoro, ao que parece em muito curto espaço de tempo, estabeleceu uma grande intimidade*. O problema é que o cabo, *volúvel ao extremo, ao mesmo tempo que mantinha o namoro com Adília, andava a passear com outra moça a quem fazia juras de amor e muitas promessas. A pobre Adília, embora contrariada com o proceder de Aracaty, resignada suportava tudo em silêncio, nada revelando a ninguém*. Mas seu irmão Joaquim Bertoldo, de 23 anos, que até então *vinha revelando sempre, em todos os atos de sua vida, uma excelente conduta, rodeado sempre da simpatia de seus superiores e de muita estima de seus camaradas*, encontrou duas cartas trocadas entre Adília e Aracaty. *O assunto dessas cartas trouxe perturbações ao espírito de Joaquim Bertoldo, e tão alarmantes foram elas que não tardaram as suas manifestações*: transtornado, ele atirou no cabo e na irmã, e depois se matou.

A tragédia, contudo, não ocorreu no Piques nem em suas cercanias, mas sim no Canindé.

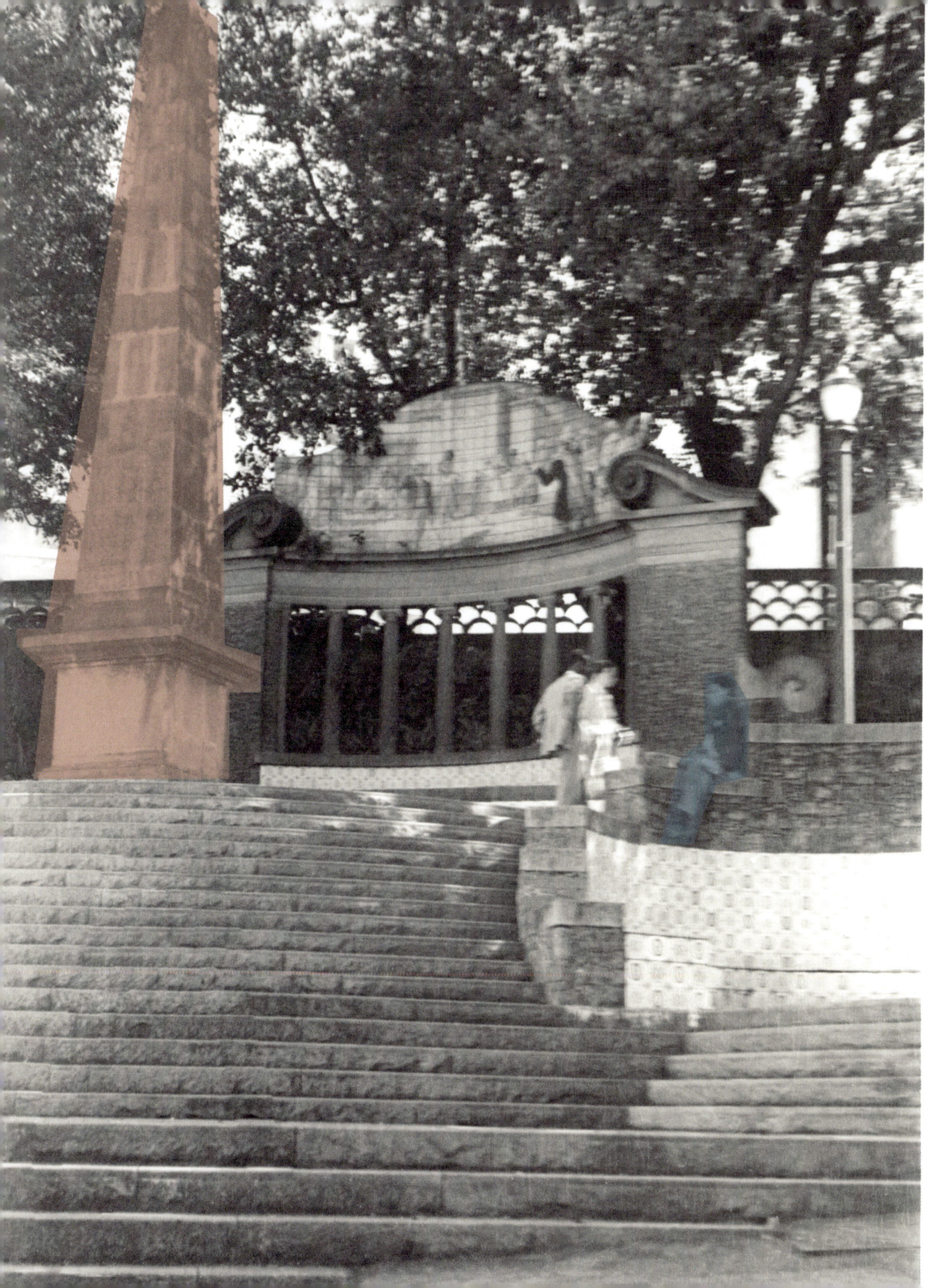

Piques, porém, também foi palco de crimes passionais. Um deles, aliás, bem no Edifício Brasilar.

Em 18 de agosto de 1957, Clarindo de Souza Barros *comunicou à polícia que sua esposa, Maria Aparecida Vasconcelos Barros, de 46 anos de idade, achava-se desaparecida desde sexta-feira. Acrescentou que naquele dia, às 18 horas, comunicara-se com sua esposa quando esta se encontrava no escritório do advogado José Siqueira Cavalcanti, de 42 anos, casado. À vista dessa informação, deliberou a polícia iniciar suas investigações pelo exame do escritório do citado causídico, na avenida Nove de Julho, 40. Ali foram encontradas manchas de sangue e apurou-se que o advogado, auxiliado por outro homem, retirara, na madrugada de sábado, um grande volume envolvido em uma colcha, tendo declarado ao ascensorista do prédio que se tratava de livros e jornais velhos. Desconfiando do advogado, as autoridades policiais convidaram-no a prestar depoimento. José de Siqueira Cavalcanti confirmou que Maria Aparecida estivera em seu escritório e declarara que iria viajar para Lins. Interrogado sobre as manchas de sangue, não as pôde explicar razoavelmente.*

*Cerca das seis horas da manhã de domingo, o delegado adjunto da Delegacia de Homicídios, Emílio Mattar, encarregado do caso, foi informado de que, no quilômetro quinze da estrada que liga Suzano a Ribeirão Pires, fora encontrado o cadáver de uma mulher. Seguindo para o local, verificou num rápido exame que o cadáver apresentava enormes contusões no crânio e outras lesões no peito e nas costas, causadas por instrumento perfurocortante. Usava a mulher assassinada uma aliança na qual estava inscrito um nome — Clarindo — e uma data. Isso permitiu identificá-la como sendo Maria Aparecida Vasconcelos Barros, identificação logo mais comprovada pelo marido, Clarindo de Barros.*

*Voltando a interrogar o advogado Siqueira Cavalcanti, o delegado exibiu-lhe a aliança que fora encontrada no cadáver e declarou que a morta já fora identificada. Colocado diante de fatos, José Siqueira Cavalcanti resolveu confessar e disse que fora ele quem assassinara Maria Aparecida Vasconcelos de Barros, sua amante há dezesseis anos. Acrescentou que discutira com esta no seu escritório, na sexta-feira, e que, em dado momento, Maria Aparecida tentou feri-lo com uma estatueta. Mais forte, ele conseguiu desarmá-la e feri-la com o mesmo objeto. Maria Aparecida, seriamente ferida, segundo ele declarou, ter-lhe-ia então pedido que a acabasse de matar, para pôr fim às dores que estava sofrendo. Dirigiu-se ele então a um cofre, abriu-o, apanhou um punhal que ali guardava e acabou de matá-la a punhaladas.*

*Revelou José Siqueira Cavalcanti que, para retirar o cadáver de seu escritório e levá-lo até o local onde foi encontrado, recebeu auxílio de uma outra sua amante, Pilar Lopes Francisco, de 30 anos, casada, e do irmão desta, Pedro Lopes Vargas, de 33 anos.*

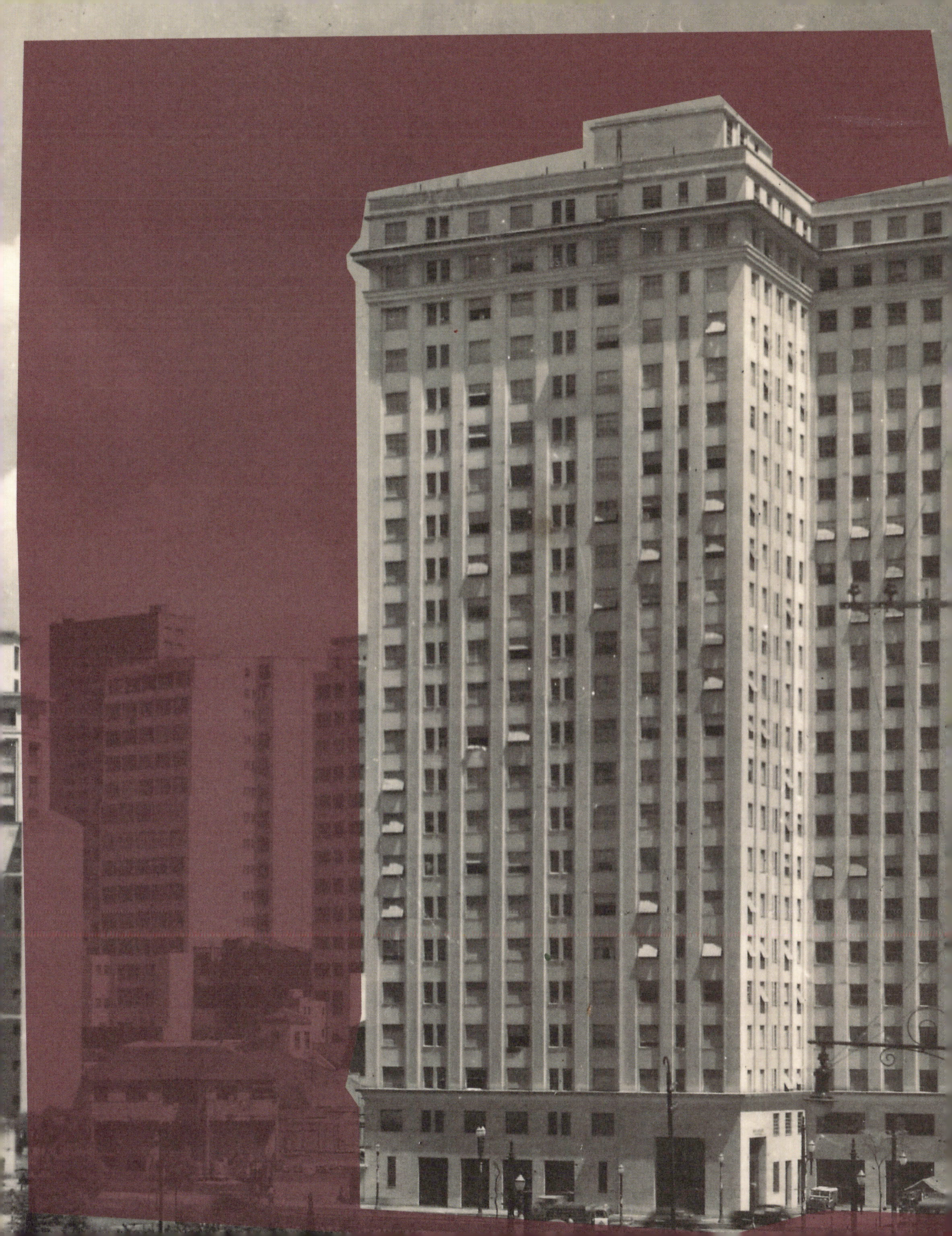

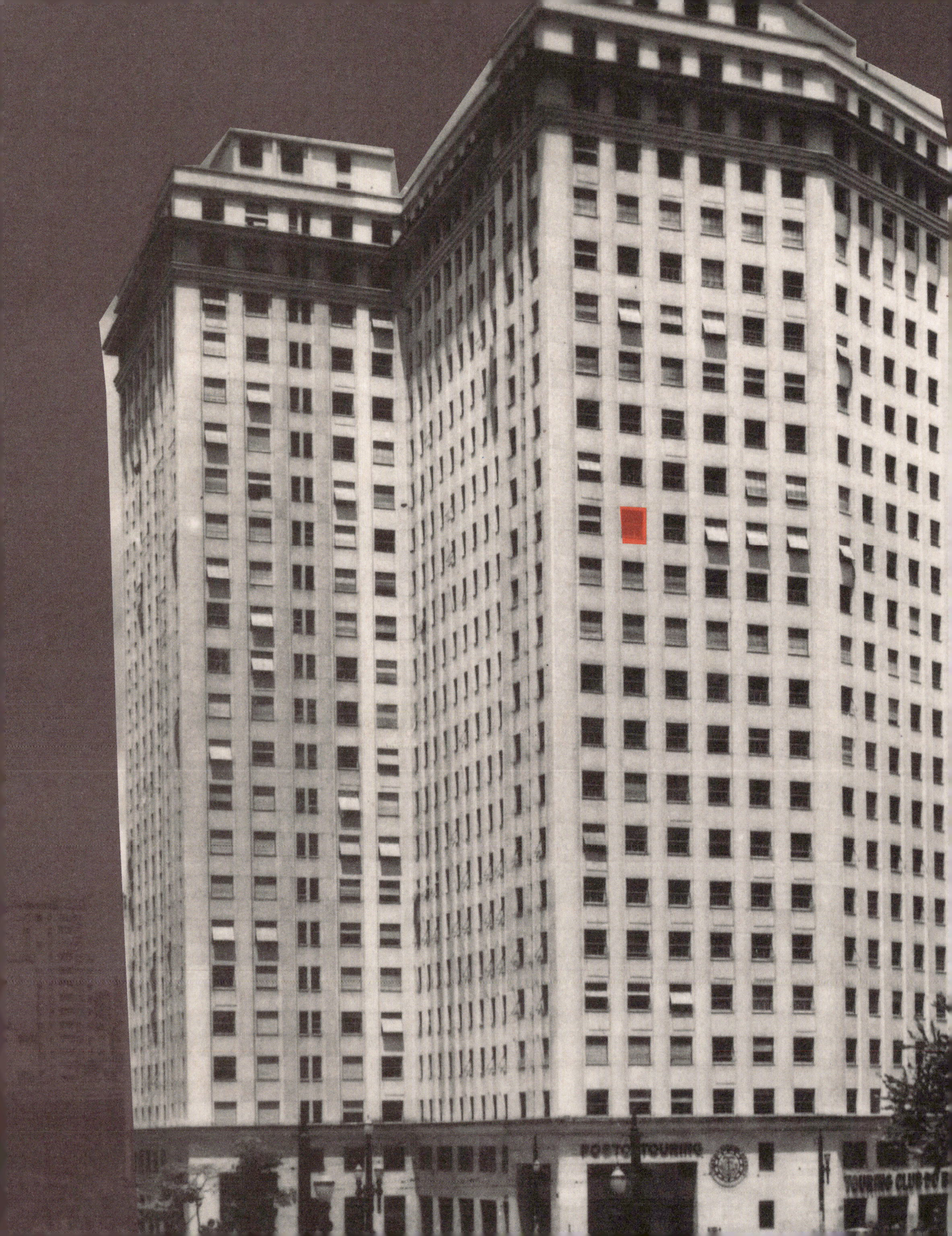

O trio foi indiciado pelo crime e sua prisão preventiva solicitada. O marido da vítima, Clarindo, *declarou ignorar as relações que existiam entre sua esposa e José Siqueira Cavalcanti*. Ao ser interrogado dois meses depois, Cavalcanti hesitou em assumir a autoria do assassinato, *apelando para a falta de memória a respeito dos fatos*.

A grande reviravolta, porém, ocorreria em 5 de novembro, quando compareceu *perante o juiz auxiliar da Vara do Júri Hermione Macuco Borges, alegando ter sido a autora do homicídio de Maria Aparecida Barros*. Não há, nos jornais, nenhuma informação a respeito do porquê, nem a descrição de seu vínculo com Cavalcanti — a se considerar o currículo do rapaz, a primeira aposta seria a de uma terceira amante. Seu depoimento autoacusatório soou bem pouco convincente, mas ela não arredaria pé pelos anos subsequentes e isso foi o bastante para bagunçar um caso que parecia solucionado. Em 1959, a denúncia contra Cavalcanti chegou a ser temporariamente retirada, mas, no ano seguinte, a decisão foi revista e os quatro — Hermione inclusive — foram pronunciados pelo assassinato de Maria Aparecida. Dia 5 de dezembro de 1962, *o júri popular julgou culpado o advogado José Siqueira Cavalcanti, condenando-o a treze anos de prisão, doze por crime de homicídio e um por ocultação de cadáver, em que figura como vítima sua ex-cliente e amante Maria Aparecida Vasconcelos Barros. Deverão ser julgados, em outras sessões, os demais implicados neste caso, Hermione Macuco Borges, que chamou a si a responsabilidade pela morte de Maria Aparecida Vasconcelos Barros, em defesa de terceiro, isto é, do próprio acusado, bem como Pedro Vargas e Pilar Francisco, que ajudaram José Siqueira Cavalcanti a ocultar o cadáver da vítima após a prática do delito no escritório do profissional, no Edifício Brasilar.*

A cobertura jornalística, porém, não achou relevante noticiar o desenlace desses julgamentos. Tudo que se encontra é que, em 18 de novembro de 1983, *faleceu ontem, nesta Capital aos 77 anos, d. Hermione Macuco Borges*. Quatro anos antes, em 21 de abril de 1979, morrera, *aos 39 anos, o sr. Clarindo Paulo Vasconcelos de Barros, filho do sr. Clarindo de Souza Barros e de d. Maria Aparecida Vasconcelos Barros*. Tinha dezessete anos, portanto, quando sua mãe foi assassinada. A nota informava ainda que ele deixava filhos, esposa, pai, irmão e cunhados.

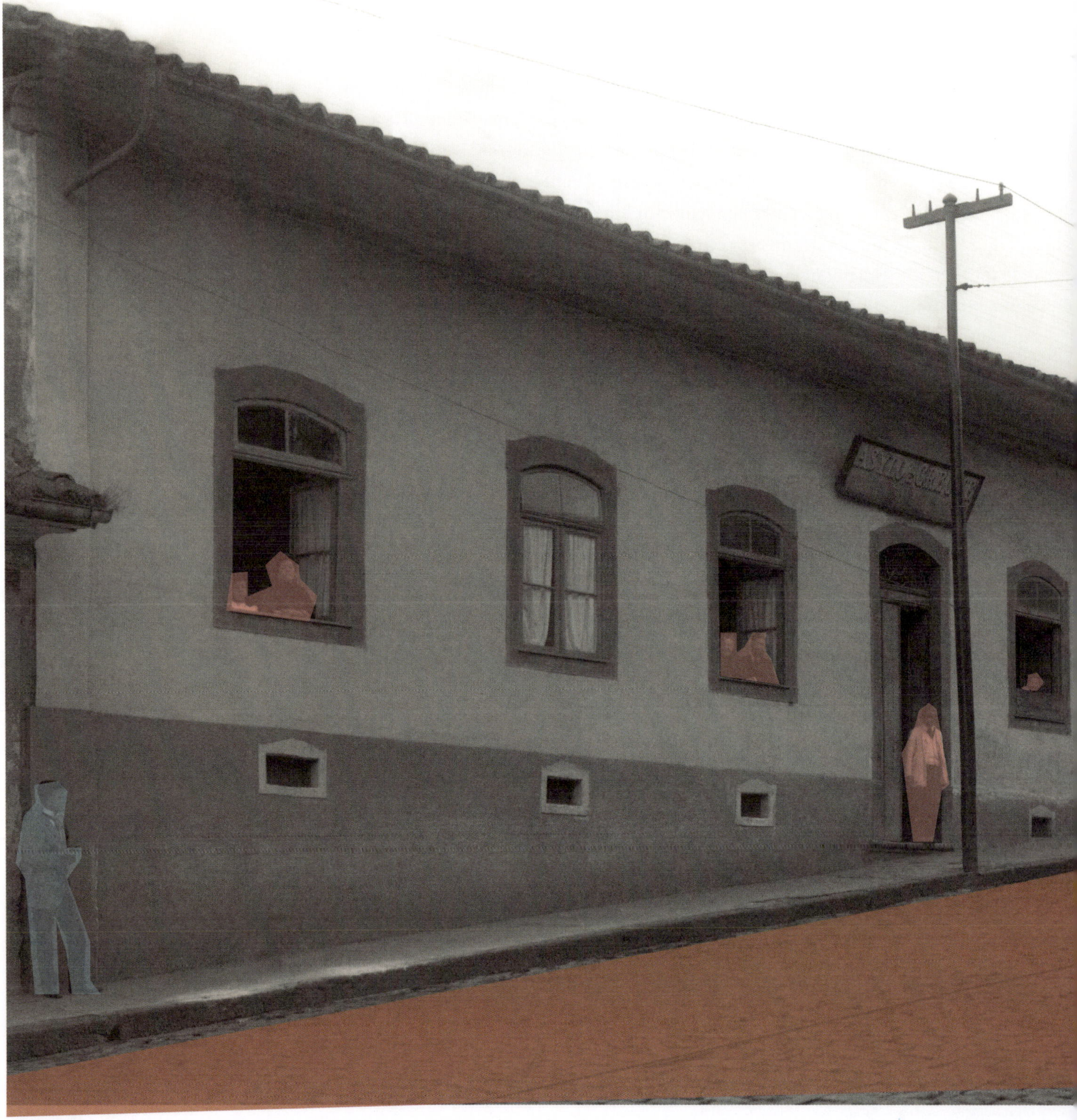

destinos de outros habitantes do Piques suscitaram ainda menos interesse dos periódicos. De Vicente Nunziato, por exemplo, só se publicou que, *à uma hora da tarde* do dia 13 de fevereiro de 1904, *na ladeira do Piques, caiu desastradamente, machucando-se muito na cabeça, no rosto e nos braços.*

*Vicente Nunziato, que estava embriagado, foi conduzido ao posto policial da Consolação.*

136

As vezes, nem o nome parecia ser necessário. No mesmo mês de fevereiro, só que em 2002, *um morador de rua de uns 40 anos conhecido como Led Zeppelin morreu ao cair numa cratera na Praça da Bandeira.* Segundo testemunhas, na madrugada anterior, *dois homens brigaram, derrubando parte do tapume que isolava o buraco. Após a briga, Led Zeppelin e outro sem-teto tentavam repor duas placas do tapume quando uma parte do piso despencou e ele caiu. Um pedaço do piso caiu sobre ele, matando-o na hora.*

"*Conhecido como* Led Zeppelin." "*Uns* 40 anos." "*Outro* sem-teto."

Talvez a imprecisão de dados revele mais que a simples ausência do RG no bolso da vítima.

Já a história de Nilo Alves de Oliveira recebeu mais espaço e precisão, certamente porque envolvia o assunto favorito da cidade: congestionamentos. *De todos que trabalham na Praça da Bandeira, apenas um homem viu o estacionamento nascer*. Era Nilo, 42 anos, um dos seis guardadores de carro que cuidavam dos automóveis no improvisado empreendimento, prestes a ser desativado naquele ano de 1968 logo que *a Prefeitura iniciar as obras de urbanização da praça*.

*Nilo, quando deixou Marília aos cinco anos de idade, jamais supôs que seu futuro na cidade grande seria num estacionamento*. (Parêntesis: qual criança de cinco anos supõe que "seu futuro na cidade grande seria num estacionamento"?)

— *Quando vim de Marília, havia sofrido um acidente nas duas mãos. Perdi todos os dedos. Emprego era difícil para uma criança naquele estado. Fui ser guardinha na Casa do Pequeno Trabalhador. Foi aí que vim para esta praça. Quando começaram a demolir umas casas velhas que existiam aqui, comecei a trabalhar firme*. O ano, ele recorda, era 1942. Assim como também se lembra *de quando, no ano passado, a imagem de Nossa Senhora Aparecida desceu na praça, trazida por um helicóptero*.

*A vida passou, muitos foram os que trabalhavam na praça. Nilo, porém, ficou. Agora, o progresso vai destruir seu estacionamento* sem que haja nenhuma alternativa de renda à vista. *E quando tudo acabar, o que ele irá fazer?*

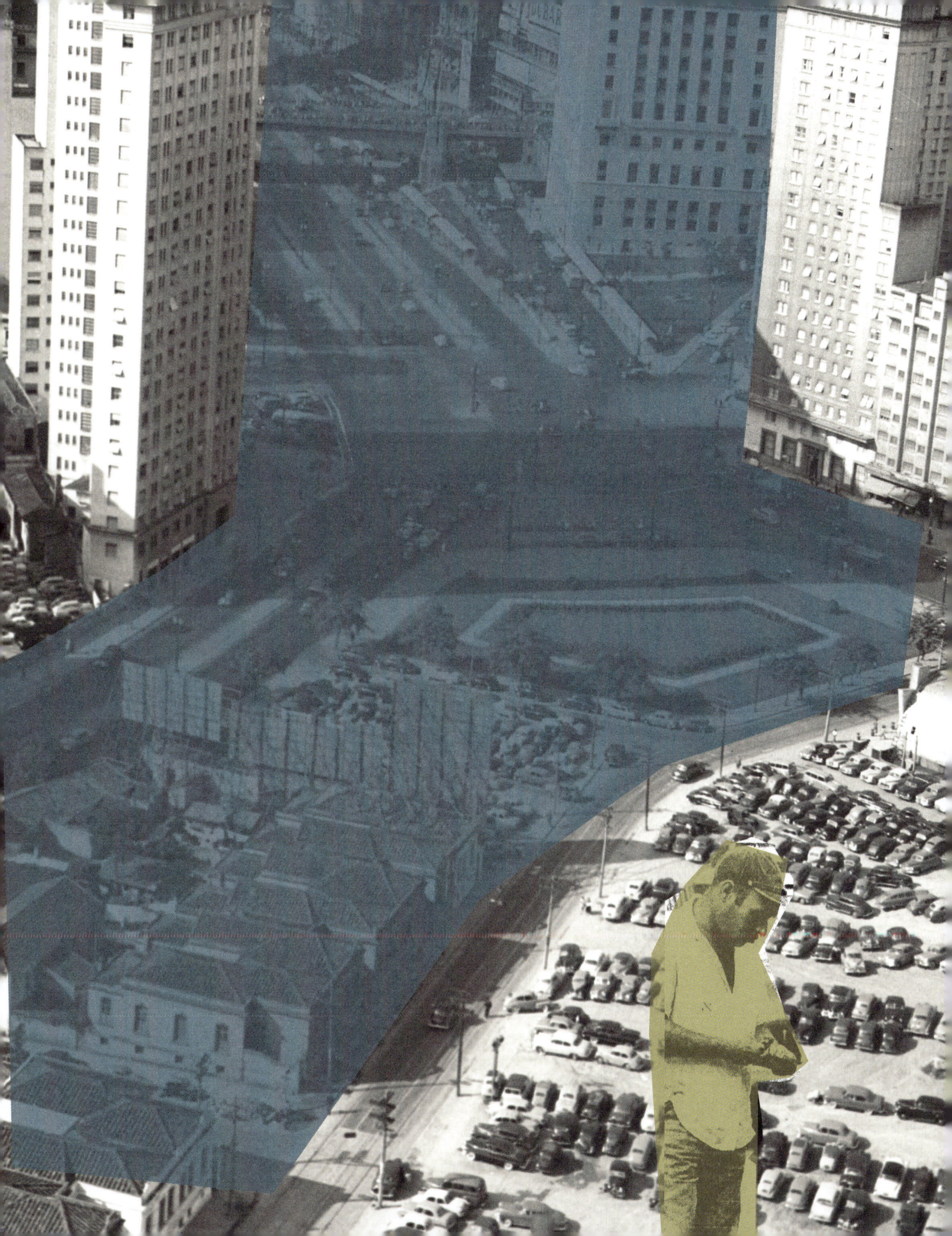

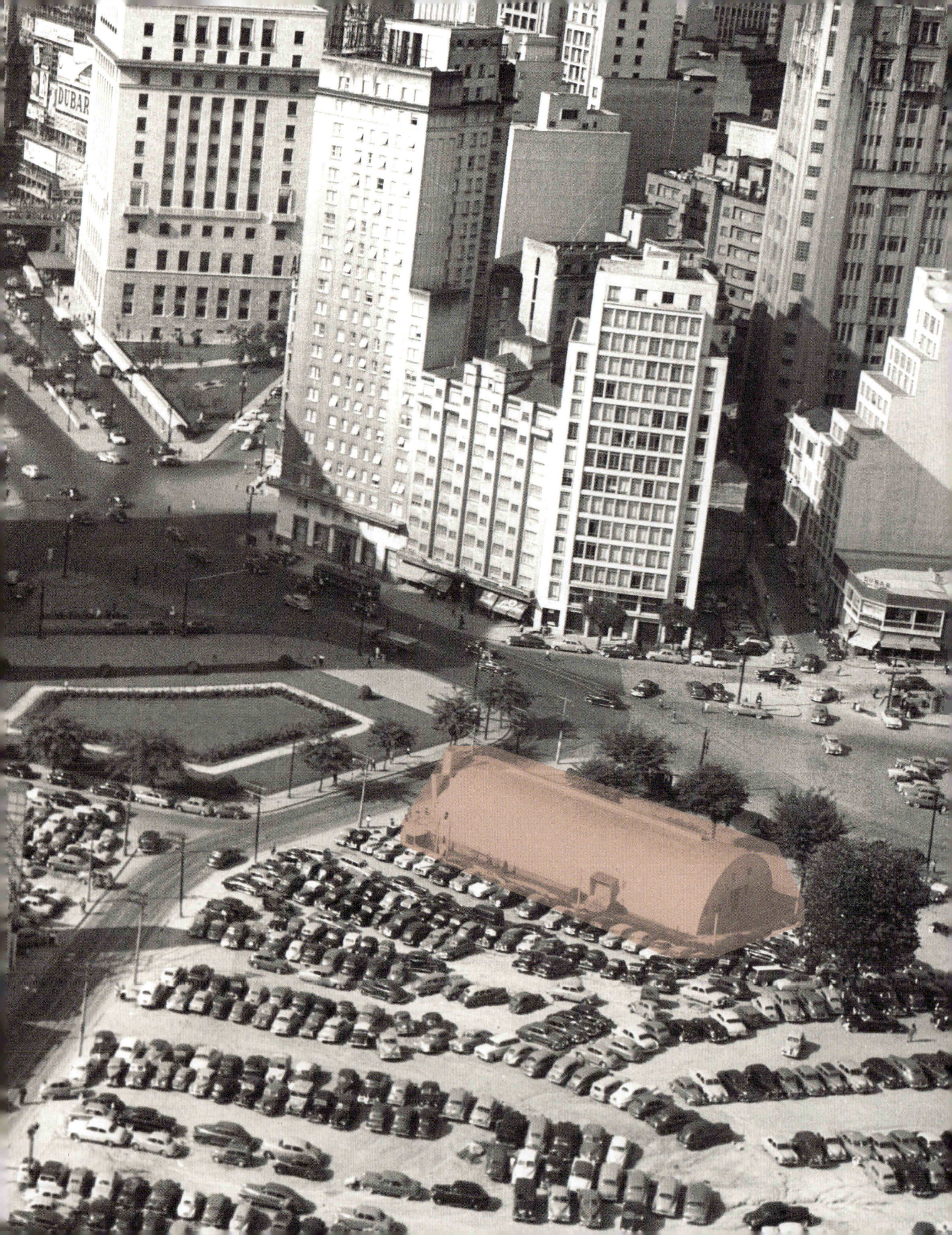
DUBAR

Em seus dias — ou melhor, décadas — de terreno baldio, a Praça da Bandeira não ofereceu abrigo informal apenas a automóveis e guardadores. Novamente imbuída do espírito paulistano de bater recorde atrás de recorde, ela funcionou como endereço daquela que talvez tenha se constituído na mais longa ocupação "temporária" de uma casa de espetáculos "provisória": quinze anos.

Inaugurado em 28 de março de 1952, o Teatro de Alumínio era *um teatro desmontável, baseado nos que existiam nos EUA, com estrutura de alumínio, o primeiro do gênero a se instalar no Brasil. Casa ampla, dispondo de perto de seiscentas poltronas estofadas, com uma acústica admirável.* No palco, *o elenco de comédias de Nicette Bruno.*

Inicialmente, a jovem atriz de dezenove anos planejara a implantação do teatro no Rio. No entanto, apesar dos consideráveis esforços — ela chegou a ser recebida pelo então presidente da República, Getúlio Vargas, para tratar do assunto —, o negócio não vingou. Mas Nicette persistiu. *Sempre fui impulsiva, principalmente quando desejava uma coisa e sentia que tinha forças para lutar por ela. Graças a essas entrevistas inflamadas, consegui chamar a atenção de São Paulo, recebendo um telegrama do secretário de Cultura de São Paulo, Brasil Bandeck. Dei pulos de alegria quando ele me ofereceu a Praça da Bandeira.*

*O Teatro de Alumínio foi inaugurado em 1952, com a Companhia que levava o meu nome, Nicette Bruno e Seus Comediantes. Convidei Dulcina para dirigir o espetáculo* De amor também se morre, *de Margaret Kennedy, para a estreia do espaço, com capacidade para acomodar 500 pessoas. Como Dulcina não pôde aceitar, quem veio foi Turkow, um diretor polonês da mesma geração do Ziembinski.*

O processo não se deu sem reclamações. Em sessão da Câmara, o vereador Arruda Castanho afirmou tratar-se de *um verdadeiro escândalo. Não precisamos de um telescópio para ficarmos sabendo que o tão falado Teatro de Alumínio é um barracão ridículo, feito quase que somente de madeira, e que custará nada menos que um milhão e quinhentos mil cruzeiros. Um verdadeiro absurdo. Um dispêndio criminoso de dinheiro,* completou seu colega João Sampaio.

A chiadeira foi em vão: a casa de espetáculos abriu suas portas e logo passou a figurar com destaque no roteiro cultural da cidade, mesmo quando, já no ano seguinte, não contava mais com a Companhia de sua fundadora.

Embora concebido como uma instalação provisória, a demora da prefeitura na implantação dos projetos urbanísticos destinados ao local fez com que o caráter passageiro do Teatro de Alumínio fosse esquecido e o reluzente galpão semicilíndrico se tornasse um elemento fixo na paisagem do Anhangabaú. Seu prestígio, contudo, não demorou a arrefecer. Se *os primeiros cinco anos foram os melhores que o teatro experimentou*, em meados dos 1960 o lugar já não era dos mais afamados, *abrigando apenas companhias pobres que tinham que mostrar* strip-teases *e cômicos de linguagem obscena para conseguir uns poucos frequentadores e esmerando-se na apresentação de espetáculos indecorosos e obscenos, tornando-se ainda ponto de convergência de marginais e transviados*. O mau-humor, de evidente viés conservador, não era consenso. Mas, de qualquer modo, sinalizava uma queda de reputação que refletiu no afluxo de pagantes. Depois de 1958, *a casa não mais lotou e algumas companhias chegaram a promover sessões de macumba no palco do teatro e benzer as cadeiras* para tentar reverter o sumiço do público. Não funcionou. Como fruto da mesma série de operações urbanas que tiraria o ganha-pão de Nilo, a estrutura do Teatro de Alumínio foi desmontada em 1967.

*São Paulo perde mais um teatro. Mas, por favor, sem lágrimas: no seu lugar, nascerão largas avenidas sem cruzamento para melhorar o trânsito na capital. E não haverá mais congestionamento no local.*

Em *Chofer de Praça*, o protagonista interpretado por Mazzaropi desembarca em São Paulo e se assusta com o trânsito. A locação escolhida para a cena não podia ser outra.
No primeiro quadro, ao fundo, o Teatro de Alumínio.

143

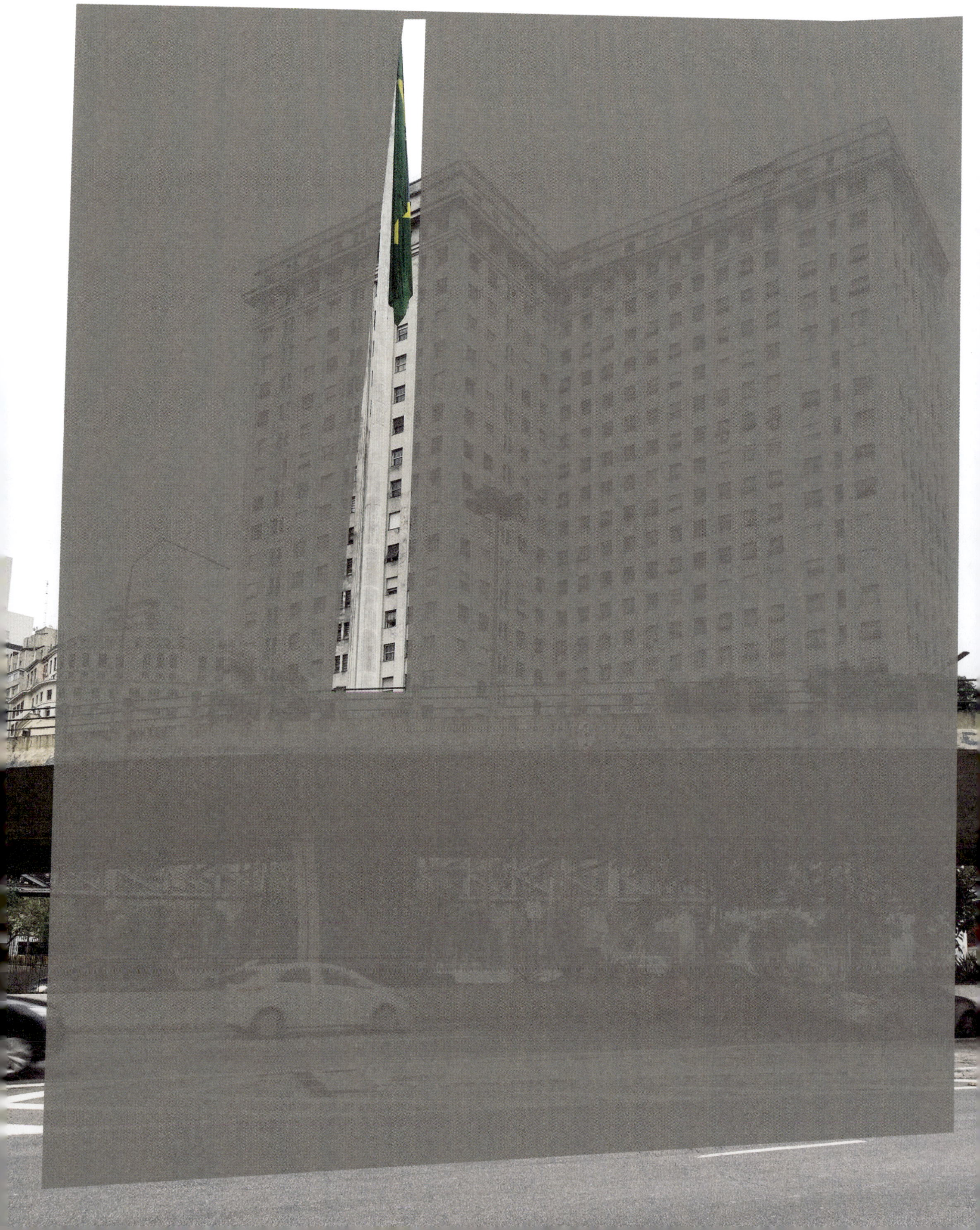

Quando o improviso é adotado como regra, no entanto, trajetórias marcantes como a do Teatro de Alumínio são exceção. Tudo costuma mesmo é desaguar numa única foz: a avacalhação.

Em 1999, no Dia da Bandeira, a Praça da Bandeira amanheceu sem sua bandeira.

*Com o pano e o vento, o mastro de 30 metros sofre oscilações de 1,5 metro*, quando *o aceitável é 50 centímetros*, explicou, circunspecto, o então secretário de Vias Públicas. *Há o risco de ele balançar até cair.*

Mas, garantiu, a população podia dormir tranquila: *sem bandeira, o mastro tem se mantido firme.*

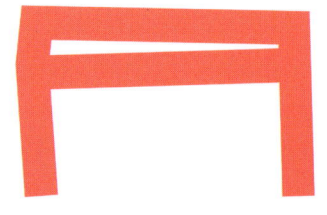

A celebração do 19 de Novembro na Praça da Bandeira nem sempre se mostrou um fiasco. Pelo contrário. Em 1951, por exemplo, ela foi palco de "expressiva solenidade" desse *símbolo que é da Pátria como terra, povo e história* e contou com a *participação intensiva de todas as forças vivas da coletividade*.

O ato começou às nove horas, *com o seguinte programa:*

*1. Hasteamento da Bandeira Nacional pelo sr. Governador do Estado;*

*2. Oração alusiva à data pelo prof. Pedro Calmon, Reitor da Universidade do Brasil;*

*3. Cerimônia de incineração dos exemplares da Bandeira Nacional em desuso.*

Dando prosseguimento, a plateia testemunharia a declamação de uma *poesia alusiva à data pela menina Sonia Maria Dorsey*. Finalmente, completando o extenso programa, duas músicas — *Canção do Marinheiro* e *Dia da Pátria* — precediam o *desfile de Forças Militares do Exército, da Aeronáutica e da Força Pública. No céu, evoluções executadas por aviões da Força Aérea Brasileira.*

Sem dúvida, uma *significativa comemoração*, à altura da bandeira que *jamais tremulou em guerras de conquista; jamais acobertou a agressão. Antes, tem sido sempre símbolo de entranhado amor à liberdade e ao direito*. Mesmo que emendar a *incineração dos exemplares da Bandeira Nacional* com o singelo recital poético da *menina Sonia Maria Dorsey* não tenha resultado em sequência das mais harmônicas.

a cidade resoluta avança...

batismo da praça, aliás, ocorreu durante as festividades de um Dia da Bandeira, o de 1942. É o que informa o telegrama enviado a Getúlio Vargas por Fernando Costa, interventor federal (cargo que equivalia ao de governador do Estado durante a ditadura do Estado Novo): *Tenho a subida honra e o grande júbilo de comunicar a vossa excelência que a faustosa data de hoje foi comemorada nesta capital com brilho invulgar*. Costa prossegue fornecendo pormenores da *deslumbrante apoteose cívica* e encerra a mensagem avisando que *o nome do supremo Chefe da Nação foi patriótica e repetidas vezes aclamado. Sob vibrante entusiasmo popular foi anunciado que a Bandeira única do Brasil, cultuada naquele empolgante espetáculo cívico, engalanaria a antiga praça com o seu nome belo e sugestivo.*

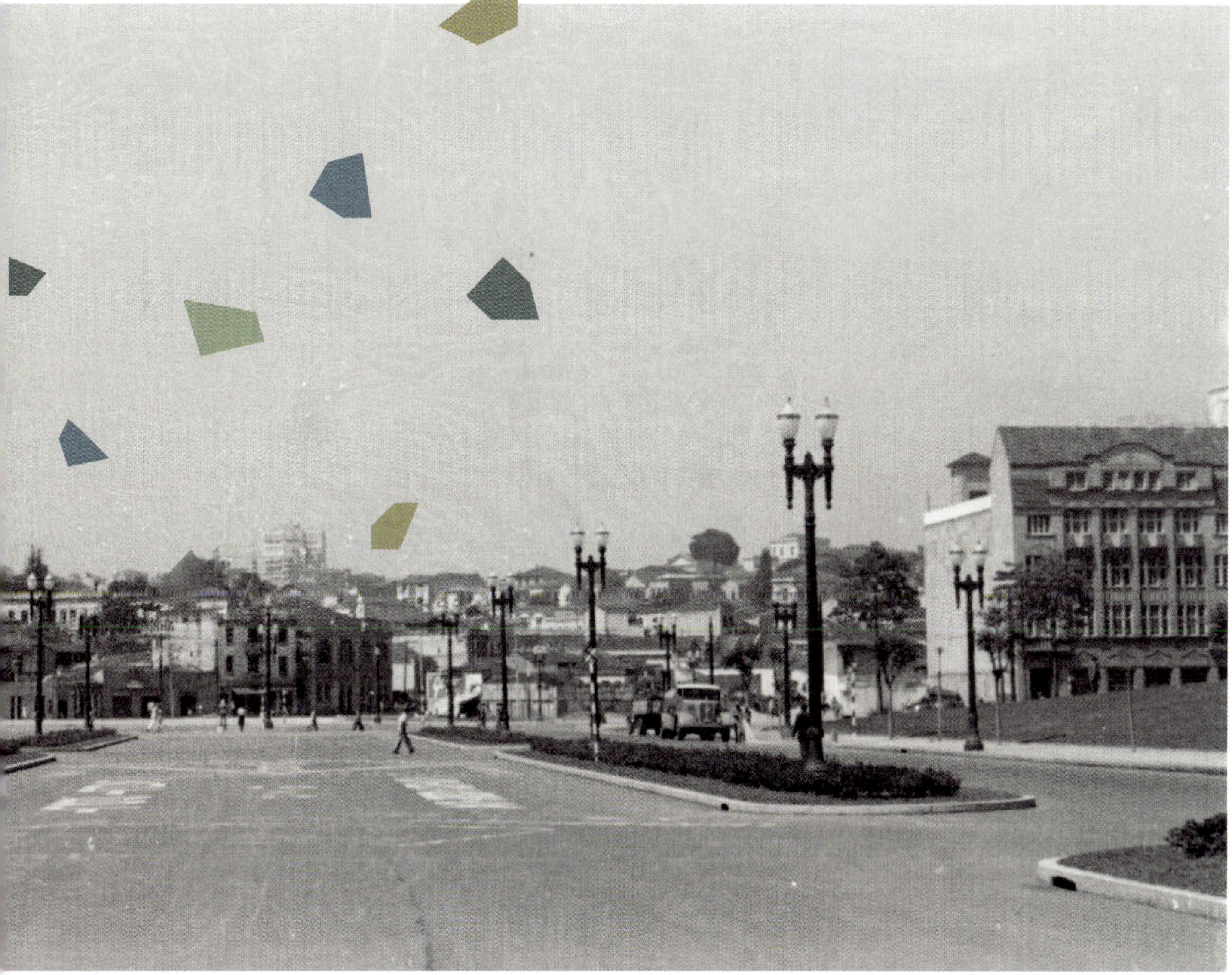

B.ro R. TOBIAS

O nacionalismo do artista José Wasth Rodrigues nunca atingiria as notas totalitárias do telegrama que Fernando Costa remeteu ao *Supremo Chefe da Nação*. Mesmo assim, foi o ingrediente norteador de toda a obra realizada pelo autor do painel de azulejos do Largo da Memória.

Nascido em 1891, na capital paulista, Wasth Rodrigues estudou em Paris de 1910 a 1914, quando retornou a São Paulo. Dois anos depois, desiludido com a falta de oportunidades na cidade natal, envia a Monteiro Lobato *uma carta triste, pedindo socorro,* e sua sorte vira. Também simpático à questão nacional, o já influente escritor entrevê potencial no desalentado jovem e passa a funcionar como uma espécie de padrinho, divulgando seu trabalho e encomendando a Wasth Rodrigues projetos como a ilustração de capa de seu livro *Urupês*.

Ambos não estavam sozinhos na busca por uma arte de "tradições brasileiras": costuma-se fincar o marco inicial da mobilização na conferência homônima, *A Arte Tradicional no Brasil*, proferida por Ricardo Severo em 1914. Nela, o arquiteto português defendia que a salada de referências europeias então em voga deveria dar lugar à herança colonial nativa, verdadeira manifestação da cultura nacional. A partir de sua fala, floresce um movimento — ou "campanha", como preferia Severo — que *não se dizia saudosista, mas buscava as "raízes certas" para se construir uma arte brasileira*. Posteriormente, esse conjunto de princípios ganharia a alcunha de "neocolonial", sobretudo quando aplicado à produção arquitetônica.

*Não faço mais do que seguir um movimento que me parece universal. O regionalismo é a consequência do excesso de cosmopolitismo*, diria, anos depois, o próprio Wasth Rodrigues numa série de artigos sobre o tema publicados no *Estado de S. Paulo*. *Não quero a arquitetura antiga na sua rigidez, mas uma arte moderna que aí procure um elemento de renovação.*

O discurso do autoproclamado "tradicionalismo revolucionário", porém, soava um tanto incoerente. E, de fato, talvez o fosse. Mas se hoje a exibição de seu componente primordial, o nacionalismo, é vista como uma postura essencialmente reacionária, na virada dos anos 1910 para os 1920 ela encontrava-se vinculada a um projeto de autoafirmação e independência cultural que chegou a seduzir partidários dos mais variados matizes, inclusive o grupo de jovens "futuristas" que logo se tornaria célebre ao organizar a Semana de 22. Durante o transcorrer daquela década, contudo, diferentes depurações desse ponto de partida ufanista afastariam Plínio Salgado e Oswald de Andrade da mesma página de jornal, e a busca pela lapidação de uma cultura brasileira genuína geraria afluentes tão distintos quanto Macunaíma e o Integralismo.

Num movimento semelhante, enquanto alguns adeptos assumidos do neocolonial aproveitaram o correr dos anos para revisar essa fixação por encontrar *o futuro no passado*, tornando-se fundamentais no desenho do Brasil moderno — Lúcio Costa é o maior exemplo —, Wasth Rodrigues tomou o caminho contrário e se converteu em um artista extremamente acadêmico, cujo objetivo, até sua morte em 1957, pareceu o de *documentar, não criar*.

Assim, em sua obra, encontramos *estudos sobre o mobiliário dos tempos de Dom João V, Dom José e Dona Maria; notas sobre prataria portuguesa e do Brasil colonial, bem como as centenas de ilustrações a cores que preparou para* Brasões e Bandeiras do Brasil. Ele também escreveu o livro Tropas Paulistas de Outrora e *deixou pronto o* Dicionário Histórico Militar — *1.600 páginas de texto, 400 ilustrações, publicado* in memoriam. Esse tradicionalismo exacerbado, ainda que erudito, fica patente quando Wasth Rodrigues descreve os elementos que escolheu para compor o brasão da cidade: *é a espada do apóstolo Paulo, é o gesto de Amador Bueno e o de D. Pedro I, é o valor militar paulista* (a espada, mesmo pertencendo ao apóstolo Paulo, foi suprimida de versões posteriores).

Em seu livro *Documentário Arquitetônico*, de 1945, a maioria das ilustrações que executou provém de fontes secundárias, antigos desenhos ou fotografias, e não de observações feitas *in loco*. Sobretudo no caso de São Paulo, quando muito pouco da cidade antiga restara de pé. Em várias das composições, ele mescla referências visuais de trajes, utensílios e edificações provenientes de origens diversas para recriar, num misto de idealização e didatismo, cenas cotidianas do passado. Exatamente a mesma fórmula que adotara na alegoria tropeira dos azulejos do Largo da Memória.

José Wasth Rodrigues nunca pareceu querer encontrar *o futuro no passado*. A impressão que se tem é a de que, para ele, bastava encontrar o passado.

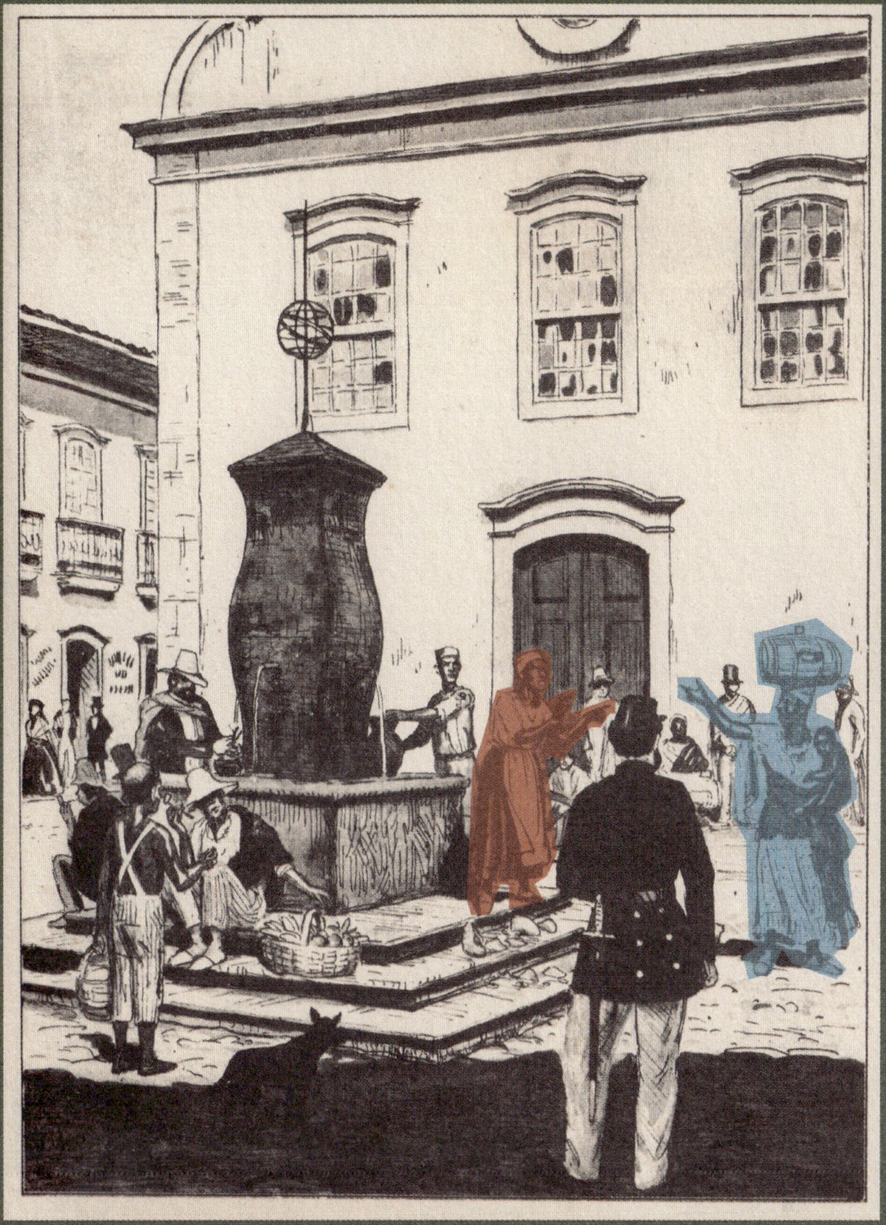

154

Os azulejos foram produzidos na Inglaterra e, após sua pintura pelas mãos de Wasth Rodrigues, levados até a Fábrica Santa Catharina para queima. O estabelecimento, fundado em 1912 e sediado num grande terreno na Lapa, foi o primeiro a produzir faiança fina no Brasil, prosperando *rapidamente com o fim da I Guerra Mundial e o crescimento da indústria de construção civil*. Cheio de confiança, se autodefinia como uma *fábrica modelar, admiravelmente organizada, cujos produtos pela solidez, a arte, a elegância, e a perfeição rivalizam com os melhores similares de procedência estrangeira, tornando-se dignos de geral admiração. Trabalham atualmente na fábrica cerca de mil operários de várias nacionalidades, inclusive japoneses, havendo entre eles muitas mulheres e crianças.*

Até pouco tempo atrás, algumas fontes afirmavam que a Fábrica Santa Catharina fora também a primeira a produzir azulejos no Brasil, e a cerâmica do Largo da Memória, portanto, teria procedência local. Recentes estudos, porém, comprovaram a origem britânica das peças e eliminaram a dúvida.

Outra dúvida que surge relacionada ao Piques refere-se à notícia publicada em 30 de abril de 1926, intitulada "Façanha inédita".

*O inspetor de veículos n. 36, Oswaldo Richetti, ontem, às 23 horas, quando se achava na ladeira Dr. Falcão, viu parar ali um automóvel do qual desceram alguns indivíduos que, agarrando uma jovem vestida de branco, amordaçaram-na e, pondo-a no automóvel, desceram aquela ladeira a toda velocidade.*

*Richetti, que também ouvira gritos de socorro, tomou um automóvel e saiu no encalço dos raptores, perdendo-os de vista devido à cerração no largo do Piques.*

*O fato foi levado ao conhecimento do Dr. Pereira Lima, delegado de plantão na Polícia Central, tendo essa autoridade tomado imediatas providências para a elucidação da aludida façanha.*

O texto, porém, não esclarece qual dos fatos descritos está sendo considerado como a *façanha inédita* de seu título. Seria a audácia do grupo de criminosos? Ou a inépcia do inspetor Richetti? Afinal, este provavelmente efetuou a pior perseguição policial de todos os tempos, já que a distância entre a Ladeira Dr. Falcão e o Largo do Piques era de poucos metros e, mesmo assim ele, *tomou um automóvel, saiu no encalço dos raptores* e, talvez nem dez segundos depois, perdeu-os de vista.

Aqui começa a Ladeira Dr. Falcão

Aqui ela termina, e já se está no Piques

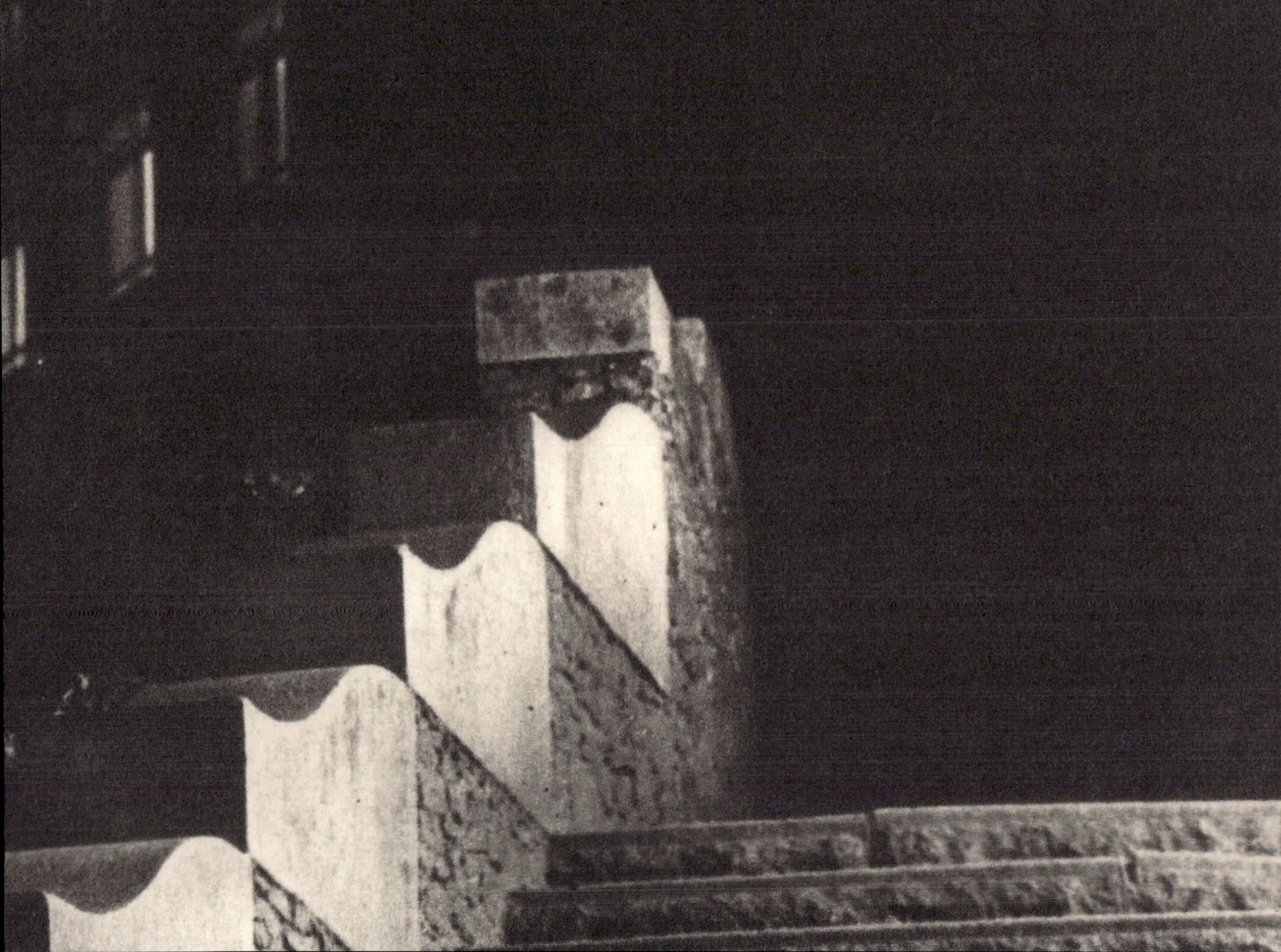

Tudo indica que a alternativa correta seja mesmo a segunda opção — o inspetor Richetti ter atingido níveis espantosos de incompetência e as *imediatas providências* tomadas pelo delegado Pereira Lima consistirem em seu afastamento ou transferência para alguma função burocrática. Pois, dada a fama do Piques nos anos 1920 e 1930, um sequestro às onze da noite não devia surpreender ninguém naquela *zona deserta e sombria, preferida pelos tratantes de toda a espécie que por ali perambulam,* vagando *pelos inúmeros e escusos botequins.*

*Cheios de sua gente, esses botequins rumorejantes vomitavam as suas luzes vermelhas sobre a monotonia da praça mal iluminada, que a neblina começava lentamente a invadir. Num portal escuro, cochilava um vulto. À porta das tabernas jaziam bêbados dormindo no solo. No meio do largo, o guarda-cívico entediado parecia comentar tudo com o seu desprezo, que era um misto de sono e estupidez.*

*Ao longe, perdida no nevoeiro, passava a ambulância singrando a noite insensivelmente.*

*Alguém dentro dela ia para o hospital ou para o necrotério.*

A má reputação do local era tanta que Arias de Oliveira, réu acusado de assassinato quádruplo, jurava ser inocente *apesar de andar no Piques, a pior zona de São Paulo.*

A desordem era, por assim dizer, uma espécie de "tradição local". Em 6 de fevereiro de 1895, *na casa n. 21 da ladeira do Piques, o italiano Francisco Amatucci, estabelecido com casa de barbeiro à ladeira de S. João, após uma fortíssima troca de palavras que teve com seu patrício José Estavaro, tentou contra sua existência, desfechando-lhe quatro tiros de revólver. Desses, dois acertaram, ferindo-o um na cabeça e outro na coxa esquerda.*

*Amatucci, após o crime, evadiu-se e até ontem, à última hora, não tinha sido preso. O ofendido, que é morador à ladeira onde se deu o fato, no prédio n. 23 em que possui um negócio de calçados, foi medicado pelo dr. Ignácio de Mesquita, que achou que os ferimentos não são graves.*

*Já o soldado Luiz Alice, em 9 de dezembro de 1904, aproveitando da folga em que estava, foi até a casa de Georgina Augusta da Silva, à ladeira de São Francisco, 22. Ali, permaneceu por mais de meia hora, sem que houvesse qualquer incidente.*

*Ao sair, porém, por motivo que não se sabe ainda, Luiz deu algumas bofetadas em Georgina, que foi socorrida por sua companheira Luiza Maria da Conceição.*

*Nesse momento, Luiz sacando uma faca vibrou um profundo golpe no ventre de Luiza e, depois, feriu ainda Georgina com quatro golpes, sendo um no pescoço, outro debaixo do braço e depois na glândula mamária direita.*

*Em seguida, o ofensor tentou evadir-se, correndo pelo largo do Piques.*

*Antes, porém, de galgar a ladeira da Memória, Luiz foi preso por um popular, que o seguiu quando o viu perseguido por Georgina, que estava com as vestes ensanguentadas.*

*Na polícia, o criminoso negou que tivesse sido o autor dos ferimentos das mulheres, atribuindo a autoria do delito a um seu companheiro. Essas declarações, porém, são contraditórias. As mulheres explicaram o fato dizendo que na casa não havia mais ninguém.*

*As duas ofendidas foram internadas no hospital da Misericórdia, depois de examinadas pelo sr. dr. Archer de Castilho, que apenas julga grave o ferimento recebido por Luiza, visto como o mesmo é penetrante da cavidade abdominal.*

Luiz Alice foi indiciado por tentativa de homicídio, mas, julgado em 5 de fevereiro de 1905, inacreditavelmente absolvido. Por unanimidade.

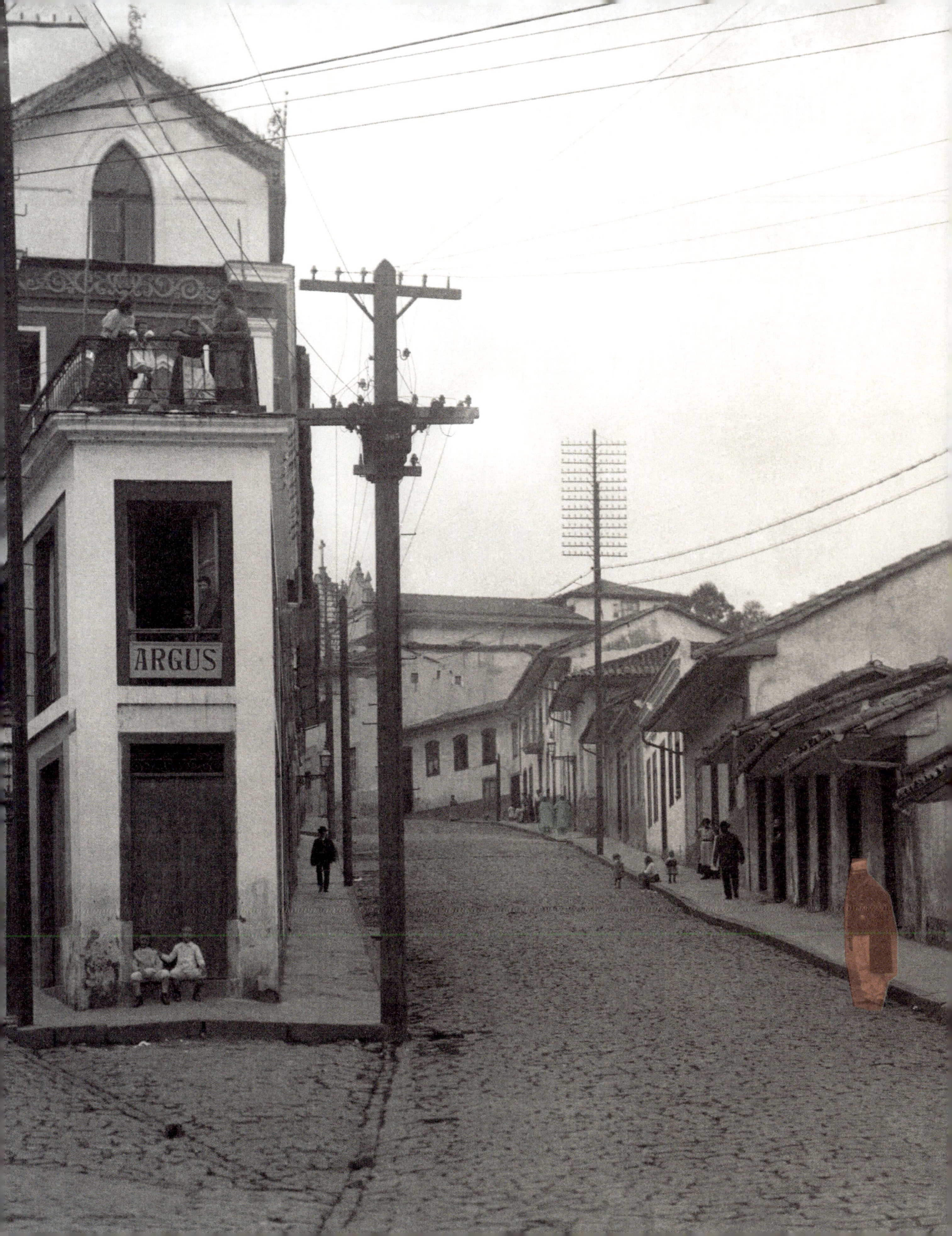
ARGUS

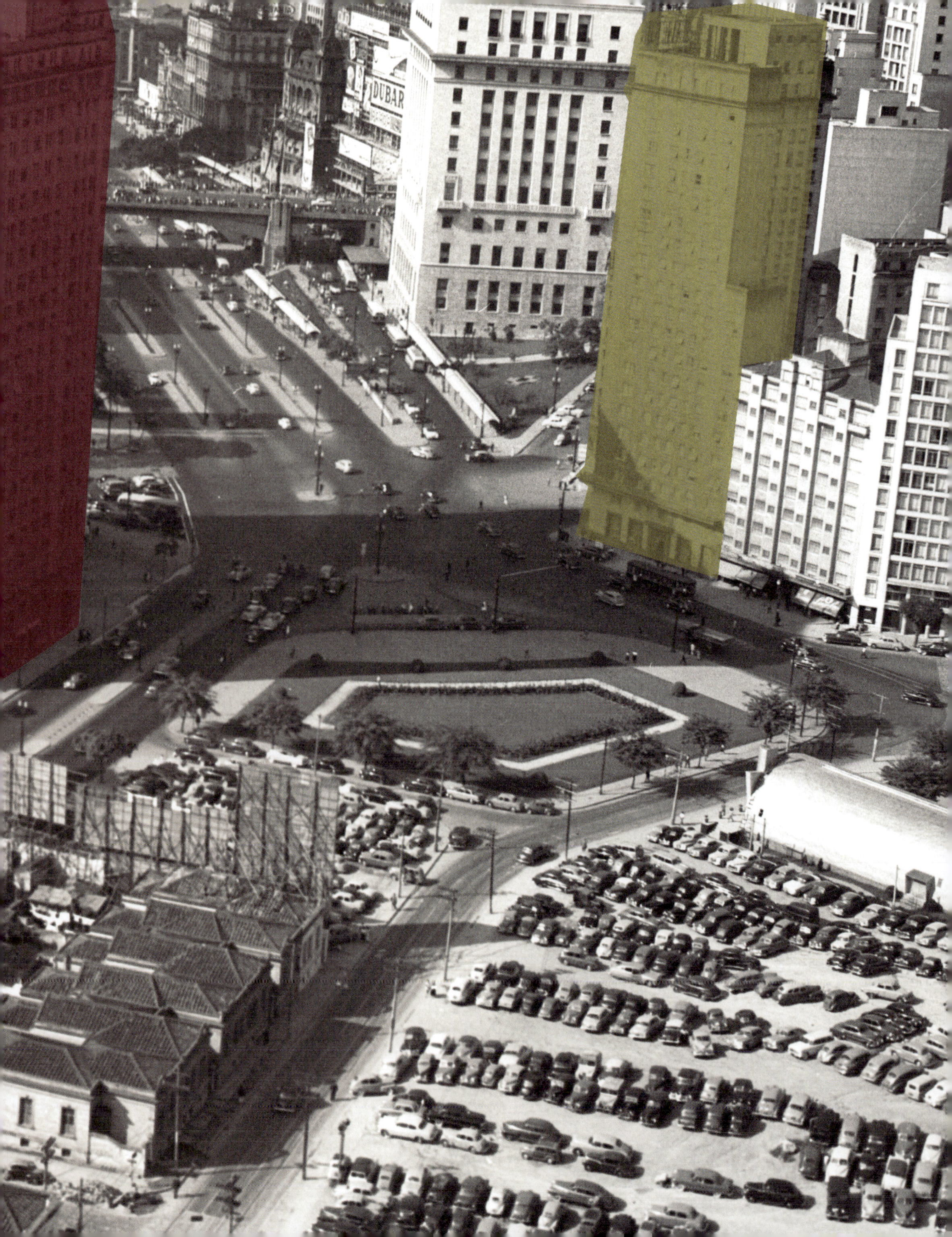
DUBAR

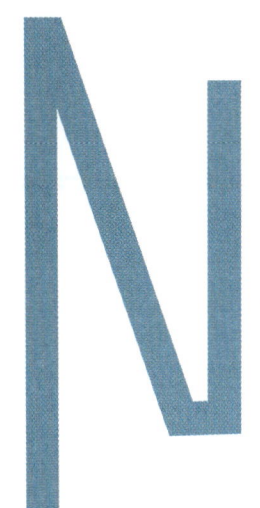

Nem toda arruaça, contudo, terminava em tiros ou facadas. Às quatro da manhã do dia 10 de maio de 1960, *nas imediações do Teatro de Alumínio, na Praça da Bandeira, quatro artistas do Circo de Moscou, embriagados, promoviam desordens, o que determinou a intervenção da guarnição da Rádio Patrulha 4. Como os policiais não conseguissem entender os artistas, que somente falam russo, foram estes conduzidos à Polícia Central, onde o delegado de plantão, dr. Israel Alves dos Santos Sobrinho, determinou que se registrasse a ocorrência em boletim. Os artistas detidos foram: Iuri, responsável pelo urso "Jorginho", Choudine Mikhail, Natacha Petrow e Andrew Alexandre. Logo depois, todos foram postos em liberdade.*

O nome de Andrew Alexandre ressurge nos jornais em 1987, assinando uma matéria como colunista do *New York Times*. É pouco provável, no entanto, que se tratasse da mesma pessoa que, vinte e sete anos antes, tomara um porre na Praça da Bandeira ao lado do cuidador do urso Jorginho.

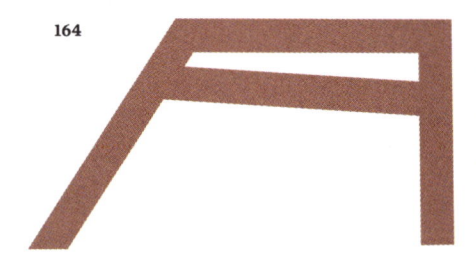

Assim como não devem ser a mesma pessoa o Paschoal Marino que, em 17 de fevereiro de 1913, aos *72 anos, pedreiro e morador no largo do Piques, caiu embriagado no largo do Piques, recebendo uma ferida contusa na região occipital*, e o Paschoal Marino que dois anos antes, em 16 de maio de 1911, teve sua missa de sétimo dia celebrada na Igreja de Santa Cecília.

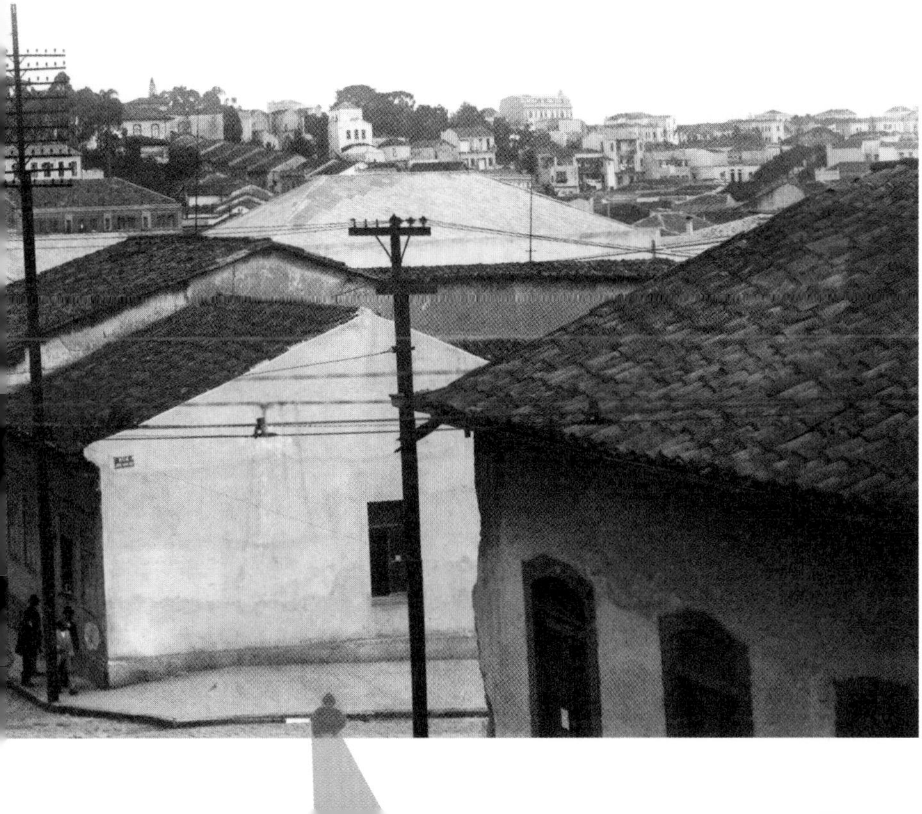

Os russos voltariam a rondar a Praça da Bandeira numa trama que, se não envolvia bebedeiras nem o urso Jorginho, aparenta ter sido recheada de sexo e espionagem em plena Guerra Fria. No dia 7 de agosto de 1949, era anunciado que *o reverendo Carl McIntire e exma. senhora estão hospedados no Hotel São Paulo, à Praça da Bandeira, onde receberão com prazer as visitas de todas as pessoas que com eles desejarem ter maior aproximação*. Para aqueles desatentos às mal disfarçadas entrelinhas da mensagem, uma frase final sublinhava que *essas visitas poderão ser feitas com a maior liberdade todos os dias em sua permanência nesta Capital*.

A temporada de propalada permissividade deve ter sido intensa, pois McIntire ressurgiria na cidade somente mais de uma década depois, em 1960, dessa vez envolvido numa *polêmica veemente em torno da infiltração comunista no X Congresso da Aliança Batista Mundial. Munido de farta documentação*, o reverendo denunciou *a presença dos pastores russos Karov e Khidkov*. Para McIntire, *os russos vêm, há muito tempo, usando a Igreja Batista como instrumento de propaganda política*. Ele também lembrou que *em nota dada a 16 de junho passado, a Rádio de Moscou acusou os dois pastores russos de sabotadores do socialismo e agentes do capitalismo ocidental*. O perspicaz reverendo, contudo, não se deixou enganar e detectou *uma tática comunista que visa despertar simpatia pelos dois agentes clericais*. Os soviéticos *procuram minar os verdadeiros princípios cristãos* e *seguem toda a linha de propaganda do Kremlin*.

Dada a ausência de convites abertos ou menções à esposa nessa segunda passagem de Carl McIntire por São Paulo, é provável que, muito ocupado em desmascarar espiões comunistas infiltrados, o devasso reverendo não tenha promovido suas famigeradas "festinhas" abertas a *todas as pessoas* que desejassem ser *recebidas com prazer* e *ter maior aproximação*, tudo *com a maior liberdade*.

HOTEL SÃO PAULO

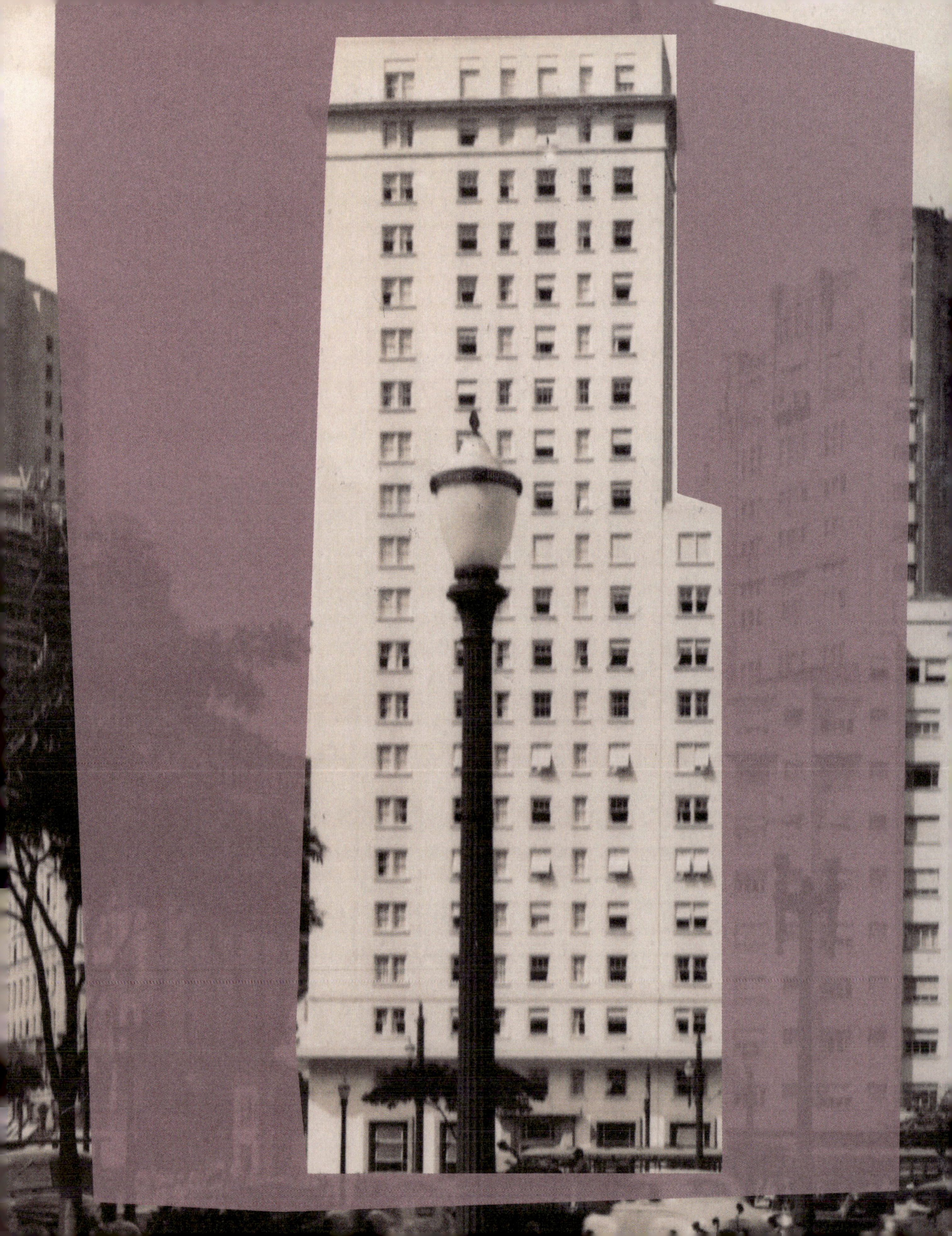

urante seus mais de setenta anos de vida, o prédio do Hotel São Paulo recebeu muitos outros hóspedes além do assanhado casal McIntire. Entre eles, Charles de Gaulle e Alam Michel de Souza Oliveira.

A citação ao ex-presidente francês é obrigatória quando se busca atestar que "o prédio testemunhou os anos de *glamour* da região central" acolhendo figuras célebres desde sua inauguração, nos anos 1940.

*Quando abriu, o Hotel São Paulo inspirava prosperidade. Em seus 15 mil metros quadrados de construção, havia 220 luxuosos apartamentos, os primeiros com salas de banho privativas.*

*A decoração era sóbria e refinada. E uma de suas imponentes suítes presidenciais abrigou o presidente francês Charles de Gaulle.*

O hotel acabaria fechando suas portas em 1976, acompanhando a decadência econômica sofrida pela região central. Uma tentativa de retorno, anos depois, logo fracassou.

Alam chegou ao Hotel São Paulo em 1999. Aos nove anos, *filho único de um casal de sem-teto: o soldador Carlos Roberto de Oliveira e a dona de casa Ivanilde Narciso de Souza Oliveira. Junto com outras famílias, eles haviam invadido na noite de domingo o edifício desocupado. A noite de domingo era a de 7 de novembro. Na manhã seguinte, dez e meia da manhã, Alam subiu uma escada para buscar a bola de futebol com a qual brincava todos os dias. Ela tinha caído no que pareceu a Alam ser uma laje, pouco acima do pátio do prédio onde brincava com o amigo Wallace Oliveira da Silva. Mas a laje era uma caixa-d'água. Alam pisou na tampa de madeira do reservatório, podre, e caiu de uma altura de mais ou menos três metros. Retirado, respirou ainda por alguns minutos à espera do resgate, que não veio. Chegou ao Pronto-Socorro da Santa Misericórdia de São Paulo já morto.*

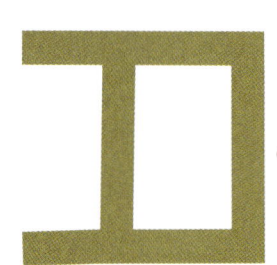

Domingo, 14 de janeiro de 1900.

POR FALTA DE RECURSOS, offerece-se um menino, de 2 annos, gozando perfeita saúde. A pessôa que o desejar póde procural-o, com os paes, ao largo do Piques, 56.

egunda-feira, 15 de janeiro de 1900.

POR FALTA DE RECURSOS, offerece-se um menino, de 2 annos, gozando perfeita saúde. A pessôa que o desejar póde procural-o, com os paes, ao largo do Piques, 56.

Terça-feira, 16 de janeiro de 1900.

POR FALTA DE RECURSOS, offerece-se um menino, de 2 annos, gozando perfeita saúde. A pessôa que o desejar póde procural-o, com os paes, ao largo do Piques, 56.

Sábado, 12 de junho de 1875.

# ESCRAVOS

Vende-se os seguintes:
1 preta de 35 annnos com 1 filha ingenua de 3 e meio annos.
1 creoula de 13 annos.
1 dita de 11 annos.
1 creoulo de 9 annos.
Para vêr e tratar no Paredão do Piques n. 49 (sobrado.)              5—3

leilão de escravos é ali, ao meio-dia, ao som do dobro do sino de São Francisco, no outro lado da encosta.

*O leilão é ali. Nenhum outro lugar mais propício. A elevação da subida, com o patamar largo circundado pelo paredão, põe em destaque a cohorte enfileirada da "mercadoria" negra representada pelos cativos "Pais-João", pelas desconsoladas "Mães-Benta" e pelos assustadiços rebentos negros, de olhos muito abertos com a baba caindo do beiço grosso sequioso. Ali ficarão em destaque, numa "vitrine" de trevas, à exposição da cobiça dos compradores.*

*Na hora aprazada, o meirinho do Ouvidor anuncia, solenemente, a manada. Reboliço. Emoção. Os pretendentes, raspando a espora no lajedo, o chicote batendo a bota luzidia, passam em revista os licitados, na atitude de uma arrogância canalha.*

*Começara a licitação.*

*À voz cavernosa do pregão, os lances vão subindo à medida das simpatias, das aptidões, da saúde, da força bruta ou das habilidades dos negros licitados.*

*— Tenho 600$000 pelo Tobias. Ninguém dá mais? É um pechinchão. Abra a boca, negro, mostra os dentes. É de lei meus senhores, é de lei... Dou-lhe uma...*

*A História Triste do Piques*, longa crônica escrita por Paulo Cursino de Moura e publicada em 1933 no jornal *A Gazeta Infantil*, prossegue em sua descrição do leilão por mais alguns parágrafos, até se encerrar esclarecendo que a fixação do largo como o único local da cidade destinado ao comércio de escravos havia sido apenas um recurso literário: *era ali, no Largo do Piques, o leilão de escravos? Ali e em outros lugares. Em todos os lugares onde a execução os apanhava.*

O texto, contudo, foi publicado em *São Paulo de Outrora*, livro de Cursino que se destacou na parca bibliografia disponível sobre o passado de São Paulo até meados do século XX, e que algumas obras posteriores utilizaram como relato puramente histórico, citando partes de *A História Triste do Piques* sem seu esclarecimento final. Dessa forma, muitos passaram a acreditar que o Piques era, sim, a sede oficial da cidade para a realização dos terríveis leilões de escravos.

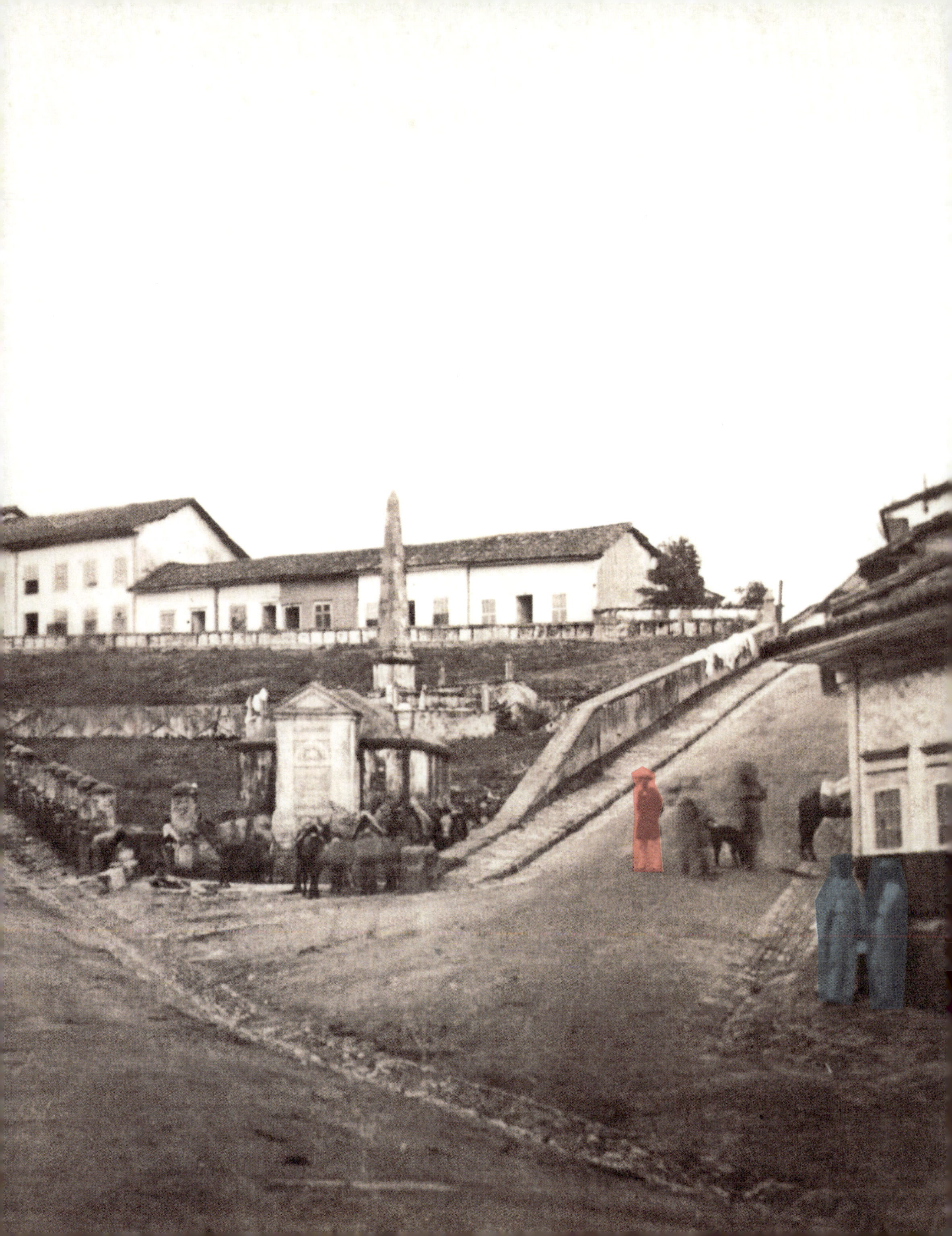

e o pregão ocorria *ali e em outros lugares*, por que Cursino ambientara seu leilão no Piques? Impossível responder com precisão. A verdade, porém, é que, talvez por ter deixado seu período de maior proeminência para trás, a região tornara-se a locação preferida dos autores em busca da evocação de uma São Paulo nostálgica. Como *Velho Piques*, ramerrão saudosista publicado por Matias Arrudão em 1954, de onde provêm os trechos abaixo.

*Eu também era diferente, porque era moço. Deixava a revisão do jornal e vinha ao Piques apanhar o bonde. Todavia, tudo era tão interessante, que às vezes permanecia pelas calçadas, espiando por gosto, como se nada tivesse a fazer.*

*Chegavam violinistas malogrados, sanfoneiros despedidos dos cabarés, davam concertos embriagados — era belo. Reuniam-se vadios em torno das garrafas de cerveja e falavam, cansados, usando de uma gíria de malandros, nos empregos que jamais haviam arranjado, ou nas aventuras que tinham tido. As mulheres saracoteavam, chamavam-se mutuamente aos gritos, gargalhavam, punham cravos nas orelhas a despeito dos crânios nus, os cabelos odiosamente raspados pelos policiais.*

*O Piques, nessas horas, chegava a ser comovente. Era a vida noturna dos párias, que também têm o direito de ter vida noturna, não cálida, mas verdadeiramente quente, que fremia na confusão dos instintos e no fartum do animalismo.*

*A neblina descia mansamente. O relógio avançava. Velho Piques, que à noite se transformava, supurando a degradação da metrópole provinciana!*

*Hoje, não há o espetáculo das inundações, nem a gentalha entoa sambas sobre os balcões imundos. Parou a caçada geidona, foi recolhido o sereno, acabaram-se os concertos dos artistas sem emprego. E o moço que havia em mim, que perdia o bonde de propósito, que andava cheio de sonhos e escrevia um romance, foi também derrubado e rasgado.*

1954, aliás, marca o ápice do delírio superlativo de São Paulo. Foi quando, sob o slogan de ser "a cidade que mais cresce no mundo", a metrópole comemorou o quarto centenário de sua fundação inaugurando obras grandiosas como o Parque Ibirapuera e desfilando, altaneira, chaminés fumarentas e bandeirantes idealizados.

## DA CRUZ DE ANCHIETA

### às chaminés que marcam o progresso de São Paulo...

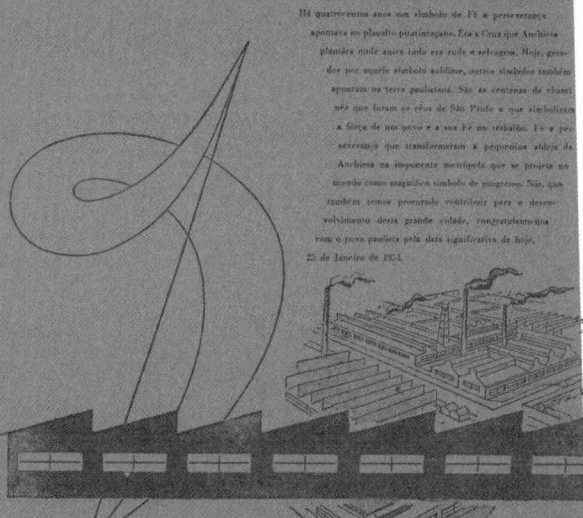

Há quatrocentos anos um símbolo de Fé e perseverança apontava no planalto piratininganao. Era a Cruz que Anchieta plantára onde tudo era rude e selvagem. Hoje, gerados por aquele símbolo sublime, outros símbolos também apontam na terra paulistana. São as centenas de chaminés que formam a cruz de São Paulo e que simbolizam a força do seu povo e a sua Fé no trabalho. Fé e perseverança que transformaram a pequenina aldeia de Anchieta na impoente metrópole que se projeta no mundo como magnífico símbolo de progresso. Nós, que também temos procurado contribuir para o desenvolvimento desta grande cidade, congratulamo-nos com o povo paulista pela data significativa de hoje.

25 de Janeiro de 1954.

## COMPANHIA FABRICADORA DE PEÇAS

"PEÇAS VITAIS PARA OS CARROS QUE RODAM PELO BRASIL"

Fábrica: Santo André - Estado de São Paulo - Brasil • Escritório Central: Avenida São João, 1086 - 4º - sala 402 - São Paulo

---

# HBU   HBU

A cidade de São Paulo conta com 4 séculos de existência. No percurso dos tempos, São Paulo, que começou forte com a semente de Anchieta, agigantou-se através da ação de seus filhos. Bandeirantes, como Raposo e Amador Bueno, cheios de denodo e patriotismo simbólico, alargaram as fronteiras do Brasil. Inventores, como Santos Dumont, dominaram segredos da técnica, prodigalizando maiores conforto e energia ao mais rápido progresso do mundo inteiro. Políticos, como José Bonifácio e Prudente de Morais, elevaram bem alto o conceito da altaneira dignidade e do carater verdadeiro. Músicos, como Carlos Gomes, nos trinos clássicos e Zequinha de Abreu, nos motivos populares, tornaram a música brasileira conhecida em todos os países. Arquitetos, como Ramos de Azevedo, construíram as bases de cimento e granito desta grande metrópole de hoje. E, poetas, como Martins Fontes, adoçaram a vida intensa de trabalho da gente paulistana com a música e a doçura dos seus versos.

BANCO HOLANDÊS UNIDO rende, neste dia, uma justa homenagem à cidade de São Paulo, pelo seu IV Centenário.

### BANCO HOLANDÊS UNIDO

Rua da Quitanda, 101-114 — Fone: 32.4106 — São Paulo

---

## um fator de progresso

Todas as chaminés, que, dia após dia, despejam fumaça e fuligem nos céus de São Paulo, todos estes monstros de pedra e tijolo, verdadeiros monumentos ao trabalho, representam a nossa grandeza. Durante quatro séculos, o esforço do homem conseguiu criar esta maravilhosa cidade, centro nevrálgico do nosso país. E, como parcela ativa, como fator de progresso dentro da caminhada heróica, a INDÚSTRIA DE LOUÇAS "ZAPPI" S.A. congratula-se prazeirosamente com a gente de São Paulo, artífice do nosso esplendor e de nossa pujança, na data máxima da nossa terra.

### INDÚSTRIA DE LOUÇAS "ZAPPI" S.A.

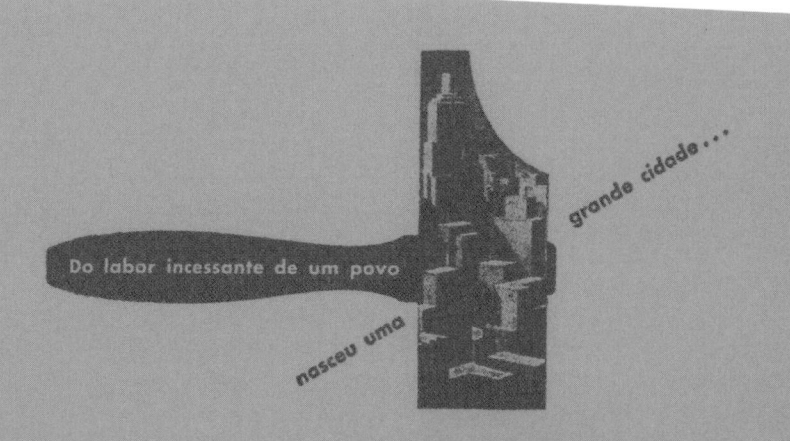

Do labor incessante de um povo nasceu uma grande cidade...

o segrêdo dos Paulistas:

## não perder tempo!

Olhemos o passado, aquela hora que assinalou a fundação de São Paulo, o instante maravilhoso em que bugres empenachados espiavam curiosos a celebração da primeira missa no Planalto. Hoje, transcorridos quatrocentos anos, podemos ajuizar exatamente a significação dêsse fato. É uma lição que nos ensina que não devemos perder tempo... Que cada um de nós tem a sua parcela de responsabilidade quanto ao futuro de São Paulo. O segrêdo do extraordinário progresso de nossa terra não tem sido outro que o trabalho com tôdas as suas imposições: pontualidade, divisão e aproveitamento máximo do tempo. Prosseguir, pois, nesse mesmo critério, é contribuir decisivamente para a maior grandeza de São Paulo, grandeza para a qual a Emprêsa Brasileira de Relógios "Hora" S.A. julga vir contribuindo também — e tem nisto o seu melhor galardão.

**EMPRÊSA BRASILEIRA DE RELÓGIOS "HORA" S.A.**

## BRAÇOS DE AÇO
### que movimentam a riqueza paulista

Nas usinas, nas oficinas,
nas fábricas, nos depósitos,
onde haja necessidade de
mover cargas preciosas
criadas pelo trabalho paulista,
TORQUE é o braço de aço
em que todos confiam.
Braços que trabalharam por São Paulo
e hoje trazem a São Paulo
o seu preito de admiração.

**TORQUE S. A.**
Indústria e Comércio de Máquinas Elétricas
Rua Dr. Vieira de Carvalho, 172 - 4.º andar
São Paulo

## Nossa homenagem aos homens de todo o mundo
### *que forjaram a grandeza de São Paulo!*

Parque Ibirapuera pode até ser sido a grande novidade do Quarto Centenário, mas, nas publicações daquela época, ninguém brilhava mais que a dupla Brasilar e Hotel São Paulo.

O estacionamento de automóveis no perímetro central de S. Paulo, como em tôda grande capital, apresenta aspectos pitorescos. Os 70 mil veículos motorizados que circulam diàriamente na capital paulista, convergem naturalmente para o centro da cidade, e os "chauffeurs" espreitam e porfiam por uma vaga para estacionar o seu carro.
O local preferido, pelo acesso fácil ao centro, é o vale do Anhangabaú, nas imediações do majestoso Viaduto do Chá, onde se alinham várias centenas de automóveis dos mais diversos tipos e cambiantes côres.

Guia Pitoresco e Turistico de São Paulo

*Onde, ainda no ano de 1900, existiam becos, vielas e casebres, rasgaram-se grandes avenidas, surgindo em meio do espanto geral, como obra de magia, suntuosos e magníficos arranha-céus que buscam o infinito. E, no impulso deste século de dinamismo, velocidade, luta e vibração, S. Paulo prossegue em seu ritmo vertiginoso de progresso para cumprir o determinismo que a impele a ser uma das maiores capitais do mundo.*

Bem comum em S. Paulo cenas como esta. Os autos, caminhões e ônibus estão aguardando a mudança do sinal semafórico, a fim de prosseguirem em seu itinerário. Como é intenso o trânsito, longas filas de carros se formam. Os chofêres, impacientes, visto terem todos o tempo contado, esperam a ordem de passagem com os motores em funcionamento, prontos para o arranque da partida. As vêzes, no momento da liberação da via, um carro enguiça. O que está atrás faz soar sua buzina. Logo em seguida, mais outra entra a funcionar, num dueto de neurastenia que, pouco depois, é todo um coral de irritações a colorir de sons a manhã de trabalho que se inicia. Por fim, o veículo desarranjado consegue partir. Cessam as buzinas irritadas, descansam os nervos excitados. Assim é, todos os dias, em tôda a cidade, ora aqui, ora acolá. Porque nas agitadas metrópoles tudo é pressa, atropêlo, intensidade, e ninguém quer — nem pode — perder tempo. O guarda-civil — que por causa do trilar de seu apito foi apelidado "grilo" — dá a necessária ordem ao trânsito que, sem êle, seria caótico e ameaçaria a segurança da população.

Scenes as the one shown in the photograph are common in São Paulo. Cars, trucks, and buses wait for the traffic sign to change. Traffic is heavy and lines are soon quite long. The drivers, their motors running, wait impatiently. Sometimes a car stucks; a horn is sounded, then another, soon a whole irritated line of horns, a jarring note in the working day about to start. The road is finally cleared, the horns cease, and the line moves. This is common all over São Paulo, for every great metropolis is in a hurry and full of eagerness. The policeman, nicknamed a "grilo" (cricket) on account of the sound of his whistle, supervizes the traffic flow, which would be unsafe and chaotic without him.

onde cada cantinho vago serve para lugar de estacionamento.

105

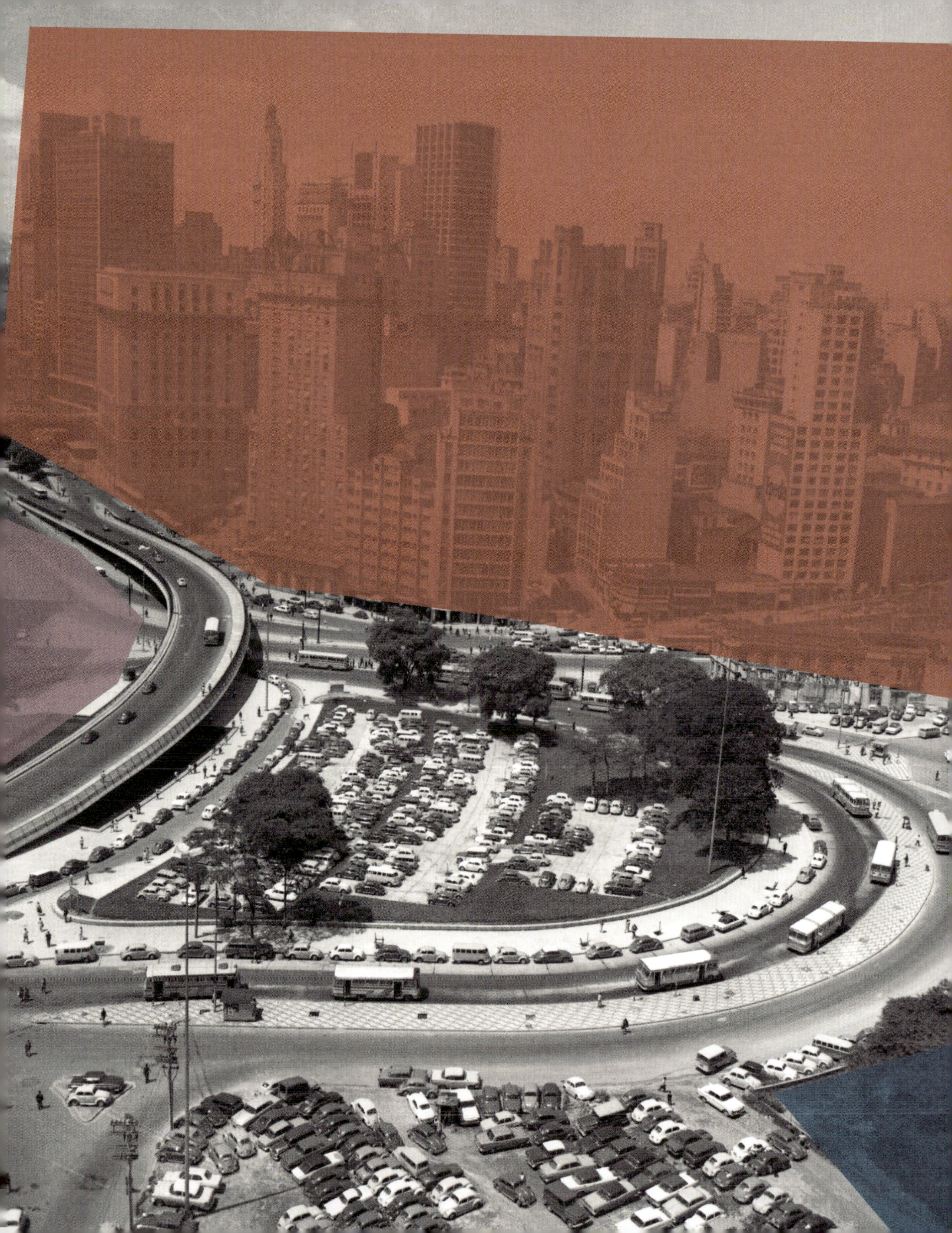

**P**rosseguir *em seu ritmo vertiginoso de progresso para cumprir o determinismo que a impele a ser uma das maiores capitais do mundo*, no entanto, costumava provocar algumas esquisitices. Como a definição, cunhada em 1973, de que *a praça da Bandeira é uma praça para carros*.

No que consistiria uma *praça para carros*? Quais atividades — de lazer ou convivência — poderiam os automóveis desfrutar no espaço urbano feito especialmente para eles? O texto não fornecia mais detalhes.

Também eram esquisitos — para se dizer o mínimo — muitos dos planos mirabolantes lançados de tempos em tempos na tentativa de resolver o problema do trânsito no local.

*Constituiu interessante espetáculo para o povo paulista o início da execução, há dois dias, das alterações feitas pela Diretoria do Serviço de Trânsito na distribuição das correntes circulatórias que, de todas as direções, afluem à praça da Bandeira. O trânsito, ali, estava emperrado. Havia queixas e reclamações de condutores de veículos e pedestres. Todos reconheciam que aquilo ali estava errado; que urgia uma solução radical daquele cruciante problema citadino.*

O diagrama abaixo, no entanto, não ilustra o *cruciante problema citadino*, mas sim aquela que foi apresentada, em novembro de 1953, como sua *solução radical*.

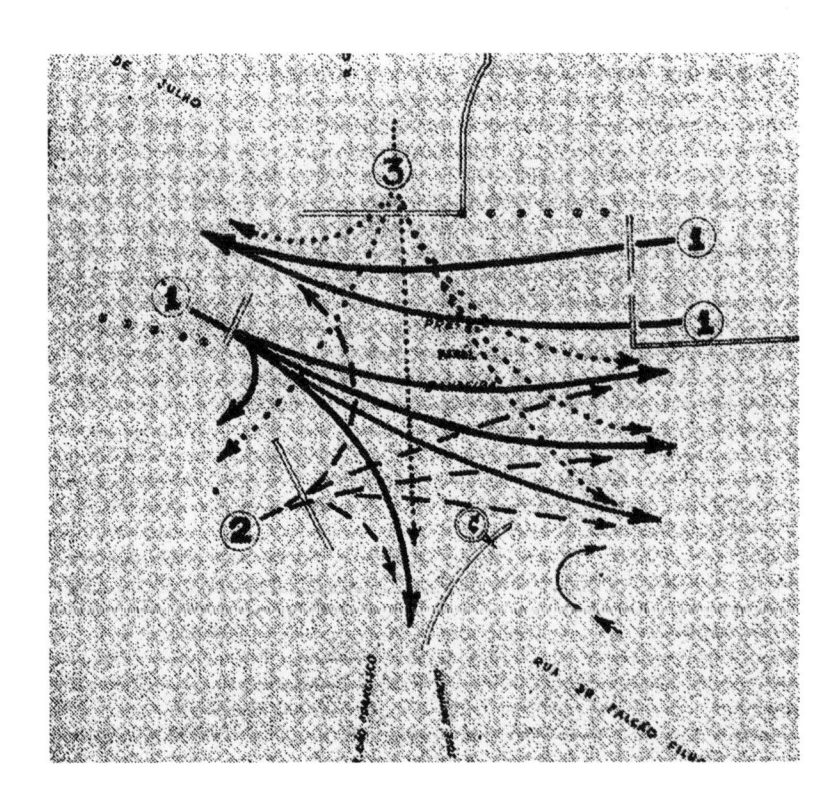

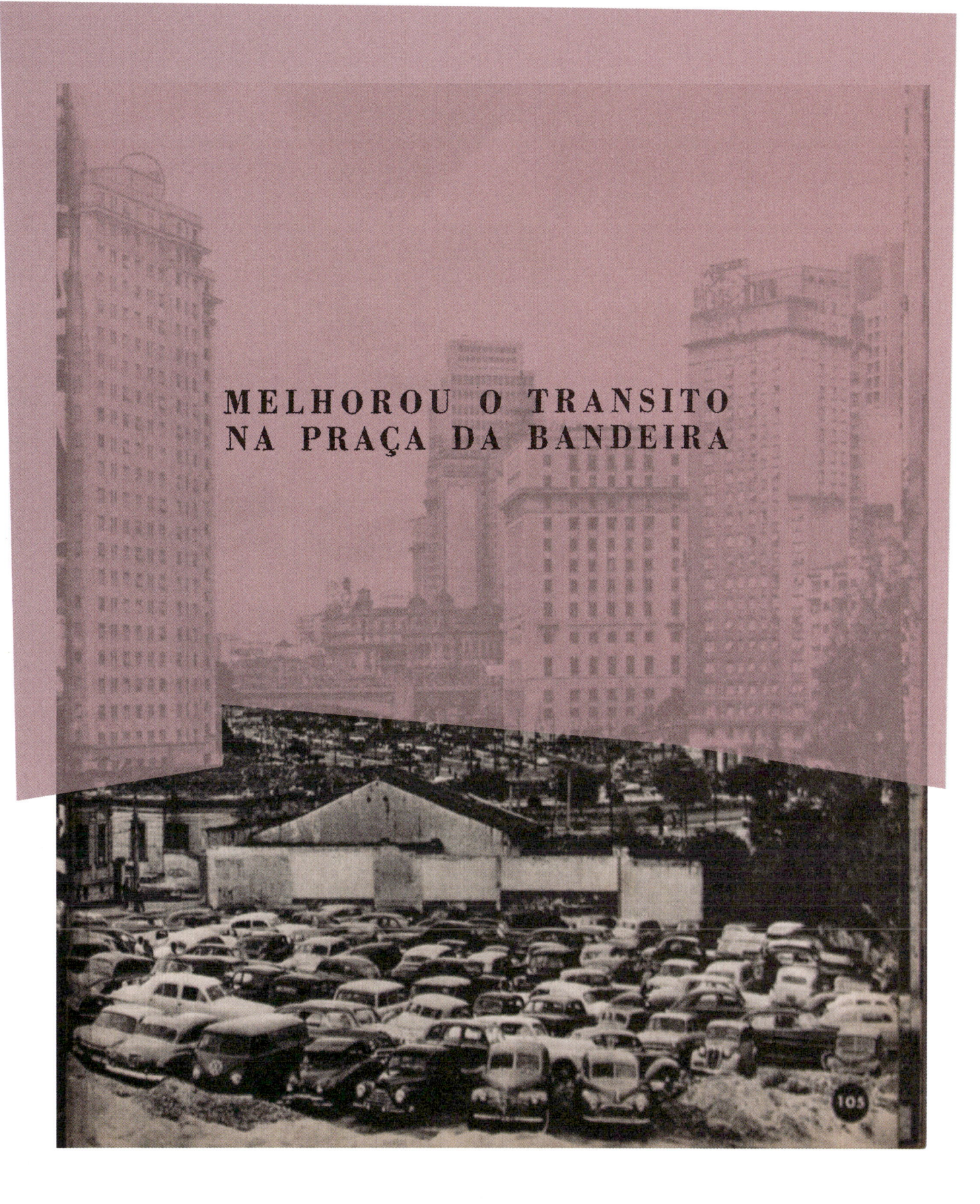

# MELHOROU O TRANSITO NA PRAÇA DA BANDEIRA

Alguns deixavam de lado rabiscos incompreensíveis e tratavam de sair pelo mundo atrás de modelos, até encontrar logradouros análogos como a *praça de l'Étoile, uma das mais movimentadas de Paris. Afinal, assemelha-se ela à Praça da Bandeira. Constitui o centro de doze grandes avenidas, todas com trânsito nas duas mãos, e entretanto tudo ali corre na maior ordem, só ocorrendo congestionamentos em casos excepcionais.* O texto de 1948, a partir daí, passava a detalhar as alterações no fluxo de veículos que a Praça da Bandeira deveria realizar para se parecer ainda mais com sua coirmã francesa.

RESFRIADOS
com
Instantina
STUDIO
O BOM
RELOGIO
SUISSO
EXTRA
CASANOVA

Arco do Triunfo, a propósito, costuma rondar o local de tempos em tempos. Em 2018, ele ressurgiu no muro da RCT Loterias para, ao lado da Torre Eiffel, encarar o pórtico de Dubugras.

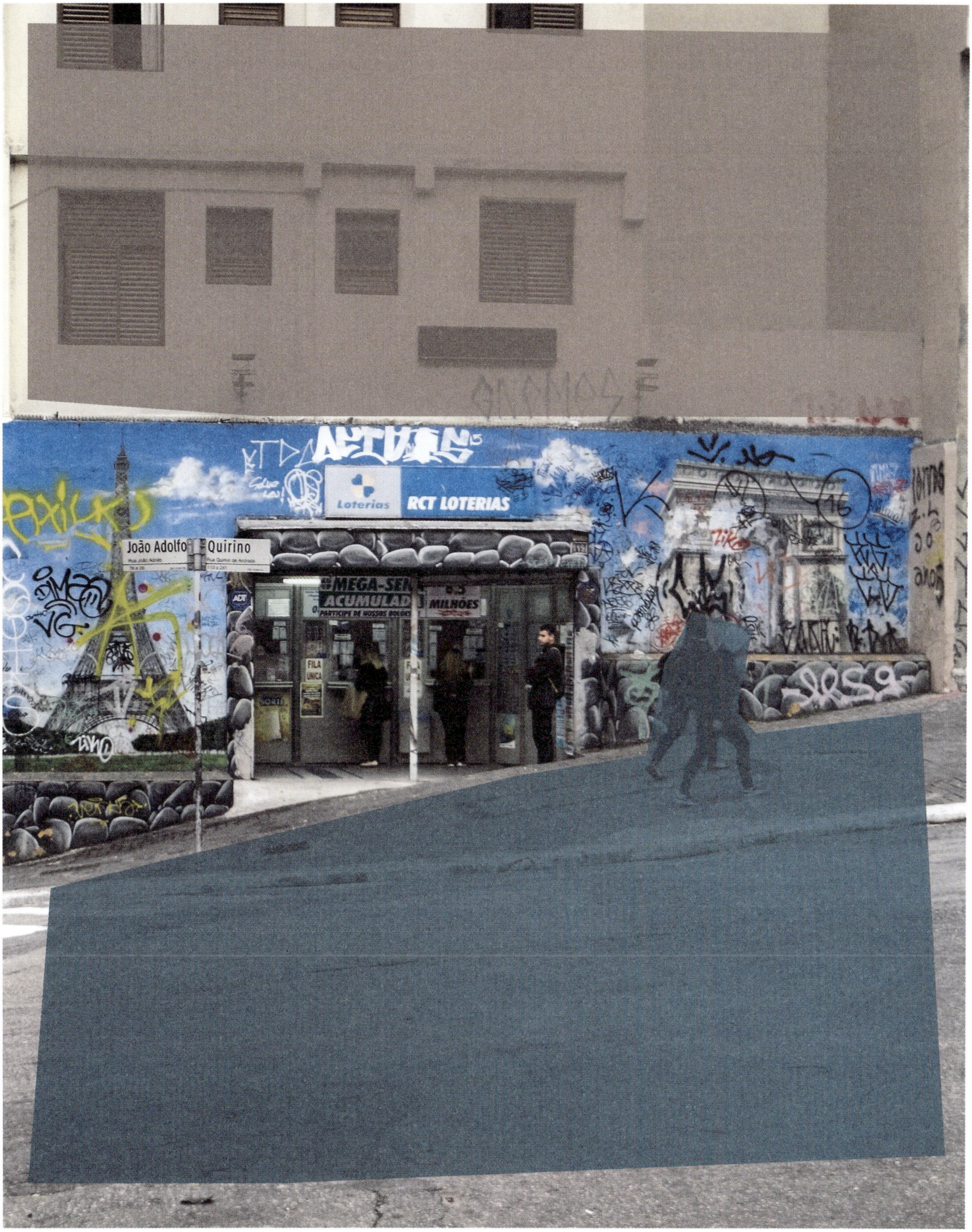

Loterias
RCT LOTERIAS
João Adolfo
Quirino
MILHÕES

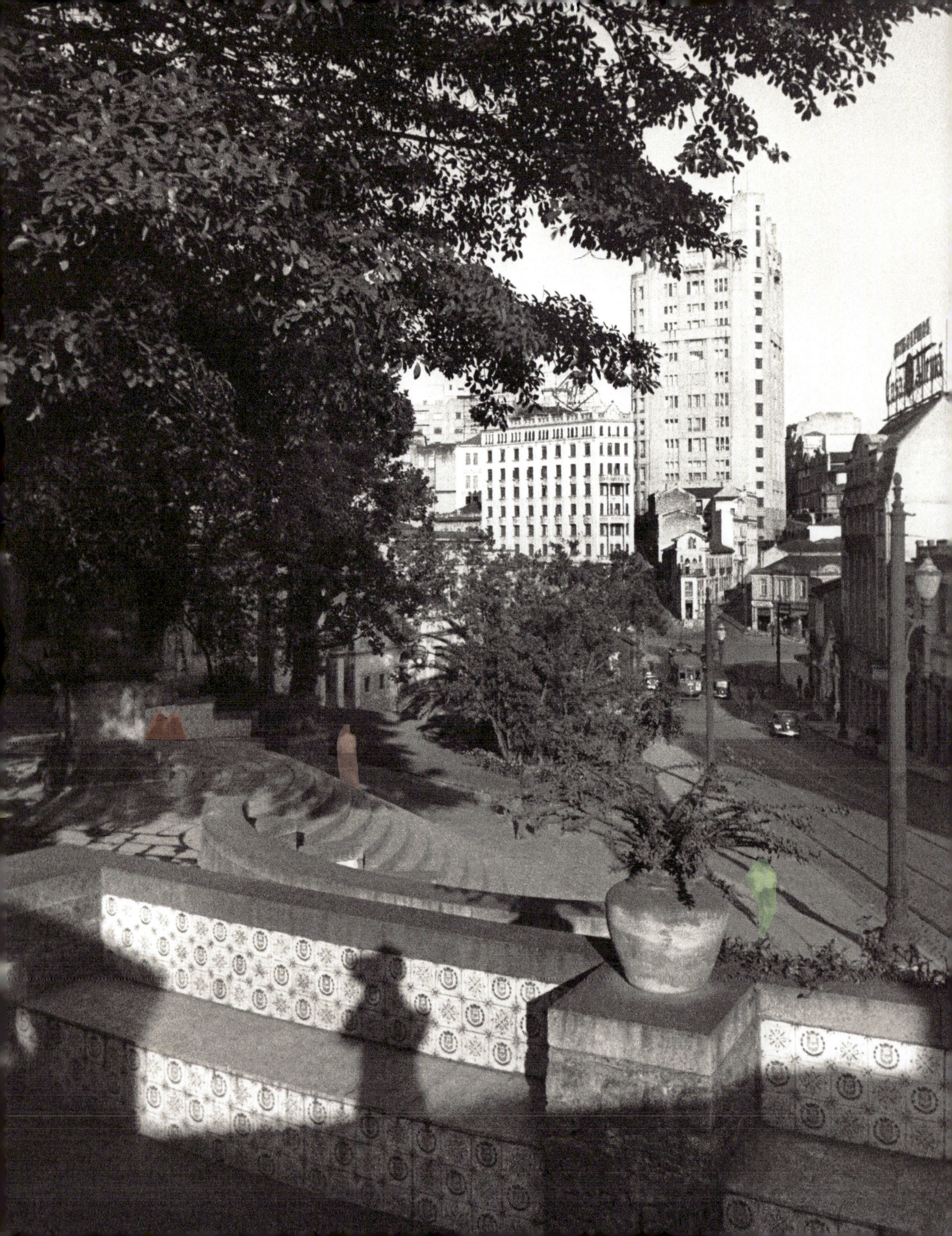

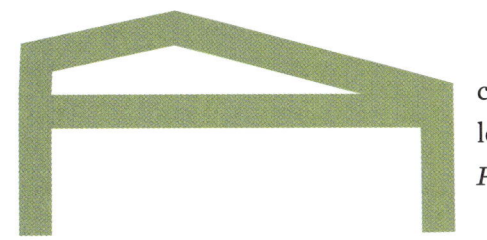

A conexão com a França, porém, já vinha de longa data. Dia 2 de setembro de 1875, *A Província de São Paulo* publicava o *avis*:

*Les personnes qui ont souscrit et celles qui désirent faire partie du Banquet qui aura lieu le 4 Septembre, pour fêter l'anniversaire de la RÉPUBLIQUE FRANÇAISE, sont invitées à prendre leur carte d'entrée, chez L. Schmidt.*

Onde?

*Au Piques.*

200

A próprio Victor Dubugras, o nome não mente, era francês. Nascido em 1868, ainda criança emigrou com a família para a Argentina. Em 1890, mudou-se para São Paulo, onde logo passou a trabalhar como arquiteto e a lecionar na Escola Politécnica.

Mais que pelo projeto do Largo da Memória, Dubugras costuma ser citado em virtude da autoria da estação ferroviária de Mairinque, de metal expandido e concreto, com suas coberturas atirantadas sobre as plataformas. Para muitos, a edificação de 1906 foi a primeira obra de arquitetura moderna no Brasil, pioneira no uso do concreto armado. Para outros, porém, o título representava um evidente exagero, já que seu sistema construtivo não utilizava a técnica em sua acepção exata e a aplicação em Mairinque se dera de maneira quase fortuita, uma entre tantas explorações construtivas do arquiteto. Impossível, portanto, vincular o projeto à escola que reinaria hegemônica pelas décadas seguintes. A discussão, inútil como são as discussões desse gênero, até se justificaria pelo fato de Dubugras não ter persistido no uso do sistema construtivo nem na linguagem plástica dele derivada em seus trabalhos posteriores. Mas afirmar que o projeto de Mairinque *surgiu sem que o seu autor tivesse a noção de seu pioneirismo* é desconsiderar um percurso cujo eixo sempre circulou ao redor de *pesquisas sobre tecnologias, não sobre linguagens*, bem como quanto, na estação ferroviária, salta aos olhos *a coerência entre as relações das características de linguagem e as características técnico-construtivas*. Desse modo, é bastante apropriado definir sua concepção como o *primeiro exemplo de arquitetura com caráter construtivo; exemplo precoce de uma nova lógica para o projeto arquitetônico* e outorgar a seu autor o epíteto de precursor.

Ao longo de sua carreira, o arquiteto traçaria centenas de plantas, principalmente residências e edifícios comerciais. O conjunto *documenta de forma clara todas as etapas pelas quais passou a arquitetura no Brasil desde 1890*, moldando quase uma linha do tempo dos estilos vigentes no período, já que o flutuante Dubugras, *com pouco mais de vinte anos de idade, abraçava a linguagem neogótica; com pouco mais de trinta anos, praticava o* art nouveau *simultaneamente aos seus colegas europeus; próximo aos quarenta anos, na primeira década do século vinte, desenvolveu experiências que o filiariam ao "grupo racionalista"*. Aproximando-se aos cinquenta *anos de idade*, por fim, incluiu-se *entre os pioneiros que, na metade da década de 1910, adotariam a arquitetura inspirada na arte tradicional brasileira*. Tais divisões, por sua vez, também não ocorriam de modo estanque e mesclavam-se com frequência, como é notório no Largo da Memória.

*A relação de Dubugras com Washington Luís abriu para o arquiteto oportunidades importantes* e, além do projeto no centro de São Paulo, ele desenharia outra obra destinada à comemoração dos cem anos de independência do Brasil, os pousos e monumentos do Caminho do Mar, também empregando *pedra aparente, azulejos decorados e uma extraordinária intuição paisagista em seus modelos de implantação*.

Victor Dubugras morreu em 1933, no Rio de Janeiro, cidade para onde havia se transferido nos últimos anos de vida. Sua trajetória singular — de relance, é difícil acreditar que a estação de Mairinque e o Largo da Memória tenham saído da mesma prancheta — dificultou seu encaixe em panoramas coletivos que, por definição, tendem a priorizar produções mais homogêneas. Recentes revisões, contudo, vêm conferindo a sua obra o devido reconhecimento.

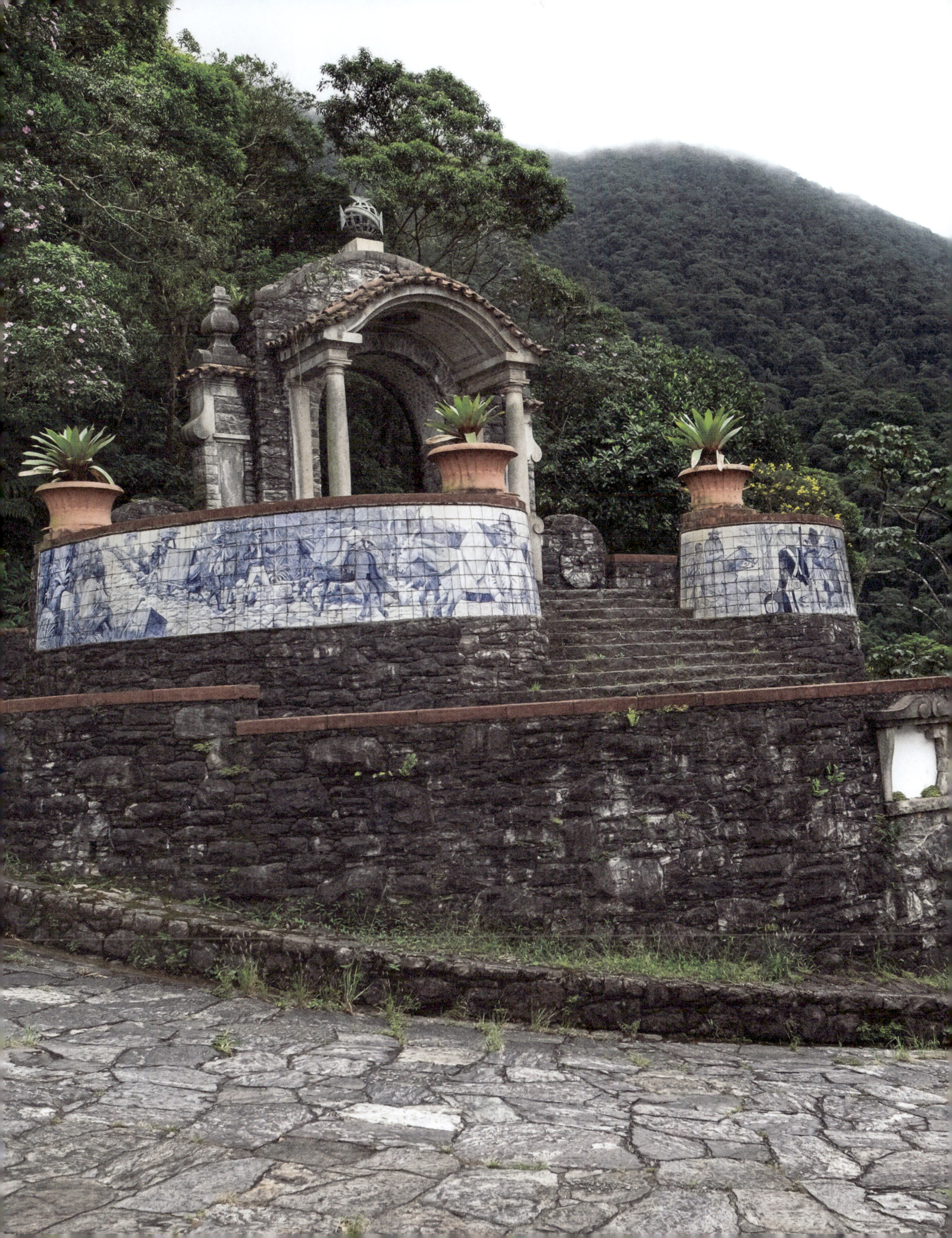

Em seu artigo de 1919, o colunista P. reclamava que, para a implantação do projeto de Dubugras no Largo da Memória, a prefeitura mandara *abater várias árvores, desbastando e desnudando lamentavelmente uma boa parte do pequeno e velhíssimo parque. A sanha reformadora nem respeitou mesmo uma admirável figueira mata-pau, que os mais opulentos parques do mundo decerto nos invejariam.*

Não é possível saber com precisão a qual árvore específica ele se referia, pois, considerando que o largo se tornara uma área fechada por grades onde a *vegetação cresceu livremente*, muitas plantas foram mesmo derrubadas durante a reforma.

Muitas, não todas: se caiu *uma admirável figueira*, outra foi preservada. Bem do lado esquerdo do pórtico, colada ao paredão. Onde, centenária, segue firme até hoje.

À medida que a árvore crescia, pendente no cume do barranco, sua situação passou a gerar pânico, tamanha a sensação de um iminente desabamento. Não havia risco real de queda, mas, para acalmar os inquietos, em meados dos anos 1980 adotou-se uma solução com efeito prático nulo, mas pra lá de teatral: o tronco foi amarrado ao muro da Rua Xavier de Toledo por uma pesada corrente metálica. Nunca retirado, o bizarro recurso passou a ser, ano a ano, lentamente "engolido" pela figueira até restarem apenas sulcos horizontais na madeira como testemunho de sua presença.

205

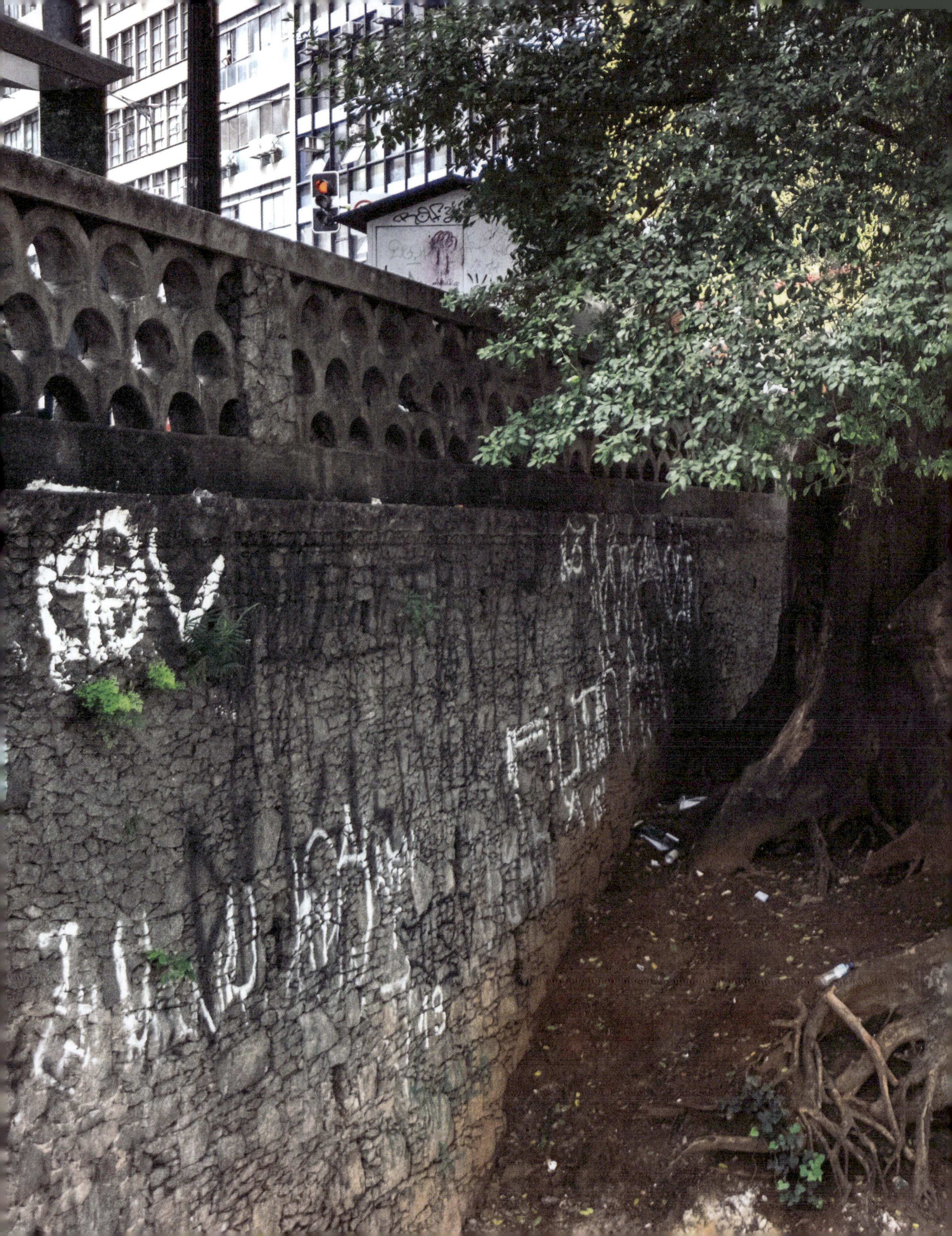

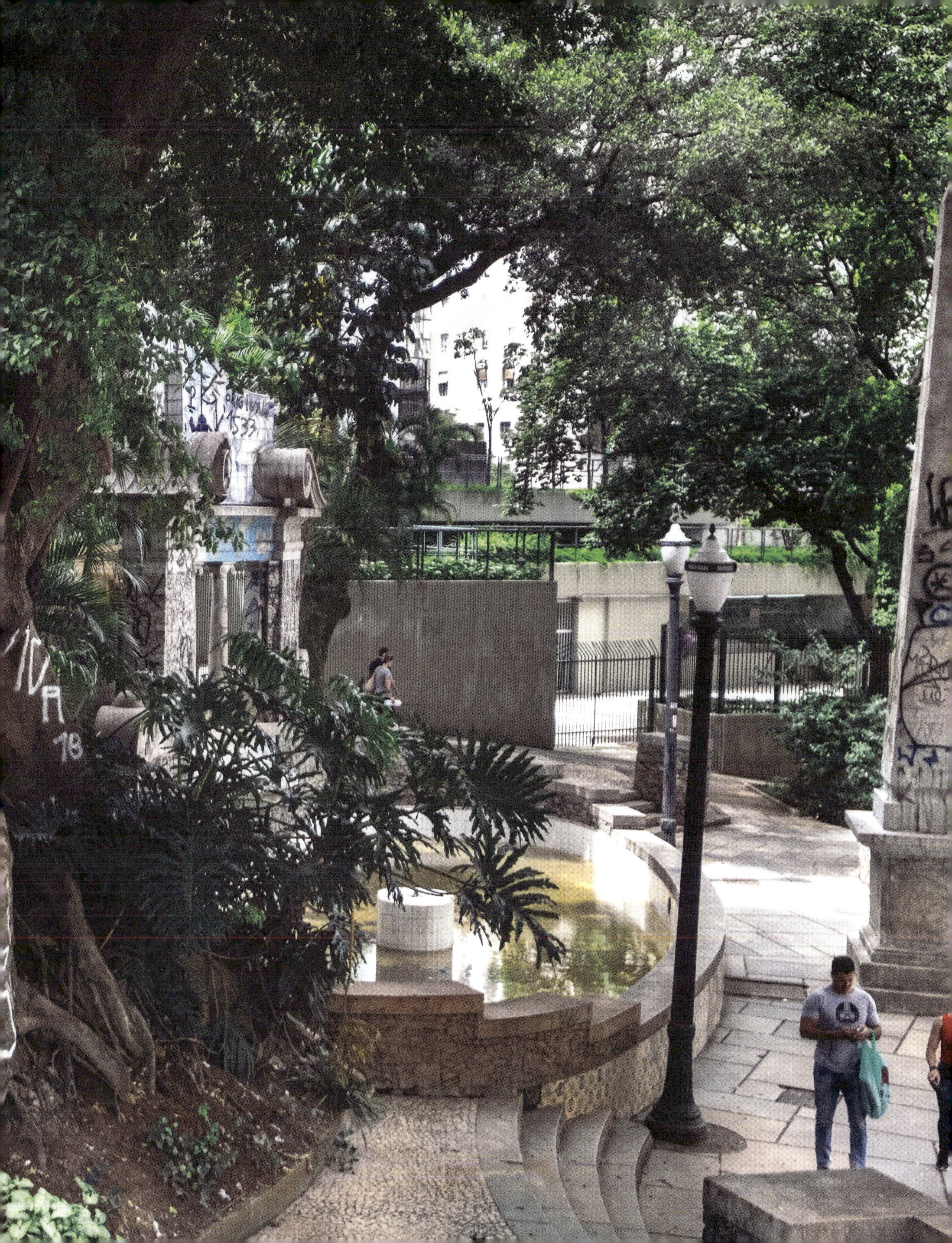

**208** Se a figueira continuou lá, a vista da colina que em outros tempos teria empolgado Rastignac há muito desapareceu, não importa onde esteja postado o pedestre.

Próximo ao Largo da Memória...

...ao lado do Brasilar...

...ou na passarela do terminal.

Logicamente, o mesmo ocorre quando se olha do Triângulo em direção ao Largo da Memória.

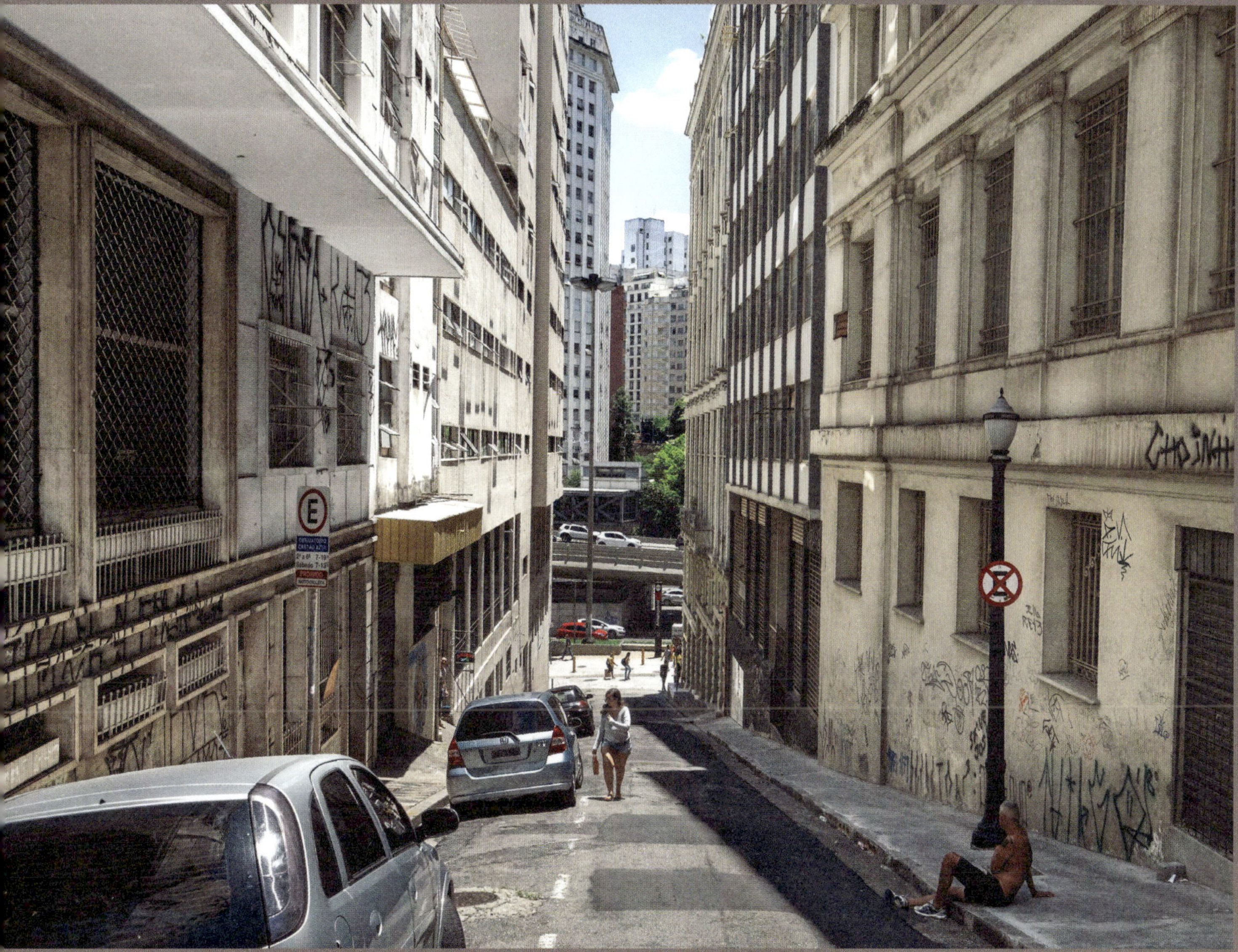
E

214

Em fevereiro de 1957, partia a derradeira lembrança do passado não tão distante: *estão sendo derrubadas as últimas casas do largo do Piques*, aquelas que ocupavam a mais estreita das esquinas formadas pela tripla confluência de ruas e havia mais de dez anos já se espremiam entre o Palacete Riachuelo e o Hotel São Paulo. *As velhas residências estão sendo postas abaixo para que em seu lugar surja um grande edifício de vinte e quatro andares.*

Essas propriedades foram de um certo padre Pascoal, muito conhecido em São Paulo há uns 40 anos. O padre *tinha ali algumas propriedades, incluindo as casas que ora estão sendo derrubadas. São antigos moradores de São Paulo, que conheceram o sacerdote, que nos falam dele, relembrando velhos tempos. O padre Pascoal, de origem italiana, não era, por certo, um exemplo das virtudes cristãs. Enfrentando os malandros que alugavam suas casas, ele mesmo ia recolher os aluguéis que lhe eram pagos pontualmente. Ouvia toda sorte de impropérios, aos quais fazia ouvidos moucos, pois os inquilinos vingavam-se do locatário recebendo-o com palavras do mais baixo calão.*

O pitoresco padre Pascoal *morreu durante a Revolução de 24, na rua da Mooca, atingido durante um combate.*

O tombamento do Largo da Memória salvou-o de destino semelhante ao que atingiu as casas do padre Pascoal. Quando as obras do metrô Anhangabaú se iniciaram, precisaram levar em conta *a necessidade de se conciliar sua presença com os demais componentes da paisagem adjacente, particularmente com o conjunto ladeira/escada*. Desse modo, *a geometria da ladeira e os planos verticais a ela contíguos, que compõem as jardineiras, atenderam a orientação específica do Condephaat, no sentido de se respeitar a declividade original da rampa e dos planos verticais correspondentes às paredes dos edifícios outrora existentes, cujas fachadas eram no alinhamento*. O resultado, segundo seus autores, *respeitou e valorizou o que havia de fundamental na concepção original* do Largo da Memória.

Foi o que de fato ocorreu. Enquanto grande parte do entorno se viu totalmente transfigurada pela construção do metrô, o projeto de Dubugras saiu ileso: um bem tombado *comme il faut*. Apesar de tudo, ao término das obras em 1983, o arquiteto Carlos Lemos não se mostrou nem um pouco satisfeito. *O Largo da Memória não é o mesmo, apesar da boa vontade do Condephaat*. Segundo o ex-diretor do órgão, *esse segmento do patrimônio ambiental urbano de São Paulo* fora *altamente prejudicado, porque a estação, com seu teto ajardinado, é um jardim fazendo concorrência a outro jardim. Além disso, o projeto permite que, para o resto da vida, tenhamos a visão da parede cega do edifício construído no lote vizinho*. Os responsáveis contemporizavam que a parede cega, recém-erguida por toda a extensão da Ladeira da Memória, se constituía num *desafio a ser oportunamente enfrentado, seja pela pintura de painéis, seja por intervenção na arquitetura dos prédios em questão*. Lemos não se convenceu. *Não se dá feição definitiva a uma cidade pintando paredes. Uma cidade se faz com arquitetura. Não sei, na verdade, o que é pior: uma parede nua ou uma parede pintada.*

O ataque de Carlos Lemos, num primeiro olhar, parecia movido por exagerada má-vontade com um projeto que conservara o patrimônio histórico observando todas as regras de preservação, cuidando de detalhes como *a declividade original da rampa* e a manutenção dos *planos verticais correspondentes às paredes dos edifícios outrora existentes*. Contudo, o exame de fotos da ladeira antes de ela "ganhar" sua parede cega revela quanto a mudança afetou profundamente não apenas o fluxo urbano, mas a própria leitura visual do largo em si. Impossível não compreender o azedume de Lemos e, mais que isso, deixar de fazer coro a ele.

*Uma cidade se faz com arquitetura*. E com um punhado de outras coisas. *Por que algumas partes da cidade deveriam ser "históricas" e outras "não históricas"?*

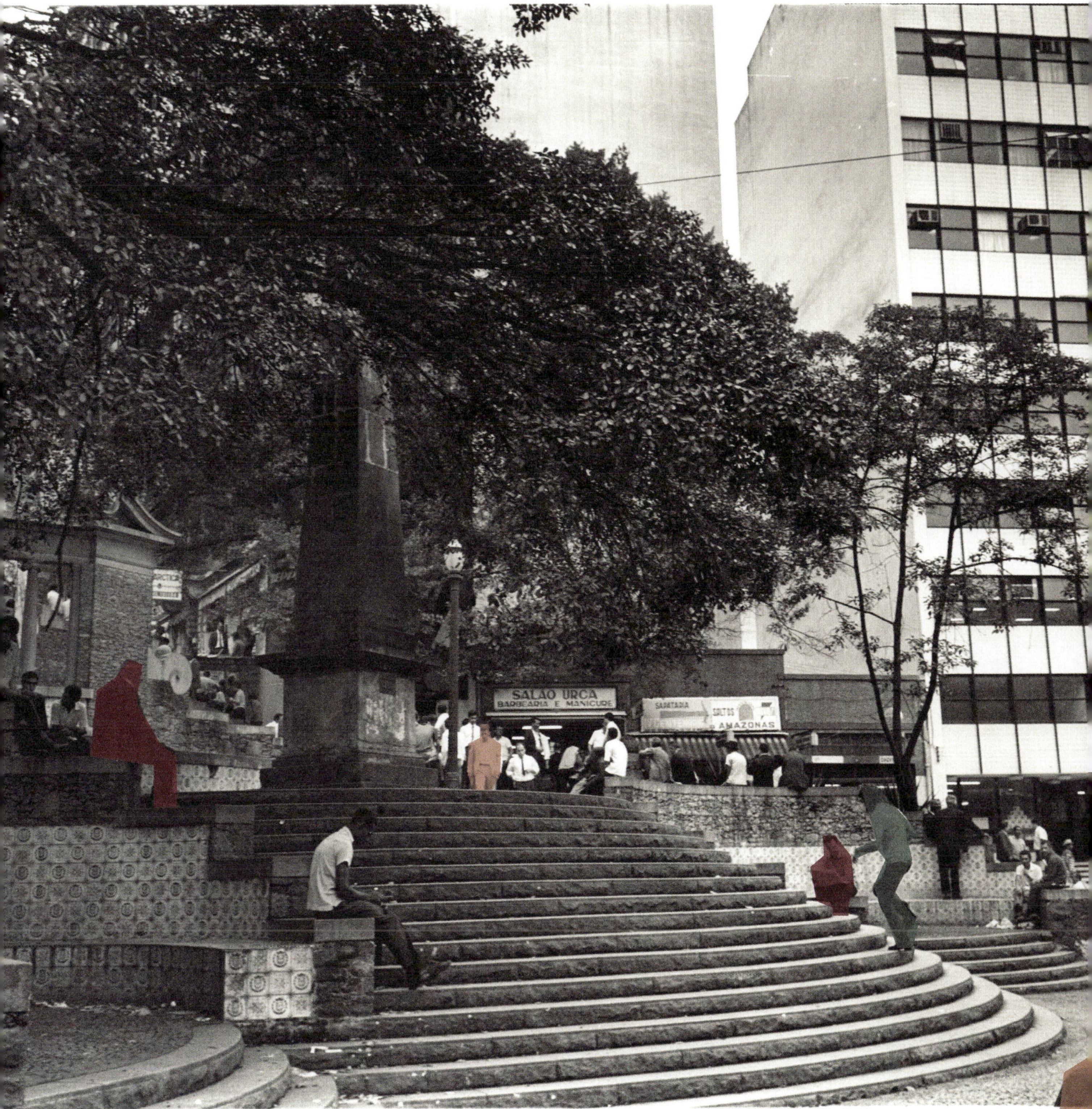
SALÃO URCA
BARBEARIA E MANICURE
SAPATARIA
AMAZONAS

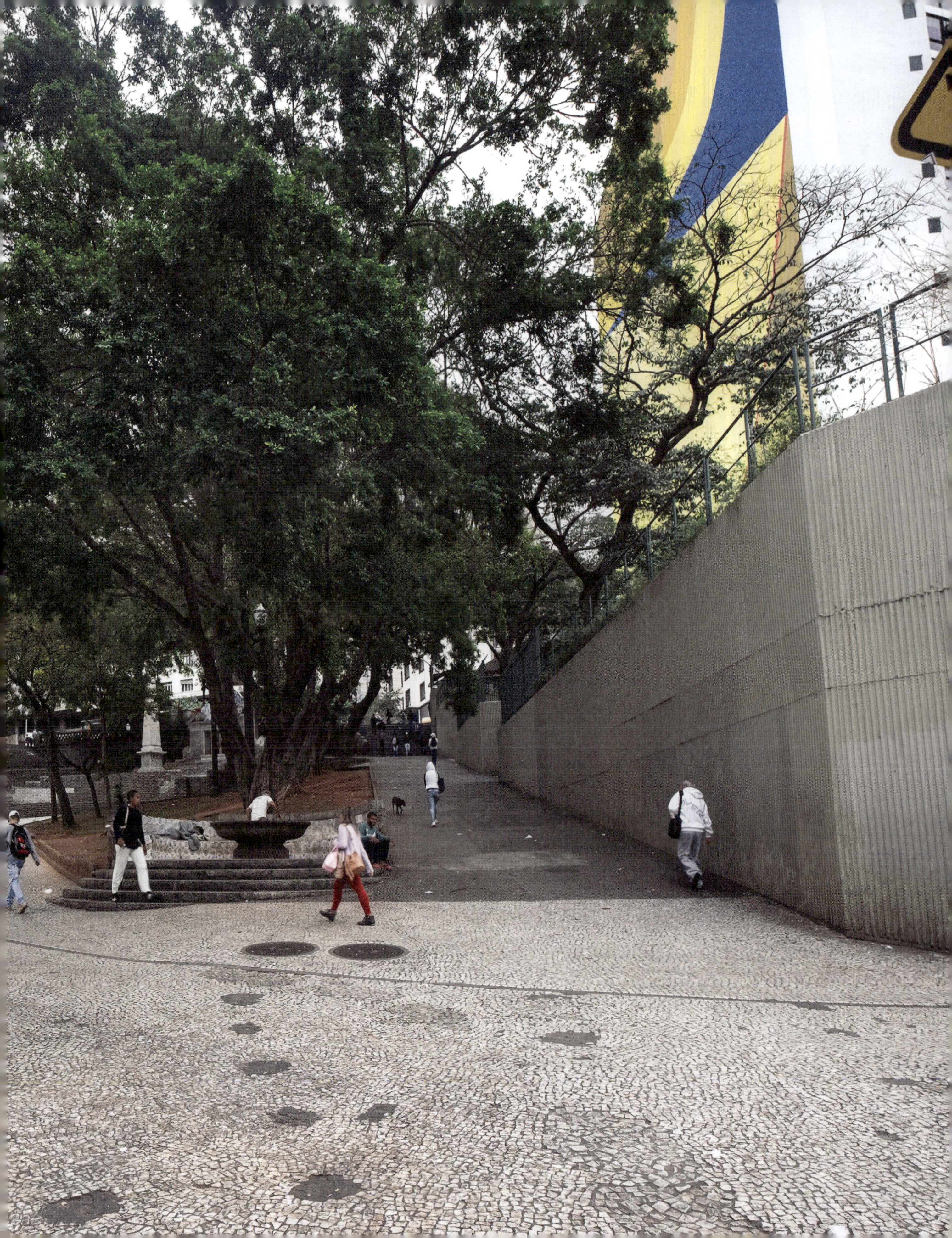

WHISKY
Drury's
WHISKY
Drury's
WHISKY
XEROX
PASTELARIA
LANCHES CALDO
PIZZAS DE CANA

parede cega da ladeira nunca foi pintada. Já a empena do edifício Santa Mônica, na Rua Xavier de Toledo, bem em frente ao Largo da Memória, ganhou, em 1984, um grande painel assinado por Tomie Ohtake. Segundo alguns, *para ser visto de longe pelos que descem a rua da Consolação em direção ao Centro, marcando a importância do Largo*. Na prática, porém, a bela pintura *marca a importância* somente dela própria.

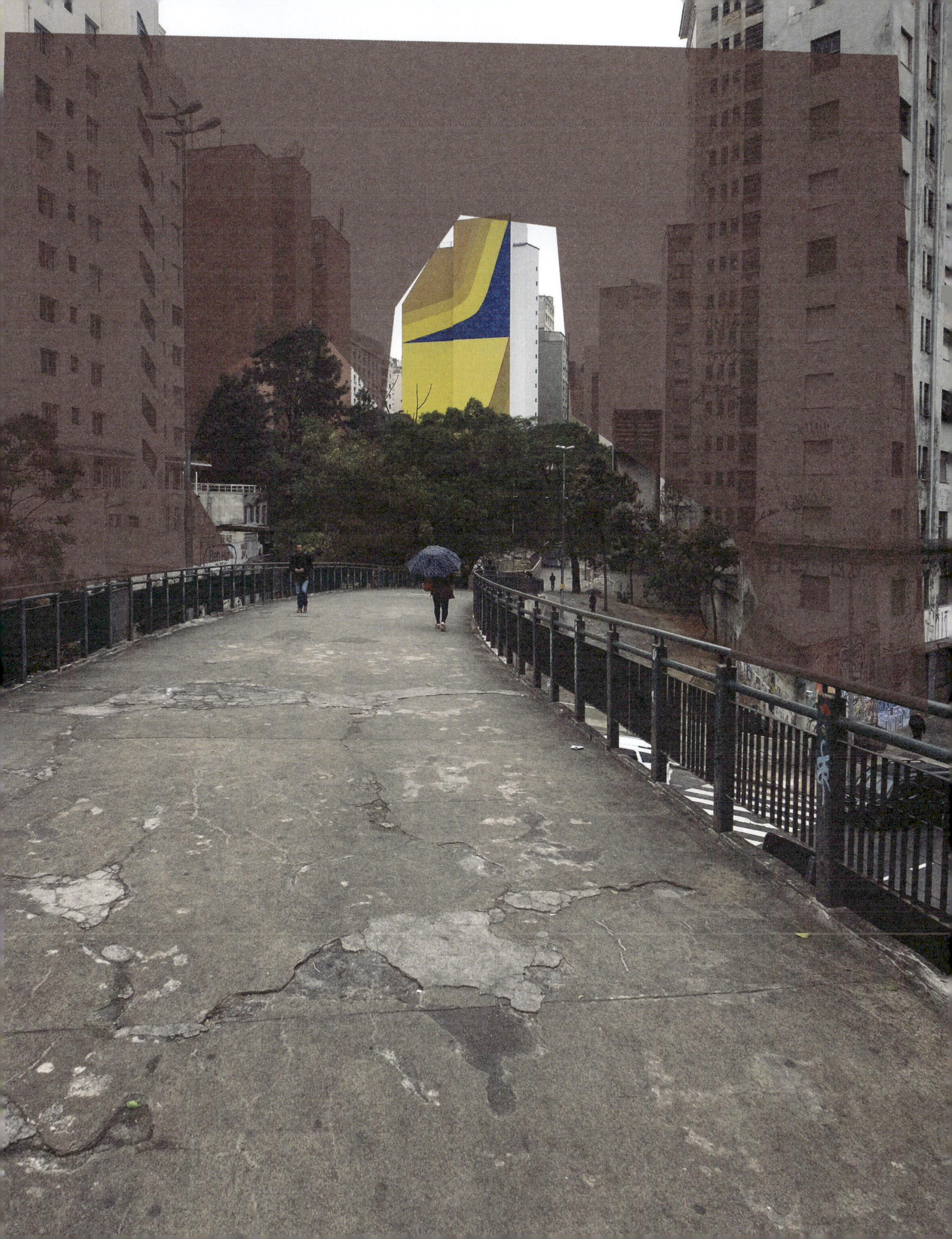

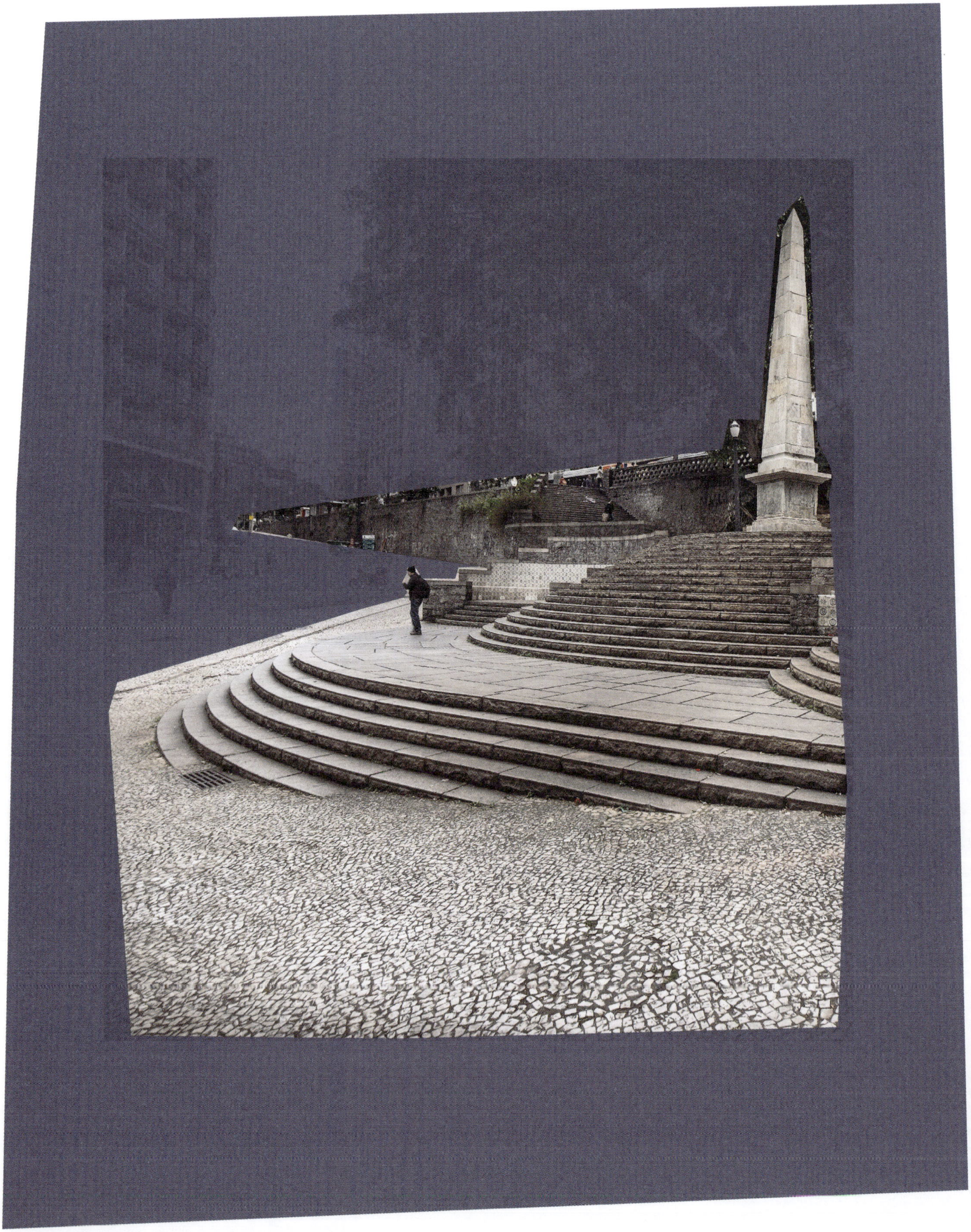

adeira e largo conservaram seus nomes de batismo. O mesmo, contudo, não ocorreu com as duas outras ruas que formavam a praça triangular. A Rua do Paredão se tornou Xavier de Toledo em 1899 e, pouco depois, em 1908, a Ladeira do Piques seria renomeada Rua Quirino de Andrade. Não foram exceções na cidade que abriu mão das designações originais de suas vias — muito mais divertidas e memoráveis, além de reveladoras de costumes e configurações urbanas do antigo vilarejo — para homenagear datas e personalidades, em sua grande maioria desconhecidas da população. Assim, ruas como as do Jogo da Bola, das Sete Casas, da Esperança, da Palha, do Meio, dos Bambus e do Pocinho, o Beco dos Mosquitos, o Largo dos Curros e o Largo do Capim deram passagem ao solene desfile de Florêncio de Abreu, Vieira de Carvalho, Senador Feijó, Capitão Salomão, João Brícola, General Carneiro etc. etc. etc.

224

entre os poucos nomes originais que persistiram, há o grupo para quem a ação do tempo modificou de tal maneira a feição dos espaços aos quais se referem que a denominação parece propositalmente irônica: o passante acha muito feia a Rua Formosa ou bastante pobre a Rua do Tesouro. E — de volta ao trocadilho — mal nota o Largo da Memória.

*Algumas regiões são introvertidas, voltadas para si mesmas, com poucas referências que as liguem à cidade ao seu redor.* A timidez, no entanto, não veio como uma marca de nascença. Não era, por assim dizer, a vocação original do largo.

Claro que a vocação de um lugar pode mudar ao longo dos anos.

*No largo da Memória, ao lado da estação Anhangabaú do metrô, há uma fonte próxima a uma escadaria que está servindo de banheira a mendigos, pivetes, favelados e desocupados, com idade que varia entre 7 e 18 anos.*

*Eles tomam banho e espirram água em todos que passam por ali, água por sinal muito poluída. E sem roupa, não dando a menor importância às pessoas que passam, fazendo muita bagunça.*

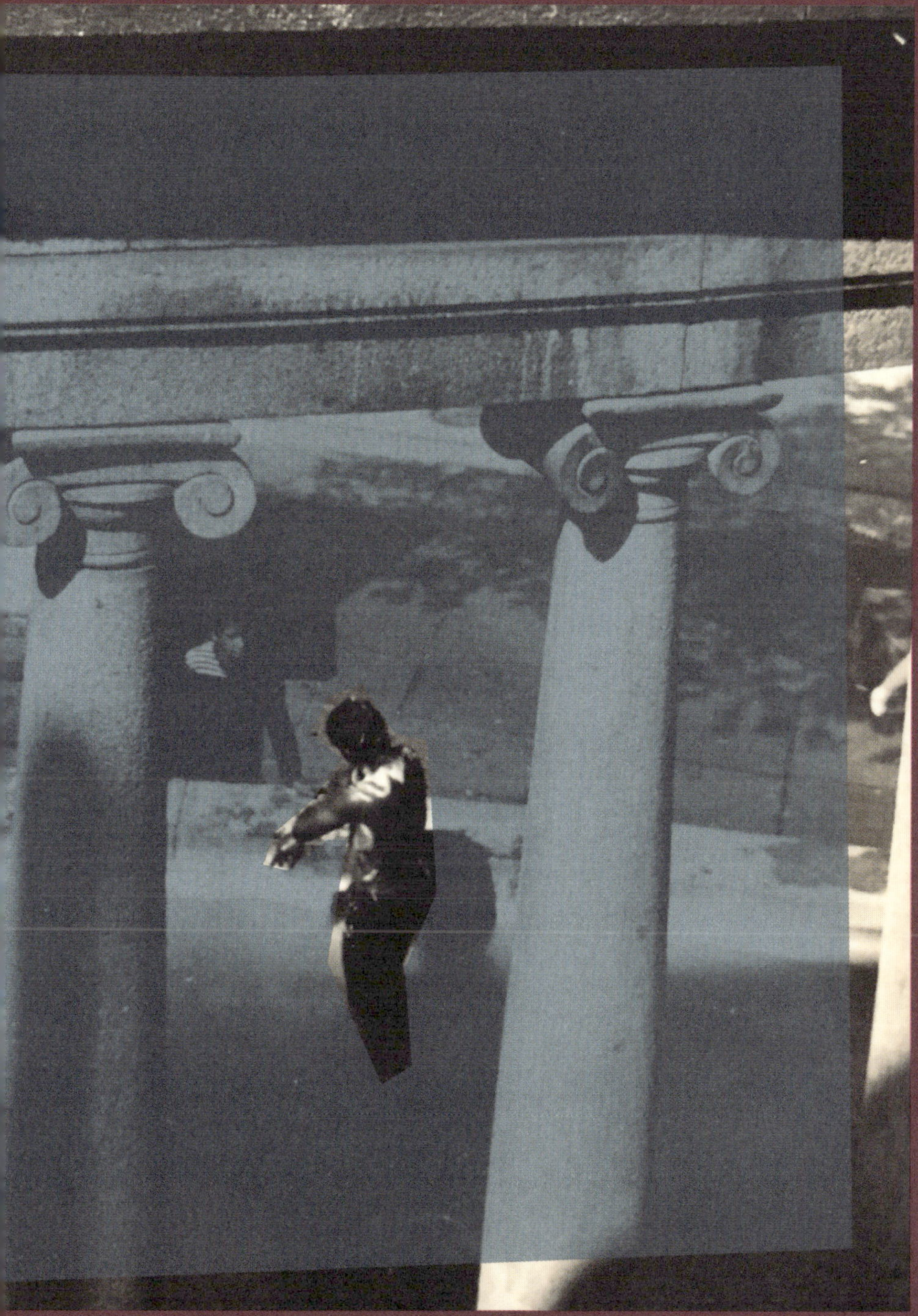

m terreno baldio gradeado, na Quirino de Andrade, também se viu muito distante de sua orientação inicial: era ele, originalmente, a misteriosa *nova praça-de-miolo-de-quadra* mencionada no relatório da prefeitura de 1983 como uma *área verde para descanso* gerada pela construção do metrô Anhangabaú. Terminou inóspita e desocupada, um entre tantos vazios que as mal planejadas operações viárias deixaram na região.

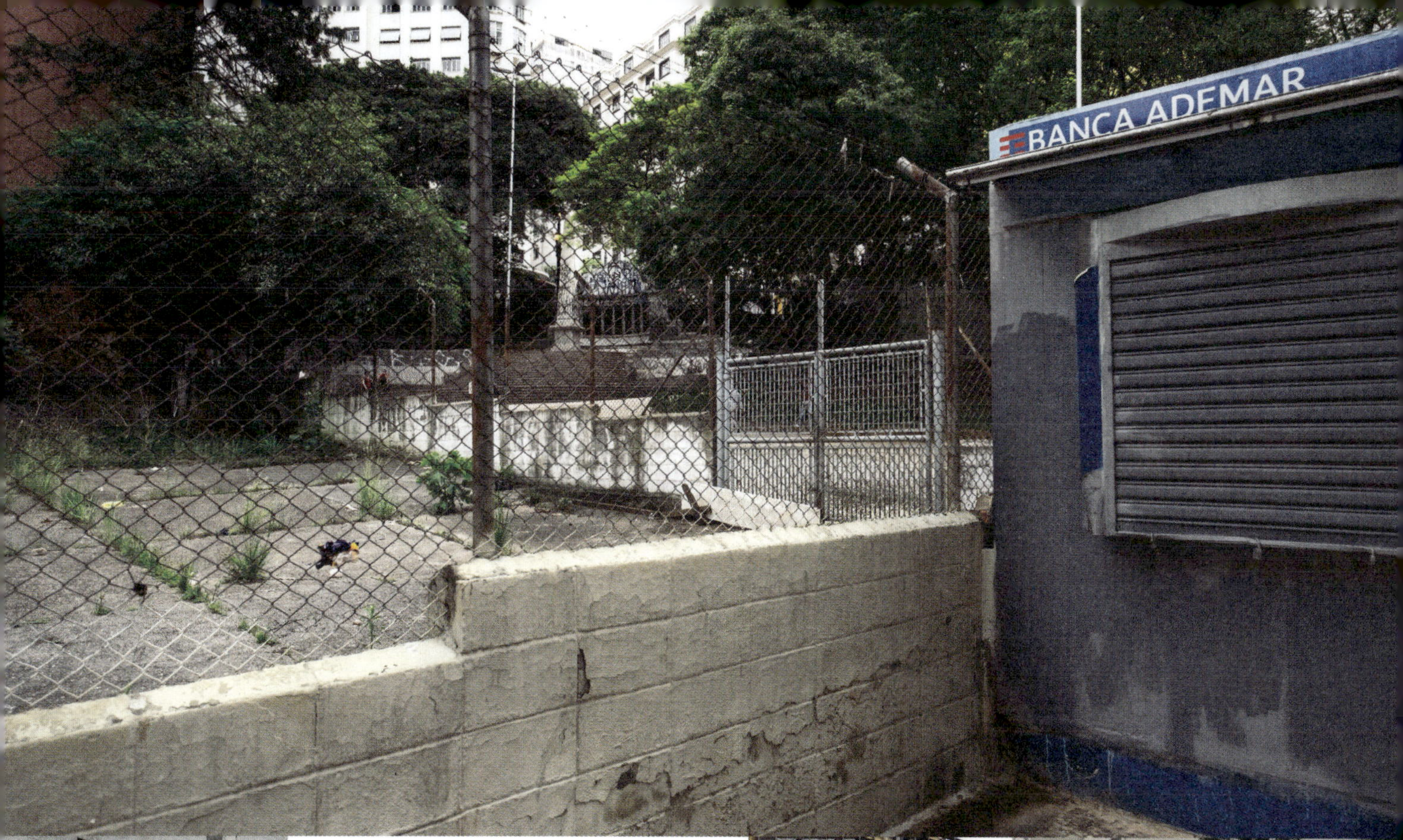
BANCA ADEMAR

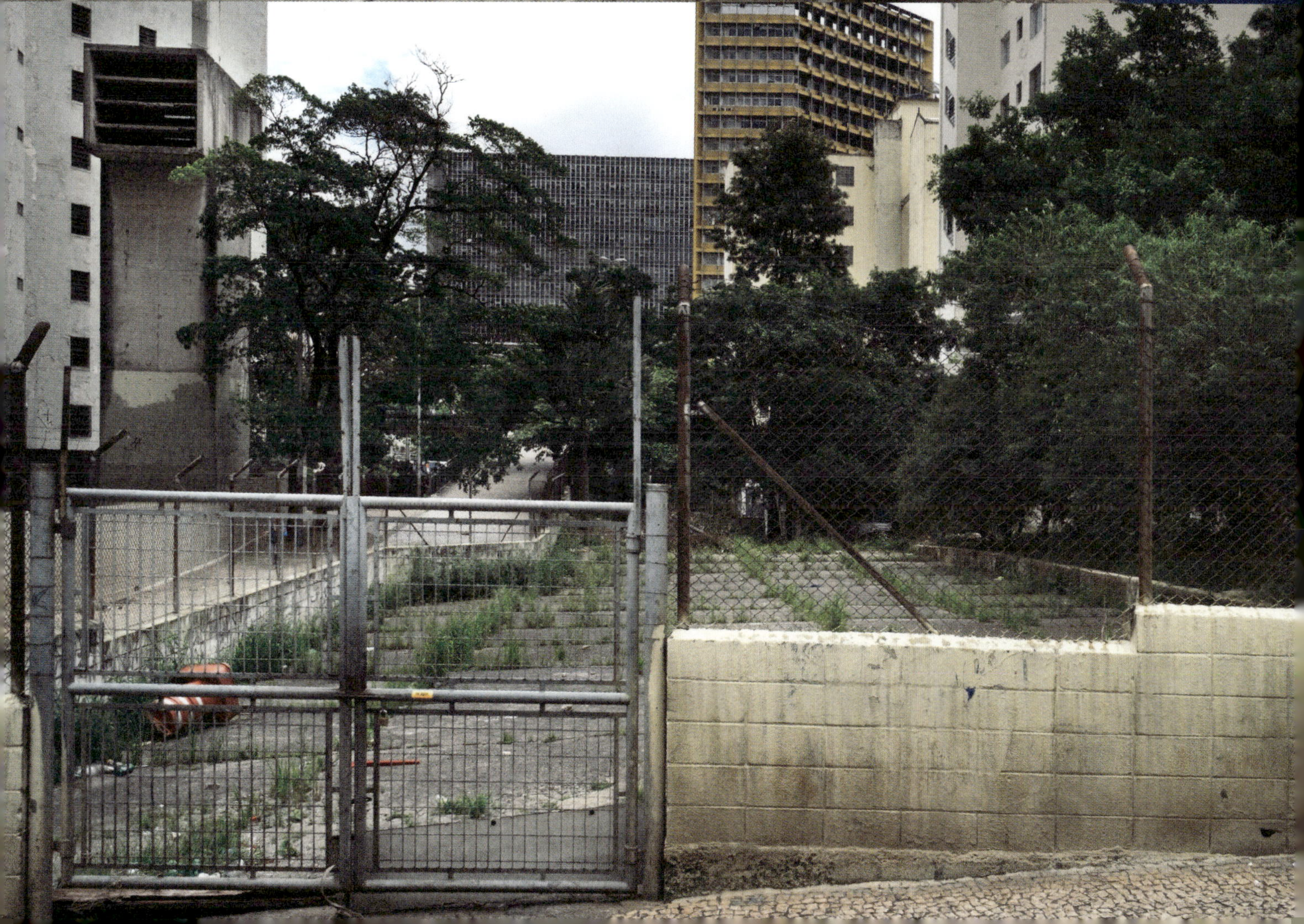

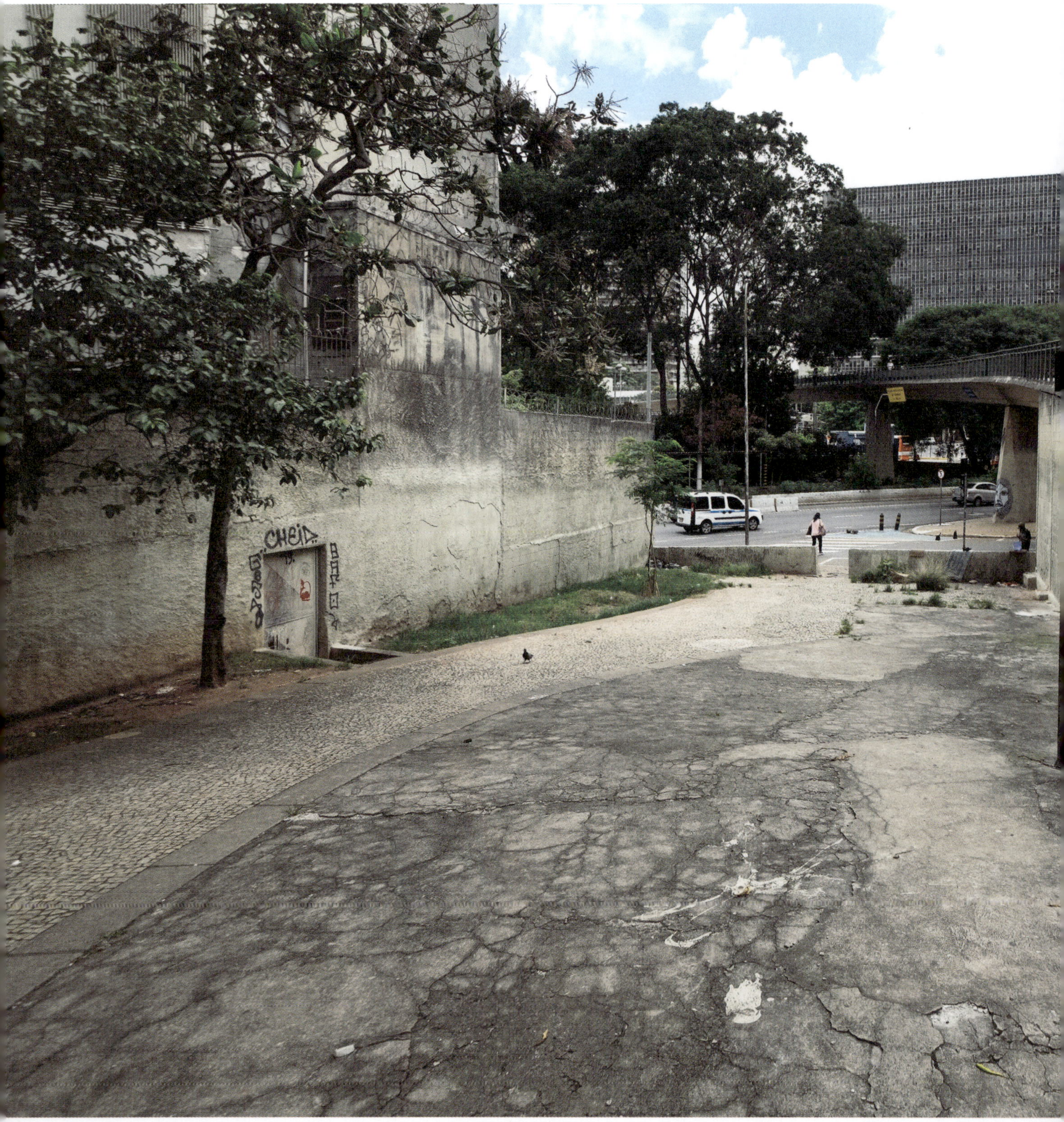

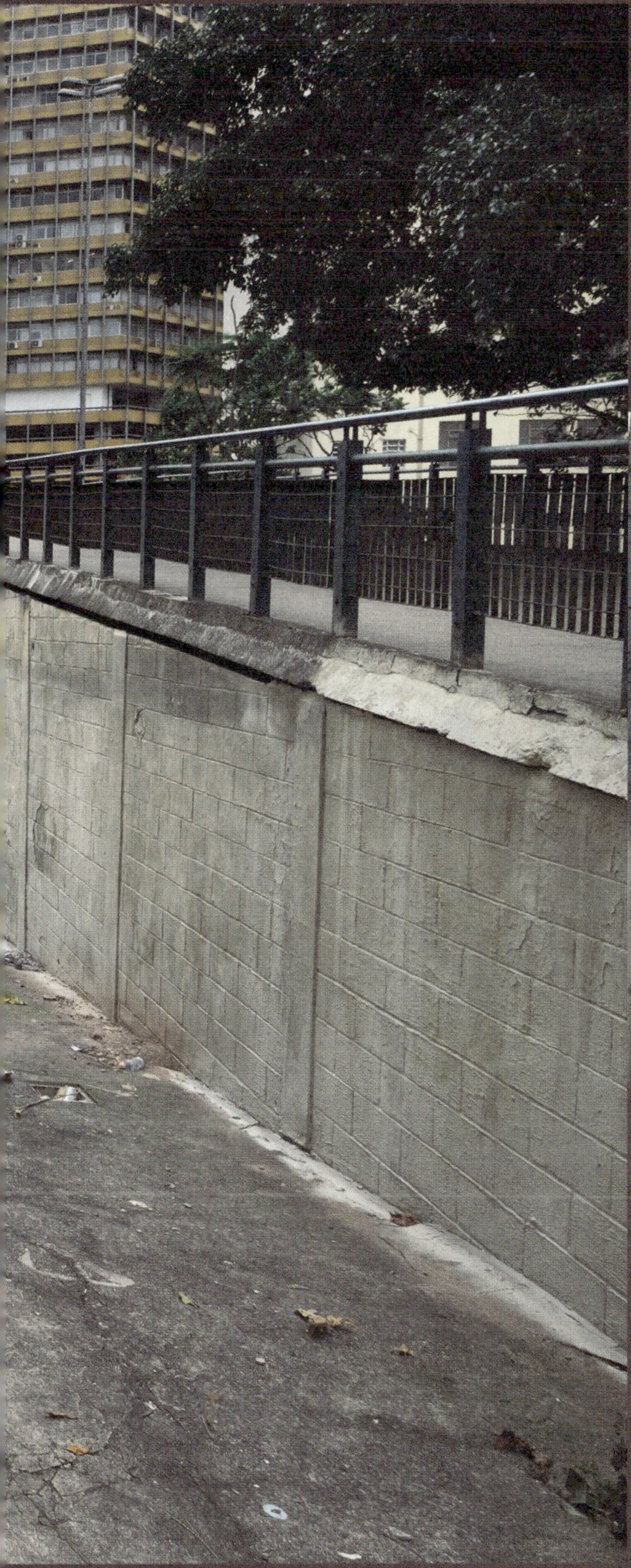

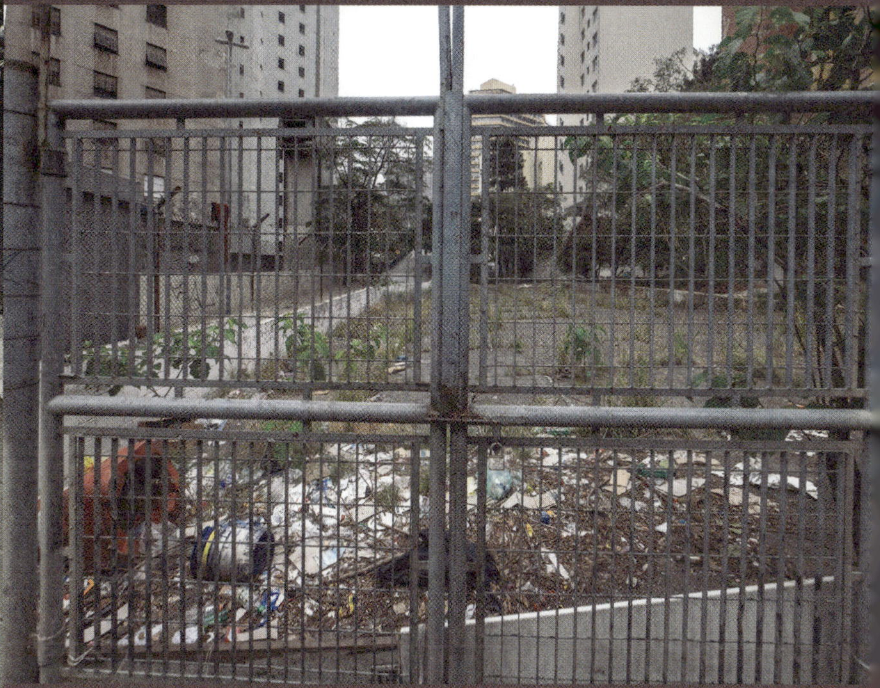

232

Por fim, o Brasilar, cuja vocação para protagonista da vigorosa metrópole parecia irrefreável, mas que, a despeito de sua corpulenta presença física, dá a impressão de ter se dissolvido na paisagem paulistana, tamanho é seu sumiço das representações que buscam simbolizar São Paulo. Sua assiduidade nos jornais também minguou após o assassinato cometido pelo advogado mulherengo e, a partir dos anos 1960, o prédio passou a ser mencionado muito de quando em quando. Como em 1981, ocasião em que conseguiu atrair a atenção de *mais de quatro mil pessoas que tomaram conta da Xavier de Toledo, Viaduto do Chá, Vale do Anhangabaú, interrompendo o trânsito de toda a área* ao oferecer um tétrico espetáculo com *50 minutos de fogo e medo na cidade: Três andares do bloco comercial do edifício Brasilar, na avenida 9 de Julho, 40, foram inteiramente destruídos por um incêndio.* Para alívio da plateia, o fogo foi controlado pelos bombeiros antes de fazer vítimas graves. Após outro longo hiato, quem ganha destaque em 2008 é a ala residencial do imóvel. *Autoria de pintura em prédio de SP é mistério. Moradores do edifício Brasilar, no centro, querem descobrir o autor para conseguir patrocínio para a restauração do afresco e o tombamento. A obra, com 2,65 por 3,65 metros, ocupava o hall de entrada do prédio. Por causa das enchentes que atingiram o local, boa parte da pintura está praticamente apagada.* Segundo a síndica, *todo verão dava muita enchente. Era tanta água que chegava a bater no meio do painel.*

Depois de bater em muitas portas, as esperanças dos moradores aumentaram quando um curador de arte foi levado ao local e aventou a *semelhança entre o afresco e a obra do artista suíço John Graz. Tomara que seja dele mesmo,* comemorou a síndica. Uma semana depois, porém, *Annie Graz, de 87 anos, viúva do artista, analisou a obra. Foi taxativa: "Tenho 99% de certeza de que não é dele".* O curador do Instituto John Graz *teve a mesma opinião.*

E fim da história.

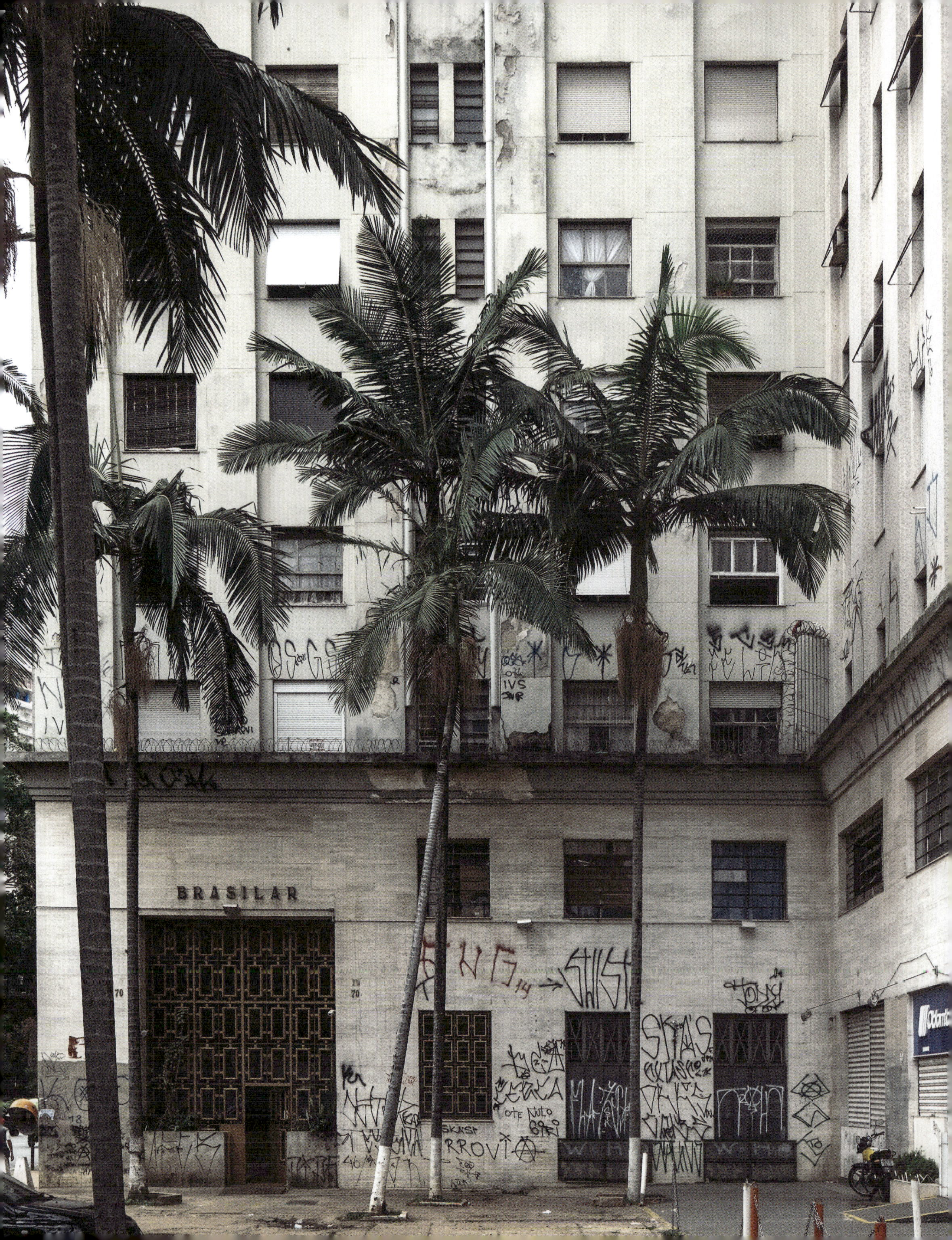
BRASILAR

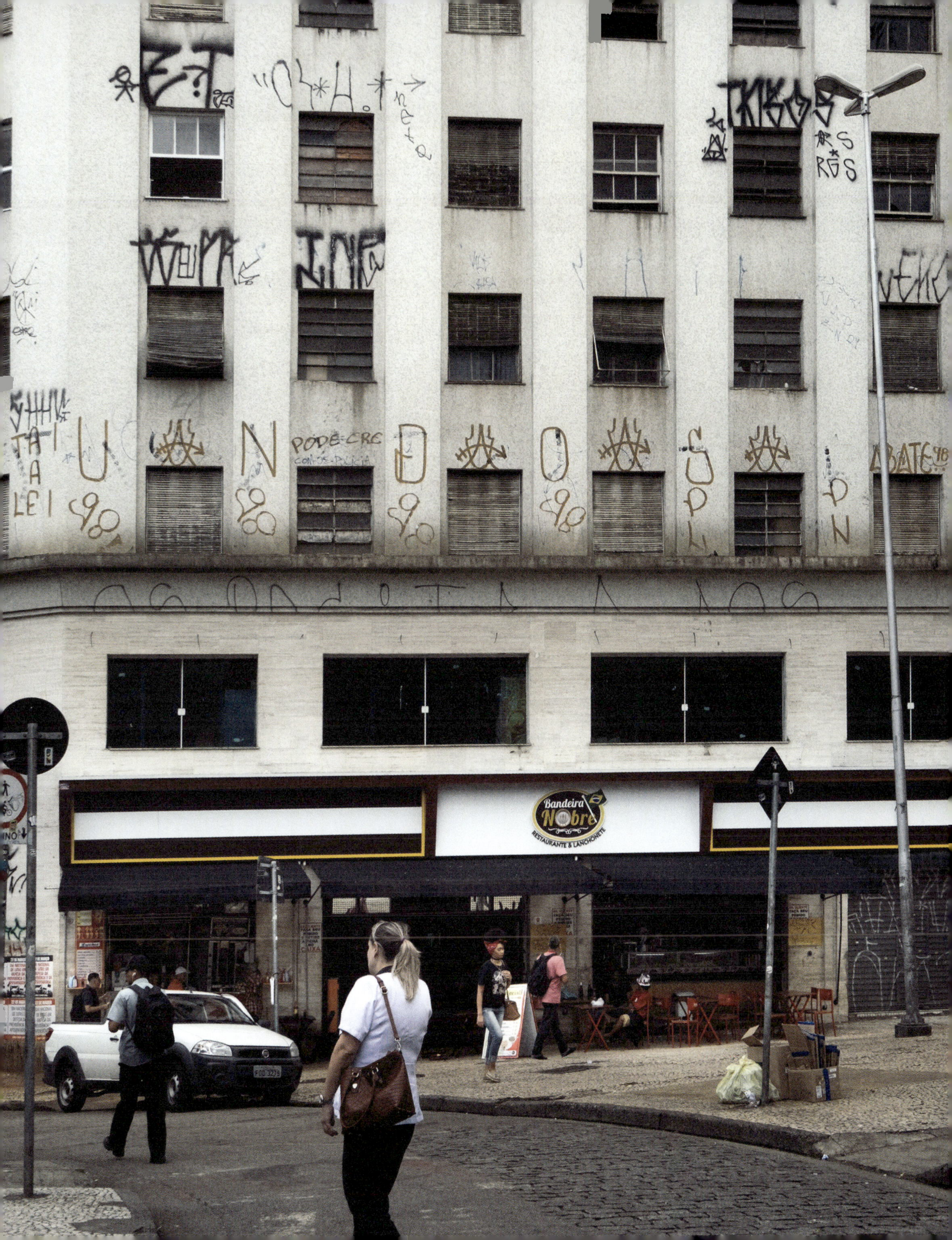
Bandeira Nobre
RESTAURANTE & LANCHONETE

Fim da história? As coisas saírem diferente do previsto, da vocação original, não implica, necessariamente, uma sentença de morte. *Esquecido por uns e revelado para outros*. É o que nos conta o asseado *hall* de entrada do Brasilar ao exibir, mantido com grande esmero, o afresco no qual desponta, ao centro da composição, o Obelisco da Memória. Na base da pintura, vasos de plantas são enfileirados para disfarçar o estrago causado pelas enchentes. Não foi tombada? Não é de John Graz? E daí?

Atrás do balcão, o funcionário do prédio sorri. E afirma que a área é sempre muito tranquila.

Logo, porém, se corrige: *Não, não. Sempre não. Quase sempre.*

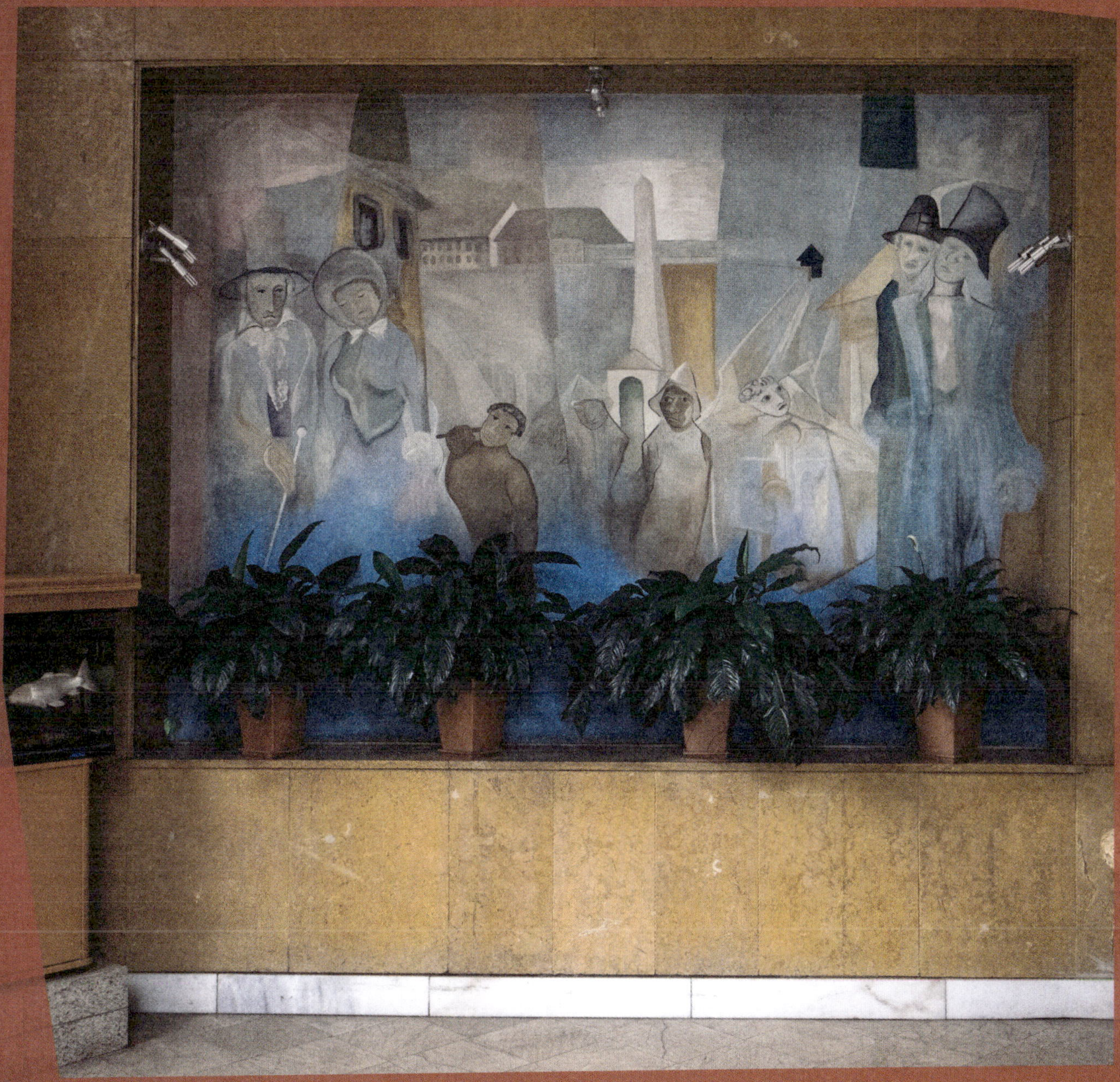

238  Pois, nos finais de semana, um animado e concorrido forró reúne moradores dos prédios da região e trabalhadores em fim de expediente.

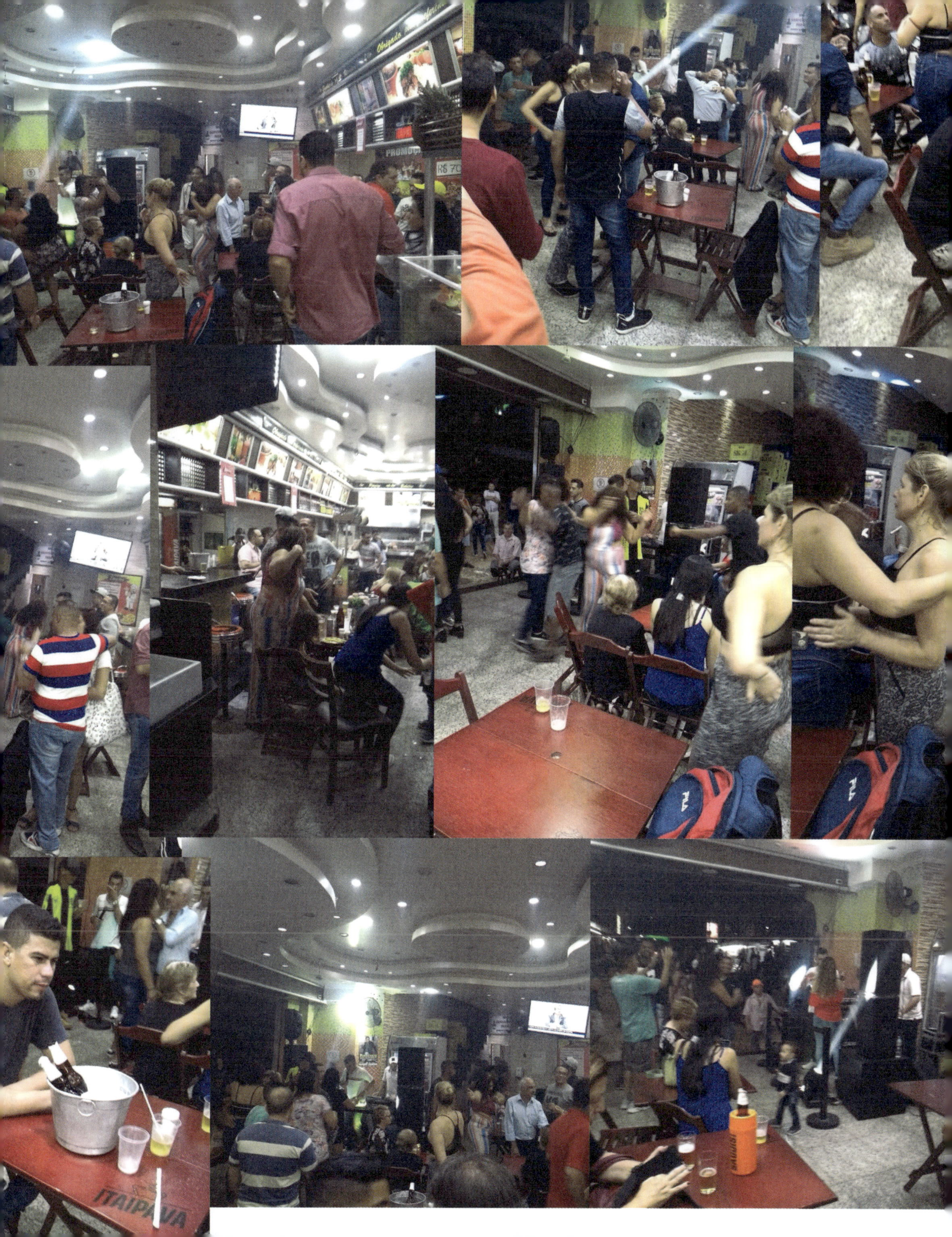
ITAIPAVA

O agito acontece num bar situado no térreo do Brasilar, bem em frente ao local onde, mais de duzentos anos atrás, Daniel Müller ergueu o chafariz do Piques.

241

CUIDADO
LOMBADAS

Até ½ Horas

½ HORA
6,00

1 PASTEL DE
CARNE OU QUEIJO
OU PALMITO OU FRANGO

MOTOS

A maior parte das coisas nos desaponta.
Até olharmos para elas mais profundamente.

Graham Greene, *Os Farsantes*.

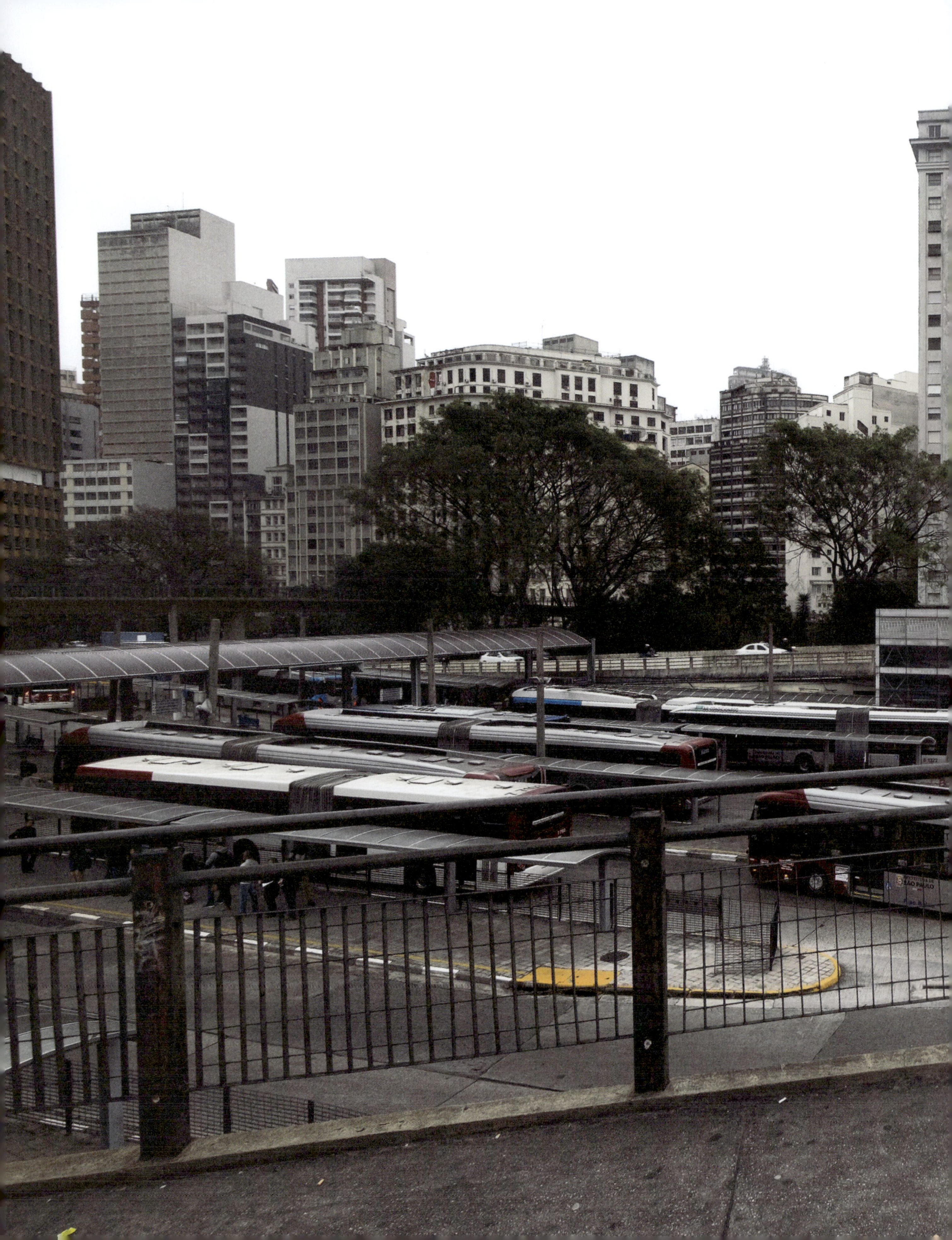

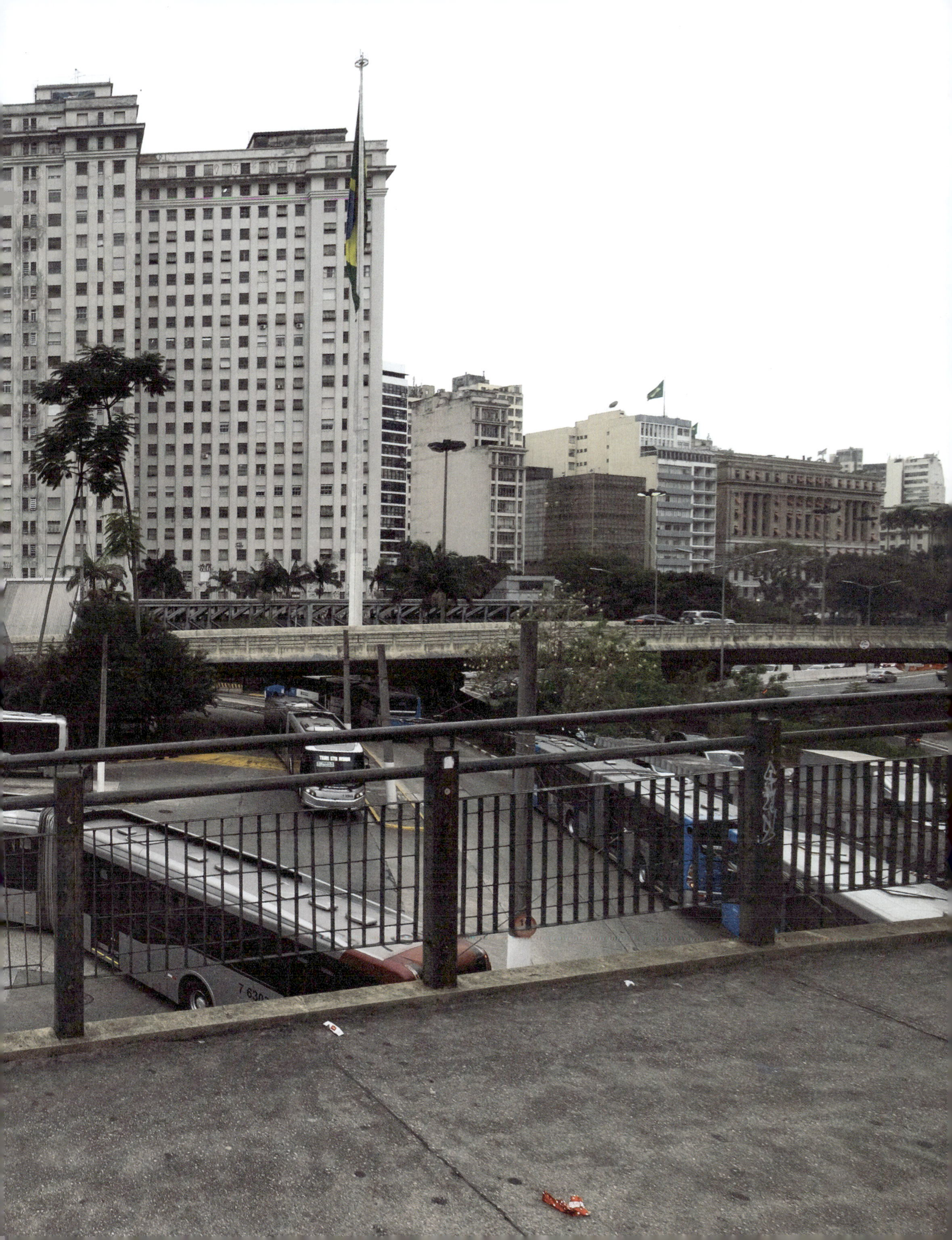

Mesmo composto por enorme quantidade de citações e referências iconográficas, este livro optou por dispensar notas de rodapé e legendas das imagens em prol de uma almejada fluidez da narrativa principal. As omissões, porém, encontram-se listadas a seguir, num modelo que, se não muito usual para um índice bibliográfico, tenta ser de fácil visualização para o leitor.

Tanto as fontes iconográficas quanto as textuais obedecem à sequência em que surgem na dupla de páginas à qual se referem: de cima para baixo, da esquerda para a direita.

### p. 10 11
Fotos do autor, fevereiro de 2019.

### p. 12 13
Cartão postal, fim dos anos 1950/início dos 1960.

À esquerda, o edifício construído onde ficavam as casas do padre Pascoal já se espreme entre o Palacete Riachuelo e o Hotel São Paulo.

À direita do hotel, o Edifício Planalto, de Artacho Jurado, concluído em 1956. Colado ao Brasilar, do mesmo ano e do mesmo Artacho Jurado, o Viadutos. Bem ao centro da composição, sob um letreiro da Pirelli, o magnífico Edifício Japurá, de Eduardo Kneese de Melo, construído entre 1942 e 1957.

### p. 14 15
Cartão postal, início dos anos 1950.

Nenhum dos prédios entre o Brasilar e o Hotel São Paulo acima citados existia. No centro da imagem, o Teatro de Alumínio (que também aparece na imagem anterior, com um toldo avermelhado).

### p. 16 17
Cartão postal, fim dos anos 1910/início dos 1920.

O projeto do Parque Anhangabaú é bem visível, num panorama em que não havia nenhuma edificação com mais de três andares — o Palacete Riachuelo seria a primeira delas.

### p. 18 19
Foto de Aurélio Becherini, 1911. Acervo Fotográfico do Museu da Cidade de São Paulo.

Na imagem, o Vale do Anhangabaú em princípio de seu processo de urbanização, já sem as edificações e a vegetação que o ocupavam até pouco antes. No lado direito, a fileira de casas do lado oposto da Rua Formosa (com fundos para o vale), que seria demolida na construção do Parque Anhangabaú.

### p. 20 21
Autor desconhecido, c. 1900. Acervo Fotográfico do Museu da Cidade de São Paulo.

### p. 24 25
O desenho, *Figures of St. Pauls*, é de autoria do inglês Charles Landseer, que esteve no Brasil entre 1825 e 1826. Durante seus dez meses no país, ele executou grande quantidade de desenhos e aquarelas, muitas delas de São Paulo e cercanias. Como as representações visuais de São Paulo até fins do século XIX são muito exíguas, a obra de Landseer se sobressai e é reproduzida com frequência.

As fontes textuais foram igualmente escassas até a mesma data. Assim, os trechos de Vieira Bueno reproduzidos neste livro surgem em várias outras obras sobre a história de São Paulo. Entre elas o saborosíssimo *A Capital da Solidão*, de Roberto Pompeu de Toledo.

MACHADO, Cândido Guinle Paula. *Landseer*. Guarulhos, Lanzara, 1972.

BUENO, Francisco de Assis Vieira. *A Cidade de São Paulo*. São Paulo, Academia Paulista de Letras, 1976.

TOLEDO, Roberto Pompeu de. *A Capital da Solidão*. São Paulo, Objetiva, 2003.

### p. 26 27
*Carta da Capital de São Paulo*. José Jacques da Costa Ourique, 1842. *São Paulo Antigo. Plantas da Cidade*. São Paulo, Comissão do Quarto Centenário da Cidade de São Paulo, 1954.

### p. 28 29
*"quase plana, com parapeitos sem ornamentos"*
SAINT-HILAIRE, Auguste. *Viagem à Província de São Paulo*. Biblioteca Histórica Brasileira. São Paulo. Livraria Martins, 1940.

*"o pouso certo para quem estivesse a caminho do sertão, onde se buscavam índios por escravizar, mormente nas raias do Paraguai"*
LEMOS, Carlos A. C. *Organização Urbana e Arquitetura em São Paulo dos Tempos Coloniais. História da Cidade de São Paulo* — v. I. São Paulo, Paz e Terra, 2004.

*"descendo a encosta da elevação para o lado do Piques e subindo depois o campo e as matas em direção à aldeia de Pinheiros"*
BRUNO, Ernani Silva. *História e Tradições da Cidade de São Paulo*, v. 1. Rio de Janeiro, Livraria José Olympio Editora, 1953.

*"foram surgindo feiras de muares caracterizadas por uma grande animação. A mais conhecida era a de Sorocaba"*
TOLEDO, Benedito Lima de. *Anhangabahú*. São Paulo, Fiesp, 1989.

O arquiteto Benedito Lima de Toledo é autor obrigatório em se tratando da história de São Paulo. Além do título supracitado, ele escreveu mais uma série de obras sobre a cidade, todas consultadas para este livro e devidamente citadas a seu tempo.

*"onde se reuniam lavadeiras piqueiras"*
PINTO, Manuel de Souza. *Terra Moça: Impressões Brasileiras*. Porto, Chardon, 1910.

A citação às lavadeiras "piqueiras" neste livro é, ainda que pertinente, uma evidente piada interna deste autor consigo mesmo.

### p. 30 31
O desenho de Burchell foi retirado de:
LAGO, Pedro Corrêa do. *Iconografia Paulistana do Século XIX*. São Paulo, Capivara, 2003.

Sobre o artista britânico:
FERREZ, Gilberto. O *Brasil do Primeiro Reinado Visto pelo Botânico William John Burchell 1825/1829*. Rio de Janeiro, Fundação João Moreira Salles, 1981.

### p. 32 33
Mapa da Cidade de São Paulo e seus Subúrbios. C. A. Bresser, s/d. *São Paulo Antigo. Plantas da Cidade*. São Paulo, Comissão do Quarto Centenário da Cidade de São Paulo, 1954.

"Pyramide e Xafariz do Pique", aquarela de 1847 executada por Miguelzinho Dutra com tintas *naïfs* é a primeira representação visual do Obelisco da Memória. Imagem retirada de:

TOLEDO, Benedito Lima de. *Anhangabahú*. São Paulo, Fiesp, 1989.

### p. 34 35

"*formado por nascentes e águas do riacho Saracura, afluente do Anhangabaú*"
BRUNO, Ernani Silva. *História e Tradições da Cidade de São Paulo*, v. 1. Rio de Janeiro, Livraria José Olympio Editora, 1953.

"*situava-se, aproximadamente, no local onde hoje está o Viaduto Martinho Prado*"
Toledo, Benedito Lima de. *A São Paulo de Militão Augusto de Azevedo por Benedito Lima de Toledo: visita guiada à sala dedicada ao fotógrafo na exposição São Paulo, 450 anos – A imagem e a memória da cidade no acervo do IMS*. São Paulo: Inst. Moreira Salles, São Paulo, 2004, citado em:
Isabel Cristina Moroz-Caccia Gouveia, "A Cidade de São Paulo e Seus Rios: uma História Repleta de Paradoxos", *Confins* [On-line], 27 | 2016, posto on-line no dia 16 jul. 2016, consultado em 18 maio 2019. URL: http://journals.openedition.org/confins/10884; DOI : 10.4000/confins.10884,

"*indistintamente cavalos, moleques e imundícies de toda espécie, a menor das quais é a roupa suja*"
*A Província de São Paulo*, 4 de maio de 1876.

"*o matadouro de São Paulo ainda ficava situado no bairro do Bixiga, perto da rua Santo Amaro*";
"*seus detritos seguiam pelo ribeirão do Saracura e depois pelo Anhangabaú, atravessando a cidade*"
REIS, Nestor Goulart. *O Caminho do Anhanguera*. São Paulo, Via das Artes, 2014.

Mapa da Imperial Cidade de São Paulo. Carlos Rath, 1855. *São Paulo Antigo. Plantas da Cidade*. São Paulo, Comissão do Quarto Centenário da Cidade de São Paulo, 1954.

### p. 36 37

Ilustração feita por J. Domingos dos Santos Filho em 1915. *São Paulo Antigo. Plantas da Cidade*. São Paulo, Comissão do Quarto Centenário da Cidade de São Paulo, 1954.

"*Numa das encostas íngremes de um morro, há um pequeno parque público, pouco frequentado, onde está um obelisco de tijolo (Pirâmide (!) do Piques)*"
TSCHUDI, J. J. *Viagens às Províncias do Rio de Janeiro e São Paulo*. Belo Horizonte, Itatiaia, 1980.

"*por uma rua larga, cheia de pequenas casas bem conservadas e, depois de ter passado diante de um lindo chafariz e ter em seguida atravessado a ponte do Lorena, construída de pedras, ponte sobre o ribeirão Anhangabaú, cheguei à hospedaria do Bexiga*"
SAINT-HILAIRE, Auguste. *Viagem à Província de São Paulo*. Biblioteca Histórica Brasileira. São Paulo. Livraria Martins, 1940.

"*na noite de 06 de setembro de 1857 foi iluminada, assim como o paredão e todas as casas do lugar, para festejar o aniversário da Independência do Brasil, tocando ali a banda de música do Corpo de Permanentes e um grupo de estudantes, acompanhado de muitas pessoas de todas as classes sociais, deu entusiásticos vivas análogos ao grandioso fato que naquele dia era comemorado*"
MARTINS, Antonio Egydio. *São Paulo Antigo. 1554-1910*. São Paulo, Paz e Terra, 2003.

A primeira edição foi publicada entre 1911 e 1912.

"*cujos recursos são ainda limitados pela indústria pouco vultosa*"
TSCHUDI, J. J. *Viagens às Províncias do Rio de Janeiro e São Paulo*. Belo Horizonte, Itatiaia, 1980.

"*notável beleza de sua situação, e de seu horizonte visual*"
BUENO, Francisco de Assis Vieira. *A Cidade de São Paulo*. São Paulo, Academia Paulista de Letras, 1976.

### p. 38 39

Foto de Militão de Azevedo, 1862, tirada de onde hoje se situa a Rua Xavier de Toledo. No alto, à direita, a Igreja e o Convento de São Francisco. No centro da imagem, a Ponte do Lorena e o Largo do Piques.

Sobre a obra de Militão de Azevedo:
TOLEDO, Benedito Lima de; KOSSOY, Boris; LEMOS, Carlos. *Militão, Álbum Comparativo de Cidade de São Paulo, 1862-1887*. São Paulo, Secretaria Municipal de Cultura, 1981.

LAGO, Pedro Corrêa. *Militão Augusto de Azevedo*. Rio de Janeiro, Capivara, 2001.

FERNANDES JUNIOR, Rubens; BARBUY, Heloisa; FREHSE, Fraya. *Militão Augusto de Azevedo*. São Paulo, Cosac Naify, 2012.

### p. 40 41

Foto de Militão de Azevedo, 1862, tirada onde hoje se situa o cruzamento da Ladeira da Memória com a Rua Formosa. No centro da imagem, mulas bebem água no velho chafariz.

### p. 42 43

Foto de Militão de Azevedo, 1862, tirada próximo à Igreja e ao Convento de São Francisco.

### p. 44 45

"*esse lugar de grandes transações do mercado, ponto de chegada de grandes tropas que vêm do sul e interior da Província*"; "*acha-se separado de uma bela porção da cidade, igualmente povoada e concorrida, por um terreno estéril e inútil*"
*Correio Paulistano*, 10 de junho de 1854. Citado em:
TOLEDO, Benedito Lima de; KOSSOY, Boris; LEMOS, Carlos. *Militão, Álbum Comparativo de Cidade de São Paulo, 1862-1887*. São Paulo, Secretaria Municipal de Cultura, 1981.

"*foi aberta pela Câmara de São Paulo a chamada Cidade Nova, ao redor da atual Praça da República*"
REIS, Nestor Goulart. *O Caminho do Anhanguera*. São Paulo, Via das Artes, 2014.

"*o clima bom e moderado da cidade provinciana*"
TSCHUDI, J. J. *Viagens às Províncias do Rio de Janeiro e São Paulo*. Belo Horizonte, Itatiaia, 1980.

"*terras localizadas entre a rua da Consolação e a rua de Santo Amaro*"; "*ainda em 1870 se caçavam veados, perdizes e até escravos fugidos*"
BRUNO, Ernani Silva. *História e Tradições da Cidade de São Paulo*, v. 2. Rio de Janeiro, Livraria José Olympio Editora, 1953.

"*um ar mais intelectual e menos comercial em seus habitantes do que eu vira em qualquer outra parte do Brasil. Não se ouvia a palavra dinheiro constantemente soando aos ouvidos*"
BRUNO, Ernani Silva. *Memória da Cidade de*

*São Paulo: Depoimentos de Moradores e Visitantes/1553-1958.* São Paulo, Prefeitura do Município de São Paulo, 1981.

Planta da Cidade. Rufino José Felizardo e Costa, 1810. *São Paulo Antigo. Plantas da Cidade.* São Paulo, Comissão do Quarto Centenário da Cidade de São Paulo, 1954.

Mapa da Cidade de São Paulo e seus Subúrbios. C. A. Bresser, s/d. *São Paulo Antigo. Plantas da Cidade.* São Paulo, Comissão do Quarto Centenário da Cidade de São Paulo, 1954.

Planta da Cidade de São Paulo. Companhia Cantareira de Água e Esgotos, 1881. *São Paulo Antigo. Plantas da Cidade.* São Paulo, Comissão do Quarto Centenário da Cidade de São Paulo, 1954.

### p. 46 47

Detalhe de cartão postal *Estação da Luz (S. Paulo Railway).* Rosenhain & Meyer. Datado de 4 de dezembro de 1903.

*"a feição do Largo do Piques ainda lembrava sua antiga utilização como ponto de pouso de tropas, embora o movimento de seu comércio tivesse perdido parte de sua importância com a chegada das ferrovias"*
BRUNO, Ernani Silva. *História e Tradições da Cidade de São Paulo,* v. 2. Rio de Janeiro, Livraria José Olympio Editora, 1953.

*"torneiras desmontadas há muito"; "não deitava um pingo d'água"*
*O Estado de S. Paulo,* 29 de abril de 1875.

Cartão postal *São Paulo — Estação da Luz S. P. R. III.* Guilherme Gaensly. Datado de 13 de dezembro de 1903.

O período do "despertar" de São Paulo já possui bibliografia bem mais ampla que os mais de três séculos anteriores. Alguns dos livros utilizados como fonte de consulta, mas não destacados em passagens específicas desta obra:
GAENSLY, Guilherme. *Guilherme Gaensly.* São Paulo, Cosac Naify, 2011.

BECHERINI, Aurélio. *Aurélio Becherini.* São Paulo, Cosac Naify, 2009.

GERODETTI, João Emilio: CORNEJO, Carlos. *Lembranças de São Paulo. A Capital Paulista nos Cartões-Postais e Álbuns de Lembranças.* São Paulo, Solaris, 1999.

BARBUY, Heloisa. *A Cidade-Exposição. Comércio e Cosmopolitismo em São Paulo, 1860-1914.* São Paulo, Edusp, 2006.

FREHSE, Fraya. *O Tempo das Ruas na São Paulo de Fins do Império.* São Paulo, Edusp, 2005.

AMERICANO, Jorge. *São Paulo Naquele Tempo (1895-1915).* São Paulo, Saraiva, 1957.

Mas, justiça seja feita, São Paulo não foi a única cidade a querer "parecer europeia" no período. A fantasia era bem comum em cidades colonizadas cuja elite econômica invariavelmente tinha origem europeia e se identificava mais com a terra de sua ancestralidade que com os lugares aos quais de fato pertencia. Em 1941, por exemplo, o austríaco Stefan Zweig escrevia: "Há pouco menos de quarenta anos, apoderou-se do Rio a ambição de fazer o mesmo que as grandes cidades europeias e possuir uma avenida, uma rua grandiosa no coração da cidade. E, porque o Rio, como muitas outras cidades, sonhasse tornar-se uma Paris, sentiu-se seduzido a imitar o Boulevard Haussmann."

### p. 48 49

Detalhe de cartão postal *Viaducto do Chá.* Rosenhain & Meyer. Datado de 1903.

*"muito pequena, de um só arco, que mereceria ser apenas notada em outro país que não fosse o Brasil"*
SAINT-HILAIRE, Auguste. *Viagem à Província de São Paulo.* Biblioteca Histórica Brasileira. São Paulo. Livraria Martins, 1940.

*"Creio que nenhuma cidade do mundo tenha tanto luxo de vegetação, tanta riqueza floral em seu centro urbano e tanta graça arquitetônica"*
Depoimento de Alfredo Cusano, 1911, em:
BRUNO, Ernani Silva. *Memória da Cidade de São Paulo: Depoimentos de Moradores e Visitantes/1553-1958.* São Paulo, Prefeitura do Município de São Paulo, 1981.

### p. 50 51

Detalhe de cartão postal *Viaducto do Chá.* s/d.

Assim como na página anterior, o viaduto retratado é o primeiro, obra de Jules Martin.

*"erguer-se edifícios de dimensões maiores e de gosto artístico mais apurado"*
BRUNO, Ernani Silva. *História e Tradições da Cidade de São Paulo,* v. 2. Rio de Janeiro, Livraria José Olympio Editora, 1953.

*"aqueles traços rústicos que traziam do tempo em que a povoação não passava de um pequeno arraial de sertanistas"*
BRUNO, Ernani Silva. *História e Tradições da Cidade de São Paulo,* v. 2. Rio de Janeiro, Livraria José Olympio Editora, 1953.

*"o ponto de 'great attraction' do Estado paulista"; "sendo constantemente visitada por numerosos business-men, touristes, etc."*
RAFFARD, Henrique. *Alguns Dias na Pauliceia.* São Paulo, Academia Paulista de Letras, 1977.

*"a impressão que se recebe, ao chegar a São Paulo, é estupenda. Por toda parte veem-se ruas arborizadas, passeios, parques, jardins bem conservados, onde as crianças brincam alegremente sob a vigilância das pajens"*
Depoimento de Nicolau Fanuele, 1910, em:
BRUNO, Ernani Silva. *Memória da Cidade de São Paulo: Depoimentos de Moradores e Visitantes/1553-1958.* São Paulo, Prefeitura do Município de São Paulo, 1981.

*"percorrida por bondes e faustosos trens tirados por soberbos cavalos de raça"*
Depoimento de Alfredo Moreira Pinto, 1900, em:
BRUNO, Ernani Silva. *Memória da Cidade de São Paulo: Depoimentos de Moradores e Visitantes/1553-1958.* São Paulo, Prefeitura do Município de São Paulo, 1981.

*"enumerar todas as confeitarias, os cafés, restaurantes e hotéis"*
RAFFARD, Henrique. *Alguns Dias na Pauliceia.* São Paulo, Academia Paulista de Letras, 1977.

*"O canto dos pássaros, o tilintar da campainha dos bondes, o rumor das vozes, os gritos estridentes dos vendedores, tudo se mistura na ensolarada manhã de domingo, e seria difícil imaginar uma cidade e um povo mais felizes"*
Depoimento de Archibald Forrest, 1912, em:
BRUNO, Ernani Silva. *Memória da Cidade de São Paulo: Depoimentos de Moradores e Visitantes/1553-1958.* São Paulo, Prefeitura do Município de São Paulo, 1981.

*"o ar está impregnado da sensação de seu maravilhoso futuro"*

Depoimento de Ernesto Bertarelli, 1913, em: BRUNO, Ernani Silva. *Memória da Cidade de São Paulo: Depoimentos de Moradores e Visitantes/1553-1958*. São Paulo, Prefeitura do Município de São Paulo, 1981.

*"a antiga povoação desapareceu de todo, substituída por outra, magnífica e moderna"*
Depoimento de Nicolau Fanuele, 1910, em: BRUNO, Ernani Silva. *Memória da Cidade de São Paulo: Depoimentos de Moradores e Visitantes/1553-1958*. São Paulo, Prefeitura do Município de São Paulo, 1981.

**p. 52 53**
Detalhe de cartão postal *S. Paulo — Jardim da Luz*. 1908.

Detalhe de cartão postal *Rua 15 de Novembro*. Fotografia de O. Achtschin. Edição da Casa Rosenhain, s/d.

Detalhe de cartão postal *I. Jardim da Luz — S. Paulo*. Fotografia de O. Achtschin. Edição da Casa Rosenhain, s/d.

Detalhe de cartão postal *Parque Anhangabahu*. Originaes Colombo & Francesconi. Carimbado pelos correios em 7 de fevereiro de 1923.

**p. 54 55**
Detalhe de cartão postal *Rua 15 de Novembro II*. Edição da Papelaria Cardoso Filho & Co. Datado de 2 de julho de 1912.

Detalhe de cartão postal *17 São Paulo — Jardim Público*. Edição Malusardi, s/d.

Detalhe de cartão postal *Viaducto do Chá*. Fotografia de O. Achtschin. Edição da Casa Rosenhain, s/d. O título do postal se refere ao viaduto, mas, no recorte, o que se destaca mesmo é o Theatro Municipal.

Detalhe de cartão postal *Rua 15 de Novembro*. Originaes Colombo & Francesconi. Datado de 11 de novembro de 1927.

**p. 56 57**
Foto de Aurélio Becherini, 1910. Acervo Fotográfico do Museu da Cidade de São Paulo. A foto é tirada de ângulo semelhante àquela feita por Militão reproduzida na página 38.

*"Na atualidade nada existe do passado. O Anhangabaú, enterrado. O Tanque Reúno, morto. Só a 'pyramide' ereta, firme, ascensional. A única lembrança do passado!"*
MOURA, Paulo Cursino de. *São Paulo de Outrora (Evocações da Metrópole)*. Belo Horizonte, Itatiaia, 1980.

A primeira edição do livro saiu em 1908.

*"instalação de um alto portão de ferro. Murado e com o portão, o largo se transformou numa praça praticamente inacessível à população e a vegetação cresceu livremente, escondendo a pirâmide"*
Cronologia das Intervenções Realizadas na Ladeira da Memória. Relatório do DPH, Prefeitura do Município de São Paulo, 1999.

*"quem se lembra do Largo da Memória, ainda em 1917 ou 1918"; "em seu derredor crescia um mato bravio a que uma grade enferrujada, sempre fechada ao público, fazia por dar um aspecto de jardim"*
GASPAR, Byron. *Fontes e Chafarizes de São Paulo*. São Paulo, Conselho Estadual de Cultura, 1970.

**p. 58 59**
Boa parte do texto do colunista P. foi também reproduzida em *Orfeu Extático na Metrópole*, de Nicolau Sevcenko. Contudo, lá ele é descrito como se posterior à apresentação do projeto de Dubugras. Longe de buscar defeitos na brilhante obra de Sevcenko, o apontamento busca reforçar o quanto, de fato, o texto de P. dava a entender que ele já conhecia de antemão o projeto (ou, ao menos, suas linhas gerais) quando redigiu sua coluna para *O Estado de S. Paulo*.

SEVCENKO, Nicolau. *Orfeu Extático na Metrópole: São Paulo, Sociedade e Cultura nos Frementes Anos 20*. São Paulo, Companhia das Letras, 1992.

**p. 60 61**
*O Estado de S. Paulo*, 5 de outubro de 1919.

**p. 62 63**
Foto de Gabriel Zellaui, 1953. Acervo Fotográfico do Museu da Cidade de São Paulo.

**p. 64 65**
Cartão postal *Obelisco da Memória*. Edição de Rotschild & Co., s/d.

**p. 66 67**
*"quase como uma cascata, bonita e esparramada"*
A imagem das escadarias como cascatas é recorrente nos textos e depoimentos de Benedito Lima de Toledo sobre o projeto de Dubugras para o Largo da Memória, para ele "a mais bem projetada Praça da cidade".
TOLEDO, Benedito Lima de. *São Paulo, Três Cidades em um Século*. São Paulo, Cosac Naify/Duas Cidades, 2004.

*"árvores anciãs que cresceram e frondejam"*
Colunista P., "Coisas da Cidade". *O Estado de S. Paulo*, 29 de março de 1919.

*"tudo em serena harmonia"; "um projeto de superiores qualidades, dentre as quais uma merece destaque, por ser um atributo das grandes obras no espaço urbano: a de parecer sempre haver existido"*
TOLEDO, Benedito Lima de; DANON, Diana Dorothèa. *São Paulo: Belle Époque*. São Paulo, Companhia Editora Nacional, 2010.

Foto do autor, 2018.

**p. 68 69**
Montagem executada sobre:
Fotos — revista *Acrópole*, número 353, de agosto de 1968.

Planta — MATSUY, Karen Sayuri. *Painel de Azulejos do Largo da Memória: Histórico, Iconografia e Mapeamento de Dados*. São Paulo, TFG FAU-USP, 2012.

**p. 70 71**
Foto de autor desconhecido, 1931. Acervo Fotográfico do Museu da Cidade de São Paulo.

**p. 72 73**
Imagem retirada de:
MATSUY, Karen Sayuri. *Painel de Azulejos do Largo da Memória: Histórico, Iconografia e Mapeamento de Dados*. São Paulo, TFG FAU-USP, 2012.

**p. 74 75**
*"o abandono e a imundície que não raro se amontoa sobre as escadarias"*
GASPAR, Byron. *Fontes e Chafarizes de São Paulo*. São Paulo, Conselho Estadual de Cultura, 1970.

"presença de marginais e a infeliz reputação de seus frequentadores"
*O Estado de S. Paulo*, 28 de fevereiro de 1969.

"Perigoso, infelizmente. Mau cheiro, mendigos e trombadinhas se misturam"; "Muitos assaltos e pessoas embriagadas durante a noite. Evite"; "O lugar é muito sujo, não dá pra tirar muitas fotos por conta que á (sic) bastante trombadinha por lá"; "Projeto original era muito bonito, mas a deterioração do local, e do próprio monumento, faz com que não seja muito recomendável conhecê-lo. Local abriga moradores de rua e pessoas de má índole. Cuidado"; "Lugar histórico todo cagado, com monumento histórico pichado… A memória de que essa cidade se degradou e já foi um lugar melhor"; "É triste ver como a cidade de São Paulo está abandonada. Um monumento com mais de duzentos anos está escondido sob pichações e usuários de drogas. O cheiro de urina é predominante. O Largo da Memória foi esquecido"
Comentários retirados em janeiro de 2019 do site TripAdvisor, com exceção dos dois últimos, coletados no aplicativo *Foursquare* na mesma data.

### p. 76 83
Fotos do autor, 2018/2019.

### p. 84 85
NELSON, George. *How to See: Visual Adventures in a World God Never Made*. Londres, Phaidon, 2017.

"com a paisagem, com a impetuosidade da luz; mas confessaram que se estarreceram ao observar a miséria, a decrepitude, a imundície das estradas de acesso"; "uma coisa derivava da outra"
LAMPEDUSA, Giuseppe Tomasi. *O Leopardo*. São Paulo, Companhia das Letras, 2017.

"é natural que a vida seja mais semelhante a Ulisses do que a Os Três Mosqueteiros; todavia, qualquer um de nós está mais inclinado a pensar na vida em termos de Os Três Mosqueteiros do que em termos de Ulisses; ou melhor, pode rememorar a vida e julgá-la somente representando-a com romance bem-feito"
ECO, Umberto. *Obra Aberta*. São Paulo, Perspectiva, 2016.

### p. 86 89
Fotos do autor, 2018/2019.

### p. 90 91
Foto de Aurélio Becherini, 1911. Acervo Fotográfico do Museu da Cidade de São Paulo.

Autor desconhecido, c. 1900. Acervo Fotográfico do Museu da Cidade de São Paulo.

Cartão postal, fim dos anos 1910/início dos 1920.

Foto de Aurélio Becherini, provavelmente do fim da década de 1920. Acervo Fotográfico do Museu da Cidade de São Paulo.

### p. 92 93
"já possui o maior parque industrial da América Latina, com 14 mil fábricas"
*Cadernos da Cidade de São Paulo*, Avenida Paulista. São Paulo, Instituto Itaú Cultural, 1993.

"São Paulo não era mais a 'cidade italiana' do início do século, e sim um centro urbano"; "emigrantes da Europa e Ásia se misturavam aos velhos paulistanos e aos cabeças-chatas, como eram chamados depreciativamente os trabalhadores que começavam a chegar do Nordeste em grande número"
FAUSTO, Boris. *O Crime do Restaurante Chinês*. São Paulo, Companhia das Letras, 2009.

"Aqui as casas vivem menos do que os homens"
A frase, célebre, é do não menos célebre Antônio de Alcântara Machado, um dos grandes cronistas da cidade, autor de *Brás, Bexiga e Barra Funda*, de 1927, que faleceu precocemente em 1935 aos 33 anos.

"mais completa tradução"
É trecho de *Sampa*, famosa música de Caetano Veloso. Na canção, porém, o posto de "mais completa tradução" da cidade é — como quase todos sabem — ocupado por Rita Lee.

"São Paulo cresceu de um dia para outro. É como esses adolescentes que, dos 14 para os 15, dão um salto; as calças ficam curtas e as mangas 'sungam'. O resultado do crescimento rápido das cidades é a angústia do trânsito"
*O Estado de S. Paulo*, 13 de abril de 1932.

"ocorreu um fato capital para a história do urbanismo em São Paulo: a publicação do Plano de Avenidas para a Cidade de São Paulo, encomendado pelo prefeito Pires do Rio a Francisco Prestes Maia"
TOLEDO, Benedito Lima. *Prestes Maia e a Origem do Urbanismo Moderno em São Paulo*. São Paulo, Empresa das Artes, 1996.

"envolvendo também uma posição muito definida quanto à estética urbana adotada, em especial nas grandes avenidas e espaços públicos, que foram abertos ou ampliados com vistas à verticalização da cidade"
LEFÈVRE, José Eduardo de Assis. *De Beco a Avenida. A História da Rua São Luiz*. São Paulo, Edusp, 2006.

"a circulação"; "Devem, antes de tudo, as ruas e praças satisfazer às necessidades do movimento da cidade, de maneira a mais perfeita; essa é sua missão primordial"
Trechos de um dos artigos da série "Um Problema Atual: os Grandes Melhoramentos de São Paulo", escrita por Prestes Maia e Ulhoa Cintra, citado em:
TOLEDO, Benedito Lima. *Prestes Maia e a Origem do Urbanismo Moderno em São Paulo*. São Paulo, Empresa das Artes, 1996.

É importante, no entanto, salientar que o plano de Prestes Maia não priorizava o transporte individual, tal qual seria de fato implantado, mas falava muito de transporte rodoviário coletivo. Porém, "o início da fabricação nacional de automóveis, caminhões e ônibus, na década de 1950, acarretou uma alteração nos conceitos e prioridades viárias, a favor dos veículos sobre rodas e, especialmente, do automóvel privado como fator determinante".
WILHEIM, Jorge. *São Paulo, uma Interpretação*. São Paulo, Editora Senac, 2011.

### p. 94 95
"necessidades da vida moderna"
TOLEDO, Benedito Lima. *Prestes Maia e a Origem do Urbanismo Moderno em São Paulo*. São Paulo, Empresa das Artes, 1996.

"conjunto de três grandes avenidas que atravessarão toda a cidade, desde o Tietê até o vale do Pinheiros"
BRUNO, Ernani Silva. *História e Tradições da Cidade de São Paulo*, v. 3. Rio de Janeiro, Livraria José Olympio Editora, 1953.

Na imagem, esquema teórico elaborado por Ulhôa Cintra em 1924, onde são visíveis os princípios básicos do futuro plano de Prestes Maia, inclusive o "Sistema Y". Ele comparou esse diagrama a uma série de outros diagramas semelhantes de grandes capitais europeias, Paris, Moscou e Berlim, executados por Eugène Hénard, como "prova" de que a proposta era a solução mais adequada para a modernização de São Paulo.

## p. 96 97
O "Sistema Y" na planta da cidade e numa foto aérea.

Planta retirada de https://commons.wikimedia.org/wiki/File:SISTEMA_Y.jpg

Montagem fotográfica a partir de imagens retiradas do Google Maps em fevereiro de 2019.

## p. 98 99
MAIA, Francisco Prestes. *Estudo de um Plano de Avenidas para a Cidade de São Paulo.* São Paulo, Melhoramentos, 1930.

## p. 100 101
Planta da Capital do Estado de São Paulo e seus Arrabaldes. Jules Martin, 1890. *São Paulo Antigo. Plantas da Cidade.* São Paulo, Comissão do Quarto Centenário da Cidade de São Paulo, 1954.

Mapa da Imperial Cidade de São Paulo. Rufino José Felizardo e Costa, 1810. *São Paulo Antigo. Plantas da Cidade.* São Paulo, Comissão do Quarto Centenário da Cidade de São Paulo, 1954.

Planta Geral da Capital de São Paulo. Gomes Cardim, 1897. *São Paulo Antigo. Plantas da Cidade.* São Paulo, Comissão do Quarto Centenário da Cidade de São Paulo, 1954.

MAIA, Francisco Prestes. *Estudo de um Plano de Avenidas para a Cidade de São Paulo.* São Paulo, Melhoramentos, 1930.

SARA Brasil, 1930. Em geosampa.prefeitura.gov.br.

Planta da Cidade de São Paulo. Companhia Cantareira de Água e Esgotos, 1881. *São Paulo Antigo. Plantas da Cidade.* São Paulo, Comissão do Quarto Centenário da Cidade de São Paulo, 1954.

## p. 102 103
Cartões postais. Fotolabor, fins dos anos 1940/início dos 1950. (O postal da página 101, na verdade, deve ser datado do ano exato de 1950, já que traz em seu canto inferior esquerdo uma propaganda de Getúlio Dorneles Vargas para a presidência da República. A placa fica mais visível na imagem integral do postal, página 107.)

## p. 104 105
Todas as fotos da página 102 são tiradas do mesmo lugar, no topo do Largo da Memória, onde hoje se situa a Rua Xavier de Toledo.

Foto de Militão de Azevedo, 1862.

Foto de Aurélio Becherini, 1911. Acervo Fotográfico do Museu da Cidade de São Paulo.

Foto provavelmente tirada logo após a inauguração do novo largo, em 1922, pois ainda não existe o Palacete Riachuelo.

Foto do comecinho dos anos 1930, pois o Palacete Riachuelo, projetado por Samuel das Neves e Cristiano Stockler das Neves (na imagem com sua cobertura exibindo um anúncio de lança-perfume) já está pronto, enquanto, atrás dele, está sendo erguido o Saldanha Marinho, projetado por Elizário Bahiana e primeiro prédio *art-déco* da cidade, que seria inaugurado em 1933.

Foto de B. J. Duarte, 1938. Acervo Fotográfico do Museu da Cidade de São Paulo. O Saldanha Marinho já se impõe na paisagem (mas, como sabemos, por pouco tempo.)

Na página 103, a fotografia é tirada já ao pé do largo, onde antigamente ficava o chafariz. A imagem faz parte do livro *Eis São Paulo*. Foto de Théo Gygas. São Paulo, Monumento, 1954.

## p. 106 113
Cartões postais, quase todos dos anos 1950. O que ocupa a parte superior da página 108, porém, data de 1947 ou 1948, pois mostra o Brasilar ainda em construção.

## p. 114 115
"A solução para o problema"; "hoje, 27 de julho de 1969, a força do progresso transforma este local, criando uma nova história na vida de São Paulo"

*O Estado de S. Paulo*, 26 de julho de 1969.

Foto de Ivo Justino, 1969. Acervo Fotográfico do Museu da Cidade de São Paulo.

## p. 116 117
"Cerca de 1,3 mil imóveis são desapropriados e destruídos, o que impulsiona a reurbanização e a modernização da cidade"; "pela primeira vez em São Paulo um prédio de 30 andares, o Edifício Mendes Caldeira na Praça Clóvis Beviláqua, é destruído por implosão, tecnologia até então inédita na América Latina"
http://www.saopauloinfoco.com.br

"arquitetos comprometidos com as questões relativas à preservação do patrimônio histórico da cidade"
MATSUY, Karen Sayuri. *Painel de Azulejos do Largo da Memória: Histórico, Iconografia e Mapeamento de Dados.* São Paulo, TFG FAU-USP, 2012.

"1. O largo da Memória deixou de ser o único recanto com área verde para descanso, agora concorrendo com a nova praça-de-miolo-de-quadra e a própria estação. 2. Grande parte da circulação para vencer o desnível Formosa-Xavier de Toledo não mais será feita pela ladeira, mas por intermédio das escadas rolantes da estação, atendendo o largo apenas ao fluxo originário da rua João Adolfo ou em sua direção. 3. Portanto, esvaziaram-se as características de circulação e área verde solitária atribuídas à Memória, persistindo, no entanto, sua significação como referencial histórico e urbano"
Prefeitura de São Paulo — Secretaria de Estado da Cultura. Ofício de 3 de agosto de 1983.

"Olha as pessoas descendo, descendo, descendo/Descendo a Ladeira da Memória/Até o Vale do Anhangabaú/Quanta gente!"
Trecho da música "Ladeira da Memória", de autoria de Zécarlos Ribeiro.

Foto de Camerindo Ferreira Máximo, 1970. Acervo Fotográfico do Museu da Cidade de São Paulo.

## p. 118 119
Foto de Edison Pacheco Aquino, 1970. Acervo Fotográfico do Museu da Cidade de São Paulo.

Foto de Waldemir Gomes de Lima, 1975. Acervo Fotográfico do Museu da Cidade de São Paulo.

### p. 120 121

"daqui a 6 meses o DET pretende fazer uma passagem superior para pedestres, na esquina do Touring e no Viaduto do Chá"
*O Estado de S. Paulo*, 26 de julho de 1969.

O "Touring" era o nome pelo qual foi popularmente chamado o Brasilar, durante o período em que sediou o Touring Club do Brasil. O bar onde ocorre o forró, aliás, era parte da antiga sede do Touring.

Anúncio publicado em *O Estado de S. Paulo*, 9 de julho de 1988.

Anúncio publicado em *O Estado de S. Paulo*, 6 de julho de 1988.

### p. 122 123

Alf Ribeiro / Shutterstock.

### p. 124 125

Shutterstock.

### p. 126 127

Montagem fotográfica a partir de imagens retiradas do Google Maps em fevereiro de 2019.

*Planta da Cidade de São Paulo.* Companhia Cantareira de Água e Esgotos, 1881. *São Paulo Antigo. Plantas da Cidade.* São Paulo, Comissão do Quarto Centenário da Cidade de São Paulo, 1954.

### p. 128 129

*O Estado de S. Paulo*, 25 de abril de 1921.

Foto de Sebastião de Assis Ferreira, 1941. Acervo Fotográfico do Museu da Cidade de São Paulo.

### p. 130 133

*O Estado de S. Paulo*, 20 de agosto de 1957, 21 de agosto de 1957, 22 de agosto de 1957, 16 de outubro de 1957, 16 de novembro de 1957, 18 de setembro de 1959, 23 de setembro de 1959, 28 de junho de 1960, 14 de setembro de 1962, 4 de dezembro de 1962, 5 de dezembro de 1962, 21 de abril de 1979 e 22 de novembro de 1983.

*Folha de S. Paulo*, 4 de dezembro de 1962.

*Praça das Bandeiras*. Cartão postal, Fotolabor.
*Parque Anhangabaú.* Cartão postal, Foto Postal Colombo.

### p. 134 135

Foto de Aurélio Becherini, c. 1910. Acervo Fotográfico do Museu da Cidade de São Paulo.

O asilo infantil e creche seria destruído logo depois, para a abertura da Rua João Adolfo. (Na foto da página 162, é possível ver a edificação recém-destruída para a abertura da via.)

O italiano Aurélio Becherini foi responsável por uma das mais amplas e ricas coberturas fotográficas de São Paulo entre as décadas de 1910 e 1920, registrando as profundas transformações que a cidade sofreu no período.

MARTINS, José de Souza; Fernandes Junior, Rubens; GARCIA, Angela C. *Aurélio Becherini*. São Paulo, Cosac Naify, 2009.

*O Estado de S. Paulo*, 13 de fevereiro de 1904.

### p. 136 137

*O Estado de S. Paulo*, 6 de fevereiro de 2002.

Alf Ribeiro / Shutterstock.

### p. 138 139

*O Estado de S. Paulo*, 6 de junho de 1968.

Foto de B. J. Duarte, 1954. Acervo Fotográfico do Museu da Cidade de São Paulo.

A foto de Nilo, sobreposta à imagem de B. J. Duarte, foi retirada da mesma edição do *Estado* de onde saíram os trechos transcritos.

Assim como Becherini, B. J. Duarte é responsável por um dos mais amplos registros fotográficos da cidade, cobrindo, por sua vez, o período que vai do meio da década de 1930 ao começo da de 1950.

FERNANDES JUNIOR, Rubens; LIMA, Michael Robert Alves de; VALADARES, Paulo. *B. J. Duarte: Caçador de Imagens*. São Paulo, Cosac Naify, 2007.

### p. 140 143

*O Estado de S. Paulo*, 8 de março de 1952, 14 de março de 1952, 20 de março de 1952, 15 de outubro de 1966, 25 de julho de 1967, 22 de agosto de 1967.

"Sempre fui impulsiva, principalmente quando desejava uma coisa e sentia que tinha forças para lutar por ela. Graças a essas entrevistas inflamadas, consegui chamar a atenção de São Paulo, recebendo um telegrama do secretário de Cultura de São Paulo, Brasil Bandeck. Dei pulos de alegria quando ele me ofereceu a Praça da Bandeira"; "O Teatro de Alumínio foi inaugurado em 1952, com a Companhia que levava o meu nome, Nicette Bruno e Seus Comediantes. Convidei Dulcina para dirigir o espetáculo De Amor Também Se Morre, de Margaret Kennedy, para a estreia do espaço, com capacidade para acomodar 500 pessoas. Como Dulcina não pôde aceitar, quem veio foi Turkow, um diretor polonês da mesma geração do Ziembinski" GUERRINI, Elaine. *Coleção Aplauso: Nicette Bruno e Paulo Goulart*. São Paulo, Imprensa Oficial do Estado de São Paulo, 2004.

Foto de B. J. Duarte, 1954. Acervo Fotográfico do Museu da Cidade de São Paulo.

Imagens de *Chofer de Praça*, filme de 1958 dirigido por Milton Amaral e estrelado por Mazzaropi.

Foto de Sebastião de Assis Ferreira, 1951. Acervo Fotográfico do Museu da Cidade de São Paulo.

Dois sites cheios de boas histórias e, principalmente, boas imagens da cidade, não apenas desse período específico são https://quandoacidade.wordpress.com/ e http://www.saopauloantiga.com.br.

### p. 144 145

Foto do autor, agosto de 2018.

*O Estado de S. Paulo*, 20 de novembro de 1999.

### p. 146 147

*O Estado de S. Paulo*, 18 de novembro de 1951.

Página do livro *Eis São Paulo*. Foto de Théo Gygas. São Paulo, Monument, 1954.

### p. 148 149

*O Estado de S. Paulo*, 20 de novembro de 1942.

Foto de B. J. Duarte, 1942. Acervo Fotográfico do Museu da Cidade de São Paulo.

### p. 150 153

Fotos do autor, março de 2019. Os azulejos

fazem parte das edificações do Caminho do Mar, também projetadas por Victor Dubugras sob encomenda de Washington Luís na Estrada Velha de Santos. Fechada para automóveis desde 1985, a rodovia construída sobre o traçado da velha Calçada do Lorena foi, até a abertura da via Anchieta em 1953, a principal ligação entre São Paulo e Santos.

"uma carta triste, pedindo socorro"; "é a espada do apóstolo Paulo, é o gesto de Amador Bueno e o de D. Pedro I, é o valor militar paulista" RODRIGUES, José Wasth. *Tropas Paulistas de Outrora*. Governo do Estado de São Paulo, 1978.

"não se dizia saudosista, mas buscava as 'raízes certas' para se construir uma arte brasileira"; "Não faço mais do que seguir um movimento que me parece universal. O regionalismo é a consequência do excesso de cosmopolitismo"; "Não quero a arquitetura antiga na sua rigidez, mas uma arte moderna que aí procure um elemento de renovação" *O Estado de S. Paulo*, 16 de abril de 1926.

"estudos sobre o mobiliário dos tempos de Dom João V, Dom José e Dona Maria; notas sobre prataria portuguesa e do Brasil colonial, bem como as centenas de ilustrações a cores que preparou para 'Brasões e Bandeiras do Brasil'"; "deixou pronto o Dicionário Histórico Militar — 1.600 páginas de texto, 400 ilustrações, publicado in memoriam" RODRIGUES, José Wasth. *Documentário Arquitetônico*. São Paulo, Livraria Martins, 1975.

RODRIGUES, José Wasth. *Documentário Arquitetônico*. São Paulo, Livraria Martins, 1975. A ilustração mostra o chafariz da Misericórdia, construído em 1793 no largo homônimo e desmontado em 1886.

## p. 154 155

MATSUY, Karen Sayuri. *Painel de Azulejos do Largo da Memória: Histórico, Iconografia e Mapeamento de Dados*. São Paulo, TFG FAU-USP, 2012.

FABRICA SANTA CATHARINA — Fagundes, Ranzini & Cia. citado em PEREIRA, J. H. M. As fábricas paulistas de louça: estudos de tipologias arquitetônicas na área de Patrimônio Industrial. Dissertação (mestrado), FAU-USP, São Paulo, 2007.

## p. 156 157

*O Estado de S. Paulo*, 30 de abril de 1926.

Foto de B. J. Duarte, 1939. Acervo Fotográfico do Museu da Cidade de São Paulo.

## p. 158 159

Recorte de imagem do livro *Eis São Paulo*. Foto de Théo Gygas. São Paulo, Monumento, 1954.

"zona deserta e sombria, preferida pelos tratantes de toda a espécie que por ali perambulam"; "pelos inúmeros e escusos botequins" *O Estado de S. Paulo*, 4 de maio de 1928.

"Cheios de sua gente"; "rumorejantes, vomitavam as suas luzes vermelhas sobre a monotonia da praça mal iluminada, que a neblina começava lentamente a invadir. Num portal escuro, cochilava um vulto. À porta das tabernas jaziam bêbados dormindo no solo. No meio do largo, o guarda-cívico entediado parecia comentar tudo com o seu desprezo, que era um misto de sono e estupidez"; "Ao longe, perdida no nevoeiro, passava a ambulância singrando a noite insensivelmente"; "Alguém dentro dela ia para o hospital ou para o necrotério" FLOREAL, Sylvio. *Ronda da Meia-Noite*. São Paulo, Paz e Terra, 2003. A edição original é de 1925 e o nome do autor é um pseudônimo criado pelo jornalista Domingos Alexandre.

"apesar de andar no Piques, a pior zona de São Paulo" FAUSTO, Boris. *O Crime do Restaurante Chinês*. São Paulo, Companhia das Letras, 2009.

## p. 160 161

*O Estado de S. Paulo*, 6 de fevereiro de 1895, 12 de setembro de 1904, 6 de outubro de 1904, 14 de fevereiro de 1904, 22 de fevereiro de 1904.

Foto de autor desconhecido, c. 1910/1920. Acervo Fotográfico do Museu da Cidade de São Paulo.

## p. 162 163

Foto de B. J. Duarte, 1954. Acervo Fotográfico do Museu da Cidade de São Paulo.

*O Estado de S. Paulo*, 11 de maio de 1960, 1.º de novembro de 1987.

## p. 164 165

*O Estado de S. Paulo*, 16 de maio de 1911, 17 de fevereiro de 1913.

Foto de Aurélio Becherini, c. 1910. Acervo Fotográfico do Museu da Cidade de São Paulo.

À direita, a casa que sediava o asilo infantil e creche já destruída para o surgimento da Rua João Adolfo. À esquerda, o Largo da Memória na fase em que esteve cercado e tomado por árvores.

## p. 166 167

*O Estado de S. Paulo*, 7 de agosto de 1949, 25 de junho de 1960.

*Hotel São Paulo*. Cartão postal Fotolabor.

## p. 168 169

*Praça da Bandeira*. Cartão postal, Foto Postal Colombo.

*O Estado de S. Paulo*, 9 de novembro de 1999, 10 de novembro de 1999, 10 de julho de 2002.

## p. 170 175

*O Estado de S. Paulo*, 14 de janeiro de 1900, 15 de janeiro de 1900, 16 de janeiro de 1900.

Foto de autor desconhecido. c. 1900. Acervo Fotográfico do Museu da Cidade de São Paulo.

## p. 176 177

*A Província de São Paulo*, 12 de junho de 1875.

Foto de Militão de Azevedo, 1862.

## p. 178 179

*A Gazeta Infantil*, 30 de novembro de 1933.

O texto já havia sido publicado no livro de Cursino:

MOURA, Paulo Cursino de. *São Paulo de Outrora* (Evocações da Metrópole). Belo Horizonte, Itatiaia, 1980.

E transcrições parciais que levam à conclusão (errônea) de que o Piques era o local oficial destinado aos leilões de escravos podem ser encontradas em obras como:

MARZOLA, Nadia. *Bela Vista. Histórias dos Bairros de São Paulo*. São Paulo, Secretaria Municipal de Cultura, 1979.

Que, apesar do fato, é um bom livro.

De qualquer modo, é compreensível que a fixação de um local exato para os leilões de escravos, e não sua dispersão pela cidade, ajude a difundir o conhecimento de passagem tão triste da nossa história e a fazer com que a questão do preconceito racial seja cada vez mais discutida.

### p. 180 181

Foto de B. J. Duarte, 1942. Acervo Fotográfico do Museu da Cidade de São Paulo.

*O Estado de S. Paulo*, 31 de outubro de 1954.

### p. 182 185

*O Estado de S. Paulo*, 25 de janeiro de 1954.

Data exata, aliás, da comemoração do Quarto Centenário.

### p. 186 189

ALMEIDA JÚNIOR, José B.; MANZON, Jean. *Guia Pitoresco e Turístico de São Paulo*. São Paulo, Livraria Martins, 1950.

A imagem da página 187 é de *Eis São Paulo*. Foto de Théo Gygas. São Paulo, Monumento, 1954.

### p. 190 191

Foto de Camerindo Ferreira Máximo, 1970. Acervo Fotográfico do Museu da Cidade de São Paulo.

*O Estado de S. Paulo*, 27 de novembro de 1973.

### p. 192 193

*O Estado de S. Paulo*, 8 de novembro de 1953. (Tanto a citação textual quanto o diagrama gráfico e o título "Melhorou o Trânsito na Praça da Bandeira".)

A fotografia é de *Eis São Paulo*. Foto de Théo Gygas. São Paulo, Monumento, 1954.

### p. 194 195

*O Estado de S. Paulo*, 13 de maio de 1948. (Tanto a citação textual quanto a planta de Paris.)

Foto de Sebastião de Assis Ferreira, c. 1940/45. Acervo Fotográfico do Museu da Cidade de São Paulo. No canto superior direito, o Restaurante Feminino da Liga das Senhoras Católicas (que oferecia "refeições sadias a preços mínimos" junto com "assistência moral e espiritual", segundo o *Guia Pitoresco e Turístico de São Paulo*), construído no cruzamento da Quirino de Andrade com o lado da Rua Formosa virado para o Anhangabaú. No lado oposto, onde existem homens trabalhando, seria erguido o Brasilar.

### p. 196 197

Foto do autor, agosto de 2018.

### p. 198 199

Foto de B. J. Duarte, 1938. Acervo Fotográfico do Museu da Cidade de São Paulo.

*A Província de São Paulo*, 2 de setembro de 1875.

### p. 200 203

Foto de autor desconhecido, c. 1910. Retirada de commons.wikimedia.org.

"surgiu sem que o seu autor tivesse a noção de seu pioneirismo"
LEMOS, Carlos A. C. O Modernismo Arquitetônico em São Paulo (1). Publicado no site www.vitruvius.com.br em 6 de outubro de 2005.

"pesquisas sobre tecnologias, não sobre linguagens"; "a coerência entre as relações das características de linguagem e as características técnico-construtivas"; "primeiro exemplo de arquitetura com caráter construtivo; exemplo precoce de uma nova lógica para o projeto arquitetônico"; "documenta de forma clara todas as etapas pelas quais passou a arquitetura no Brasil desde 1890"
REIS, Nestor Goulart. *Victor Dubugras, Precursor da Arquitetura Moderna na América Latina*. São Paulo, Edusp, 2005.

"com pouco mais de vinte anos de idade, abraçava a linguagem neogótica; com pouco mais de trinta anos, praticava o art nouveau simultaneamente aos seus colegas europeus; próximo aos quarenta anos, na primeira década do século vinte, desenvolveu experiências que o filiariam ao "grupo racionalista". Aproximando-se aos cinquenta anos de idade"; "entre os pioneiros que, na metade da década de 1910, adotariam a arquitetura inspirada na arte tradicional brasileira"
SEGAWA, Hugo. *Arquiteturas no Brasil 1900-1990*. São Paulo, Edusp, 1998.

"A relação de Dubugras com Washington Luís abriu para o arquiteto oportunidades importantes"; "pedra aparente, azulejos decorados e uma extraordinária intuição paisagista em seus modelos de implantação"
REIS, Nestor Goulart. *Victor Dubugras, Precursor da Arquitetura Moderna na América Latina*. São Paulo, Edusp, 2005.

Fotos do autor, março de 2019.

### p. 204 205

"abater várias árvores, desbastando e desnudando lamentavelmente uma boa parte do pequeno e velhíssimo parque. A sanha reformadora nem respeitou mesmo uma admirável figueira mata-pau, que os mais opulentos parques do mundo decerto nos invejariam";
*O Estado de S. Paulo*, 29 de março de 1919.

"vegetação cresceu livremente"
Cronologia das Intervenções Realizadas na Ladeira da Memória. Relatório do DPH, Prefeitura do Município de São Paulo, 1999.

*O Estado de S. Paulo*, 4 de outubro de 1919.

Foto anexada ao ofício do DPH, Secretaria Municipal de Cultura, 1986.

Foto de Camerindo Ferreira Máximo, 1970. Acervo Fotográfico do Museu da Cidade de São Paulo.

### p. 206 207

Foto do autor, março de 2019.

### p. 208 209

Foto de Militão de Azevedo, 1862.

Foto de Aurélio Becherini, 1911. Acervo Fotográfico do Museu da Cidade de São Paulo.

Foto de autor desconhecido, c. 1922/25.

Foto de autor desconhecido, c. 1930.

Foto de B. J. Duarte, 1938. Acervo Fotográfico do Museu da Cidade de São Paulo.

Foto do autor, março de 2019.

### p. 210 211

Fotos do autor, março de 2019.

### p. 212 213

Foto de Militão de Azevedo, 1862, tirada próximo à Igreja e ao Convento de São Francisco.

Foto do autor, março de 2019.

**p. 214 215**

Foto de autor desconhecido, c. 1900/1910. Acervo Fotográfico do Museu da Cidade de São Paulo.

*O Estado de S. Paulo*, 9 de fevereiro de 1957.

*Praça da Bandeira*. Cartão postal, Foto Postal Colombo.

Foto de Edison Pacheco Aquino, 1970. Acervo Fotográfico do Museu da Cidade de São Paulo.

**p. 216 217**

*"a necessidade de se conciliar sua presença com os demais componentes da paisagem adjacente, particularmente com o conjunto ladeira/escada"; "a geometria da ladeira e os planos verticais a ela contíguos, que compõem as jardineiras, atenderam a orientação específica do Condephaat, no sentido de se respeitar a declividade original da rampa e dos planos verticais correspondentes às paredes dos edifícios outrora existentes, cujas fachadas eram no alinhamento"; "respeitou e valorizou o que havia de fundamental na concepção original"*
SOUZA E SILVA, Paulo Sérgio. Acesso Memória da Estação Anhangabaú do metrô. *Revista Projeto*, São Paulo: n. 58, p. 64-66, 1983.

*"O Largo da Memória não é o mesmo, apesar da boa vontade do Condephaat"; "altamente prejudicado, porque a estação, com seu teto ajardinado, é um jardim fazendo concorrência a outro jardim. Além disso, o projeto permite que, para o resto da vida, tenhamos a visão da parede cega do edifício construído no lote vizinho"*
LEMOS, Carlos Alberto Cerqueira. O Largo da Memória não é o mesmo, apesar da boa vontade do Condephaat. *Revista Projeto*, São Paulo, n. 60, p. 19, 1984.

*"desafio a ser oportunamente enfrentado, seja pela pintura de painéis, seja por intervenção na arquitetura dos prédios em questão"*
SOUZA E SILVA, Paulo Sérgio. Acesso Memória da Estação Anhangabaú do metrô. *Revista Projeto*, São Paulo: n. 58, p. 64-66, 1983.

*"Não se dá feição definitiva a uma cidade pintando paredes. Uma cidade se faz com arquitetura. Não sei, na verdade, o que é pior: uma parede nua ou uma parede pintada"*
LEMOS, Carlos Alberto Cerqueira. O Largo da Memória não é o mesmo, apesar da boa vontade do Condephaat. *Revista Projeto*, São Paulo, n. 60, p. 19, 1984.

Com uma longa e profícua trajetória, o arquiteto Carlos Lemos é outro autor fundamental para se conhecer a história da cidade.

LEMOS, Carlos Alberto Cerqueira. *Casa Paulista. História das Moradias Anteriores ao Ecletismo Trazido pelo Café*. São Paulo, Edusp, 2006.

LEMOS, Carlos Alberto Cerqueira. *Da Taipa ao Concreto*. São Paulo, Três Estrelas, 2013.

LEMOS, Carlos Alberto Cerqueira. *Como Nasceram as Cidades Brasileiras*. São Paulo, Studio Nobel, 2016.

*"Por que algumas partes da cidade deveriam ser 'históricas' e outras 'não históricas'?"*
ARGAN, Giulio Carlo. *História da Arte como História da Cidade*. São Paulo, Martins Fontes, 1993.

Foto de Sebastião de Assis Ferreira, 1970. Acervo Fotográfico do Museu da Cidade de São Paulo.

**p. 218 219**

Foto do autor, agosto de 2018.

Foto de Camerindo Ferreira Máximo, 1975. Acervo Fotográfico do Museu da Cidade de São Paulo.

**p. 220 221**

*"para ser visto de longe pelos que descem a rua da Consolação em direção ao Centro, marcando a importância do Largo"*
*Cadernos da Cidade de São Paulo, Largo da Memória*. São Paulo, Instituto Itaú Cultural, 1993.

Foto do autor, agosto de 2018.

**p. 222 223**

Foto do autor, agosto de 2018.

**p. 224 225**

*"Algumas regiões são introvertidas, voltadas para si mesmas, com poucas referências que as liguem à cidade ao seu redor"*
LYNCH, Kevin. *A Imagem da Cidade*. São Paulo, WMF Martins Fontes, 2011.

Foto de Camerindo Ferreira Máximo, 1970. Acervo Fotográfico do Museu da Cidade de São Paulo.

Foto do autor, agosto de 2018.

**p. 226 227**

*Folha de S. Paulo*, 19 de janeiro de 1984. Carta de leitor reclamando ao jornal.

Fotos anexadas ao arquivos 04A.021C do DPH, Secretaria Municipal de Cultura, 1990.

**p. 228 231**

Foto de Waldemir Gomes de Lima, 1975. Acervo Fotográfico do Museu da Cidade de São Paulo.

Fotos do autor, 2018/2019.

**p. 232 233**

Foto do autor, agosto de 2018.

*O Estado de S. Paulo*, 10 de março de 1981, 11 de março de 1981, 14 de março de 1981, 17 de julho de 2008, 19 de julho de 2008.

**p. 234 235**

Fotos do autor, março de 2019.

**p. 236 237**

*"Esquecido por uns e revelado para outros"*
PIQUEIRA, Gustavo. *A Pirâmide do Piques — São Paulo Narrada pelo Largo da Memória*, p. 85. São Paulo, Edições Sesc, 2020.

Foto do autor, março de 2019.

**p. 238 241**

Fotos de Leandro Pereira Silva, abril de 2019.

**p. 244 245**

Foto do autor, agosto de 2018.

*Este livro foi concebido e executado entre julho de 2018 e março de 2019, um período pessoal dos menos radiantes. Felizmente, porém, ele contou com a ajuda de algumas pessoas que, ao fornecerem material e informações sobre o tema, terminaram por me estimular a tocar o projeto em frente. Sem a ajuda de Karen Sayuri, por exemplo, eu não conseguiria uma imagem em boa resolução do painel de azulejos livre de pichação. Seu trabalho de graduação na FAU-USP, no entanto, não se limitou a me fornecer só isso: constituiu-se em riquíssima fonte de consulta, tornando impossível agradecer o suficiente por toda sua gentileza e generosidade. O contato com Karen foi feito por sua orientadora, a Profa. Fabiana Oliveira, que também me auxiliou com enorme prontidão. Já meu amigo Julio Miranda Canhada me apresentou outro de seus amigos, Leandro Pereira Silva, frequentador do forró ao pé do Brasilar. Acreditei que fotos tiradas por Leandro seriam muito mais coerentes com o teor da narrativa do que se eu fosse até lá e produzisse imagens que não só carregariam um inevitável olhar estrangeiro, como atenderiam a objetivos já preconcebidos. Assim, convidei Leandro para participar do livro. Outro amigo, Celso de Campos Junior, foi quem me enviou a matéria de A Gazeta Infantil, na página 178, quando mencionei que estava escrevendo sobre o Largo da Memória. O infalível Plinio Martins Filho, a quem recorro a cada nove entre dez projetos que realizo, me forneceu os contatos do Prof. Benedito de Lima Toledo. Infelizmente, porém, não consegui encontrá-lo e, poucos meses depois, soube de seu falecimento. Sua presença neste livro, porém, é enorme, quase palpável. Como sempre, tive a companhia do olhar de Samia Jacintho no projeto gráfico. Assim como o cuidado habitual de Frank de Oliveira na revisão e de Carol Vapsys na diagramação. A todos, meu profundo agradecimento.*

GUSTAVO PIQUEIRA É AUTOR DE MAIS DE 30 LIVROS, NOS QUAIS MISTURA LIVREMENTE TEXTO E IMAGEM, FICÇÃO E NÃO FICÇÃO, DESIGN, HISTÓRIA E TUDO MAIS QUE ENCONTRAR PELO CAMINHO. À FRENTE DE SUA CASA REX, TAMBÉM É UM DOS MAIS RECONHECIDOS DESIGNERS GRÁFICOS DO PAÍS, COM MAIS DE 500 PRÊMIOS RECEBIDOS. OUTROS LIVROS DO AUTOR PODEM SER ENCONTRADOS EM

WWW.GUSTAVOPIQUEIRA.COM.BR

\*

OS PADRÕES GRÁFICOS USADOS NO LIVRO EM PÁGINAS COMO ESTA FORAM ELABORADOS POR GUSTAVO PIQUEIRA E SAMIA JACINTHO PARA A SÉRIE *Trânsitos* QUE CRIARAM JUNTOS NA CASA REX.

WWW.CASAREX.COM

\*

ESTE LIVRO FOI COMPOSTO COM AS FONTES MERCURY TEX E CERA PRO E IMPRESSO EM PAPEL OFF-SET ALTA ALVURA 120 G/M² NO MIOLO E OFF-SET ALTA ALVURA 150 G/M² EMPASTADO EM PAPELÃO Nº 15 NA CAPA, NA MAISTYPE GRÁFICA E EDITORA LTDA. EM NOVEMBRO DE 2020.

Fígado............. .00
Calabresa............ .00
Frango ao molho
Filé de frango...... .00

Lava e Seca
por KILO

20.00 62.00
37.00 62.00
37.00 57.00
37.00 57.00
27.00 47.00
27.00 37.00
27.00 99.00

CABINES

VALOR
6,00

Regularize suas
Instalações
elétricas e evite
incêndio.

**TODOS ACOMPANHAM:
ARROZ, FEIJÃO E SALADA.**

**ALUGA-SE
VAGAS
DE GARAGEM**

**ALUGA-SE
VAGAS P/ RAPAZES**

DESENTUPIDORA E ALUGUEL DE MAQUINAS
PARA DESENTUPIR ESGOTO

R$ **12**,00